RÈGLEMENT

DU 30 AOUT 1884

SUR LE

SERVICE DE L'ARMEMENT

PREMIÈRE PARTIE

DISPOSITIONS RÉGLEMENTAIRES EN TEMPS DE PAIX

DEUXIÈME PARTIE

DISPOSITIONS RÉGLEMENTAIRES EN TEMPS DE GUERRE

5e ÉDITION

ANNOTÉE ET MISE A JOUR

PARIS

HENRI CHARLES-LAVAUZELLE

Éditeur militaire

11, Place Saint-André-des-Arts, 11

(Même maison à Limoges)

1896

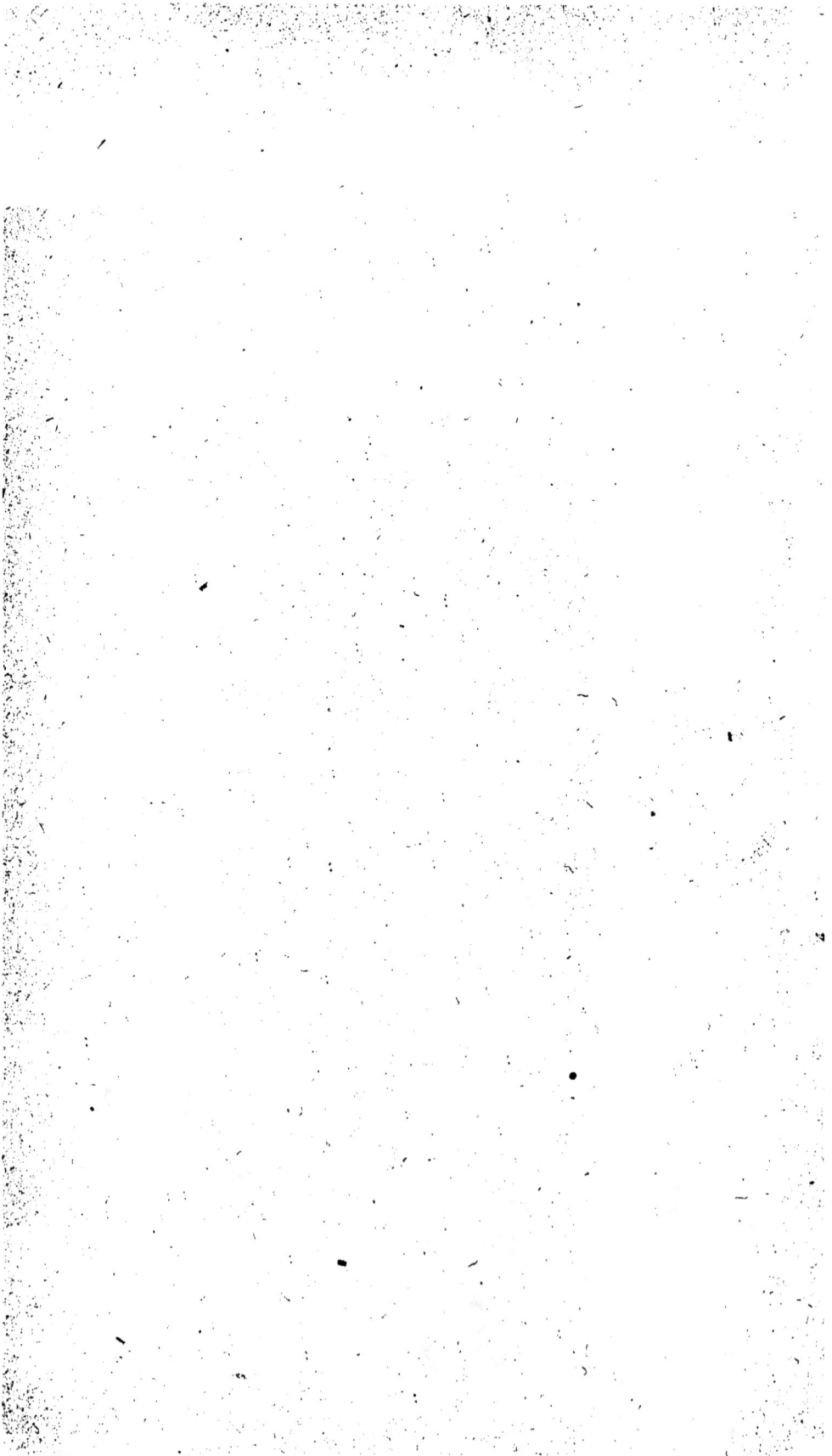

RÈGLEMENT DU 30 AOUT 1884

SUR LE

SERVICE DE L'ARMEMENT

RÈGLEMENT

DU 30 AOUT 1884

SUR LE

SERVICE DE L'ARMEMENT

PREMIÈRE PARTIE

DISPOSITIONS RÉGLEMENTAIRES EN TEMPS DE PAIX

DEUXIÈME PARTIE

DISPOSITIONS RÉGLEMENTAIRES EN TEMPS DE GUERRE

5e ÉDITION, ANNOTÉE ET MISE A JOUR

PARIS
11, Place Saint-André-des-Arts.

LIMOGES
46, Nouvelle Route d'Aixe, 46.

Henri CHARLES-LAVAUZELLE
Éditeur militaire.

1896

AVANT-PROPOS

Les nombreuses décisions manuscrites ou insérées au *Bulletin officiel* qui ont paru depuis la publication du règlement du 30 août 1884, sur le service de l'armement, rendent son application laborieuse et difficile.

Aussi, il devenait indispensable d'en entreprendre la refonte, d'éliminer du texte primitif toutes les dispositions abrogées et de compléter cette nouvelle édition en ajoutant celles parues depuis et actuellement en vigueur.

Ce travail, fait avec beaucoup de soin, permet de présenter un règlement annoté et entièrement mis à jour, qui rendra plus facile et allégera la tâche de tous les officiers comptables; et cette nouvelle édition remplacera très utilement les exemplaires que les inspecteurs d'armes et les chefs armuriers doivent posséder en exécution des articles 28, 37 et 274.

Des annexes complètent cet ouvrage :

Bases de l'armement des officiers des corps;

Instruction du 6 septembre 1887 pour l'application du tarif des réparations;

Extraits de l'instruction du 30 août 1884, relatifs au numérotage, au marquage, à l'emmagasinement, à l'entretien des armes;

Sociétés de tir de l'armée territoriale;

Exécution des exercices de tir dans les établissements d'instruction primaire ou secondaire;

Armement des officiers de réserve et de l'armée territoriale;

Nomenclature des décisions relatives au service de l'armement;

Extraits des règlements des 9 septembre 1888 et 14 janvier 1889.

RÈGLEMENT DU 30 AOUT 1884

SUR LE

SERVICE DE L'ARMEMENT

TITRE Ier.

ATTRIBUTIONS DES OFFICIERS: — PERSONNEL EMPLOYÉ A L'ARMEMENT.

CHAPITRE Ier.

ATTRIBUTIONS GÉNÉRALES DES OFFICIERS DANS LE CORPS.

Colonel ou chef de corps.

Art. 1er. Le chef de corps est responsable de la conservation et de l'entretien de l'armement du corps placé sous son commandement.

Il tient la main à la stricte exécution du présent règlement et ne néglige aucune occasion de stimuler le zèle et d'augmenter l'instruction des militaires sous ses ordres.

Désignation du lieutenant d'armement (1).

Art. 2. Chaque année, le chef de corps désigne un officier pour remplir les fonctions de lieutenant d'armement.

Cet officier est choisi, dans l'infanterie, la cavalerie et le génie, parmi les lieutenants ou sous-lieutenants.

Le même officier peut être maintenu plusieurs années de suite dans ces fonctions.

Dans les régiments d'artillerie, les fonctions d'officier d'arme-

---

(1) Voir le règlement du 20 octobre 1892 sur le service intérieur, art. 64 **Inf., 44 Cav.**

ment sont remplies par un adjudant (1) ; dans les bataillons d'artillerie de forteresse et les escadrons du train des équipages militaires, par l'officier d'habillement, et, dans la gendarmerie, par l'officier trésorier.

Fractionnement du corps (2).

Art. 3. Quand la portion principale du corps est séparée du dépôt, le lieutenant d'armement marche avec les bataillons ou escadrons actifs ; l'officier adjoint à l'habillement remplit au dépôt les fonctions de lieutenant d'armement.

Dans tout détachement, un officier ou, à défaut un sous officier, est chargé du service spécial de l'armement.

Lieutenant-colonel.

Art. 4. Le lieutenant-colonel est particulièrement chargé de veiller à la conservation et à l'entretien de l'armement.

L'instruction des officiers et de la troupe concernant la conservation et l'entretien des armes (art. 103 à 108) est sous sa surveillance spéciale.

Chefs de bataillon ou d'escadron.

Art. 5. Les chefs de bataillon ou d'escadron tiennent la main à l'exécution, dans les compagnies, escadrons ou batteries placés sous leurs ordres, des mesures prescrites pour assurer la conservation et l'entretien des armes.

Ils renseignent le lieutenant-colonel sur l'état général de l'armement des compagnies, escadrons ou batteries placés sous leurs ordres.

Major.

Art. 6. Le major exerce une surveillance spéciale sur tout ce qui a rapport aux réparations des armes, à leur entretien en magasin et à la comptabilité de l'armement.

---

(1) Dans la cavalerie, les fonctions d'officier d'armement adjoint à l'habillement et les fonctions de porte-étendard seront exclusivement remplies par le porte-étendard. (Note du 31 main 1890, *B. O.*, p. 1531, et règlement sur le service intérieur, art. 44 Cav.)

Dans l'artillerie, un adjudant classé au peloton hors rang et désigné par le colonel, remplit les fonctions d'adjudant d'armement. (Règlement sur le service intérieur, art. 157.)

(2) Dans les régiments d'infanterie fractionnés, le lieutenant d'armement reste à la portion centrale en temps de paix.

Les fonctions d'officier d'armement délégué pour l'habillement à la portion principale seront remplies par le porte-drapeau. (Note du 21 juillet 1889, *B. O.*, p. 171.)

Lorsqu'il est formé plus d'un conseil éventuel, les officiers autres que le porte-drapeau qui doivent y remplir les fonctions d'officier d'armement délégué pour l'habillement sont désignés par le colonel sur l'avis du conseil d'administration central, avant la séparation, ou sur celui des conseils éventuels si la séparation est déjà faite. (Règl. sur le service intérieur, art. 64 et 65 Inf.)

Les contestations qui peuvent s'élever relativement à l'imputation d'une réparation lui sont soumises.

Ces contestations sont jugées en dernier ressort par le conseil d'administration.

Capitaines-commandants. — Lieutenants et sous-lieutenants.

Art. 7. Les capitaines commandant les compagnies (escadrons ou batteries) sont responsables de l'état de l'armement, ainsi que de l'instruction de la troupe qu'ils commandent.

Les lieutenants et sous-lieutenants, dans la subdivision placée sous leurs ordres, surveillent l'exécution des mesures prescrites pour la conservation et l'entretien des armes.

Capitaine d'habillement.

Art. 8. Le capitaine d'habillement a sous sa surveillance le lieutenant d'armement, en tout ce qui concerne le service de cet officier. Il pourvoit à ses dépenses de bureau.

Un secrétaire est fourni au lieutenant d'armement, conformément à la loi des cadres.

Lieutenant d'armement.

Art. 9. La direction du service de l'armement (y compris les munitions) est confiée au lieutenant d'armement, en ce qui concerne l'exécution du travail de réparation des armes en service dans les compagnies (escadrons ou batteries), l'entretien des armes en magasin et la tenue de la comptabilité.

Le lieutenant d'armement surveille le chef armurier dans l'exécution des réparations ; il visite toutes les armes réparées par cet employé ; il est responsable de l'entretien des armes et des munitions en magasin.

Le lieutenant d'armement est l'intermédiaire obligé entre les compagnies et le chef armurier ; tous les différends concernant les réparations sont soumis au major.

Il établit toutes les écritures relatives à l'armement, et il tient les registres qui s'y rapportent spécialement, savoir :

Le contrôle général des armes (art. 89) ;

Le carnet d'enregistrement des bulletins de réparations (art. 134) ;

Le registre servant au relevé des diverses réparations (art. 135) ;

Le registre des décisions ministérielles relatives à l'armement (art. 121) ;

Le carnet de munitions (art. 209) ;

Le carnet d'enregistrement des accidents de tir dus aux cartouches (art. 261) ;

Le registre des procès-verbaux de la visite de l'armement (art. 331) ;

Le carnet de réglage de tir. (Voir l'instruction sur les armes et les munitions en service.)

Le contrôle général des armes n'est tenu qu'à la portion centrale pour le corps entier ; les autres registres ou carnets sont tenus séparément dans chaque portion du corps s'administrant isolément.

Le lieutenant d'armement est exempté de service dans les limites fixées par le règlement sur le service intérieur (1).

Capitaine de tir dans l'infanterie.

Art. 10. Dans les corps de troupe d'infanterie, le capitaine de tir a la surveillance générale de l'armement en service, pour tout ce qui concerne l'exécution des tirs à la cible et des feux d'ensemble.

Dans ces limites, son devoir est de renseigner, à toutes les époques de l'année, le chef de corps sur l'état de l'armement et de lui signaler les procédés de nettoyage et de réparation qui lui paraissent de nature à nuire au bon fonctionnement du mécanisme et à altérer la justesse des armes. Il lui propose les mesures qu'il juge propres à maintenir l'armement dans un parfait état d'entretien.

Lorsque les armes lui sont signalées comme ayant un tir défectueux, il les examine avec soin, les envoie à l'atelier de l'armurier, s'il y a lieu, et donne au lieutenant d'armement les renseignements et les indications qu'il croit utiles pour le chef armurier. Il s'assure, au besoin, que les réparations sont faites suivant ses indications, et vérifie toujours le tir de ces armes lorsqu'elles ont été réparées.

Les capitaines de tir ne doivent, toutefois, indiquer aucune réparation qui ne soit définie par les tarifs en vigueur.

CHAPITRE II.

CHEFS ARMURIERS (2).

Chefs armuriers commissionnés par le Ministre.

Art. 11. L'exécution des réparations des armes dans les corps

(1) Voir règlement du 20 octobre 1892, art. 64 Inf., 44 et 45 Cav., 157 Art.

(2) Le chef armurier est chargé, sous la surveillance du lieutenant d'armement, des réparations des armes et de la conservation de celles qui sont en magasin.

Il est également chargé, sous la surveillance de l'officier d'approvisionnement, dans la mesure indiquée, des réparations d'entretien du matériel roulant. Le chef armurier est chef d'atelier sous la direction et la surveillance de l'officier d'habillement. Il est responsable de la propreté de son atelier et

est confiée à des chefs armuriers militaires commissionnés par le Ministre (1).

Il est pourvu par les moyens spéciaux aux réparations des armes des corps dont l'organisation ne comporte pas de chef armurier.

Remise du service de l'armement.

Art. 12. En cas de changement du chef armurier d'un corps, la remise du service de l'armement est faite au nouveau titulaire par le conseil d'administration, assisté du lieutenant d'armement, en présence des deux chefs armuriers intéressés; les différends qui peuvent s'élever entre ces employés, lors de cette opération, sont jugés par le conseil d'administration.

Si l'ancien armurier est décédé, ses héritiers peuvent se faire représenter par une personne agréée par le chef de corps.

Répartition des chefs armuriers en deux classes.

Art. 13. Les chefs armuriers militaires sont répartis en deux classes.

Les chefs armuriers de deuxième classe sont pris parmi les ouvriers des manufactures d'armes et parmi les ouvriers des corps remplissant les conditions de capacité déterminées par les règlements.

Ceux de première classe sont pris parmi ceux de deuxième classe, moitié à l'ancienneté, moitié au choix.

Les propositions et nominations ont lieu dans la forme prescrite (art 22.)

Conditions d'âge.

Art. 14. Nul ne peut être nommé chef armurier de deuxième classe si ses services antérieurs sont insuffisants pour lui compléter, à l'âge de 50 ans (2), le nombre d'années de service voulu pour lui donner droit à la pension de retraite (art. 23).

---

de la discipline qui y règne. Le caporal et les ouvriers mis à sa disposition sont sous ses ordres à l'atelier.

Le caporal premier ouvrier armurier est nommé par le colonel, sur la présentation du chef armurier, approuvée par l'officier d'habillement et par le major. (Règlement sur le service intérieur, art. 209 Inf., 149 Cav., 158 Art.)

(1) Les chefs armuriers doivent figurer sur les registres matricules des corps de troupe auxquels ils sont attachés. (Note du 8 mai 1888. *B. O.*, p. 567.)

(2) 50 ans (art. 68 de la loi du 15 juillet 1889 sur le recrutement).

Conditions d'aptitude.

Art. 15. Pour être apte à l'emploi de chef armurier militaire, il faut posséder les connaissances suivantes :

1° Lire et écrire correctement, connaître les quatre règles de l'arithmétique, avec les nombres entiers et décimaux;

Pouvoir dessiner et expliquer les figures géométriques élémentaires, ainsi que le tracé des différentes pièces d'armes;

Posséder quelques notions sur la fabrication des armes;

Connaître les dispositions du présent Règlement, concernant les attributions et les fonctions de chef armurier, ainsi que l'instruction sur les armes et munitions en service;

2° Forger un extracteur, un pontet, un ressort de garniture, une grenadière et son anneau;

3° Réparer le mécanisme d'une arme en service; remplacer successivement toutes les pièces; régler la marche du mécanisme;

4° Monter les pièces de la hausse, la souder, faire la graduation, passer les pièces au bleu, finir la hausse;

5° Réparer une boîte de culasse mutilée; réparer et ajuster un ressort-gâchette, une détente; retirer une vis cassée; resserrer et retarauder les trous;

6° Braser les tenons et la partie fixe du guidon; achever ces pièces après le brasage; terminer la bouche du canon; ajuster, souder et finir la partie raccordée du guidon; remplacer la partie supérieure d'un guidon d'une seule pièce à l'aide d'une partie rapportée;

7° Redresser un canon faussé à long pli; relever un enfoncement dans un plein et polir intérieurement le canon; réparer une chambre dégradée; retirer un corps étranger d'un canon;

8° Réparer un pontet; resserrer le taquet-écrou; retarauder le trou; remplacer le taquet; souder un bout et une tête de baguette; tarauder le bout; faire une sous-garde de cavalerie avec son battant; réparer une sous-garde et son battant;

9° Tremper en paquet les pièces en fer; tremper à la volée les pièces en acier; tremper les pièces du mécanisme; retremper les rampes d'un cylindre et d'un chien; tremper un ressort-gâchette et les pièces de la hausse et un curseur; redresser une baguette faussée et la passer au bleu;

10° Achever une monture faite mécaniquement; faire entièrement une monture; mettre une grande et une petite entures; mettre une pièce au bout du bois et dans une autre partie; mettre un support à simple et à double rosette; resserrer le fût sur le canon;

11° Bâtonner et rhabiller une arme en service; vérifier le calibre du canon, la marche de la culasse mobile et l'ajustage de l'épée-baïonnette;

12° Bronzer une arme complète; passer au bleu les pièces de la hausse, faire des reprises au bronzage; préparer des liqueurs;

13° Faire l'ajustage en blanc de la platine d'un revolver; rhabiller une platine de revolver; remplacer successivement toutes les pièces; remplacer le percuteur d'un chien; remplacer le crochet à bascule pour le devant du pontet; remplacer le T du pontet; remplacer le grain d'orge du guidon à l'aide d'une pièce rapportée; remplacer l'épaulement par le T du pontet et l'oreille latérale de calotte;

14° Limer le bracelet pontet d'une épée-baïonnette; ajuster et braser le bracelet et le bouton du fourreau; ajuster la croisière sur la lame; ajuster et braser le pommeau; ajuster le poussoir et son ressort; finir le pommeau; façonner les plaquettes et achever la monture;

15° Démonter une lame de sabre et d'épée; allonger et ressouder une soie; redresser une arme faussante et la passer au bleu; ôter et donner le fil; fourbir une lame;

16° Ajuster et braser un dard et un bracelet; tremper le dard; changer un anneau, relever les enfoncements d'un fourreau d'acier; rebraser un fourreau; faire tremper, ajuster et remplacer une cuvette, réparer un fourreau d'épée en cuir;

17° Ajuster, façonner, finir une monture de cavalerie; braser une branche latérale, un crochet; remplacer un cuir et un filigrane; monter un sabre de cavalerie, l'aiguiser; ajuster, finir et réparer une monture d'épée de sous-officier;

18° Relever les enfoncements dans le plastron et dans le dos d'une cuirasse; polir une cuirasse rouillée; réparer un dos criqué à l'entournure; remplacer une courroie, un support de plastron; démonter une bretelle et remplacer une chaînette;

19° Tourner au crochet un levier de cylindre d'infanterie; forger, limer, tremper et affûter les outils de tour; forger, percer, tourner, tailler et tremper une fraise de profil donné; limer et finir un calibre;

20° Forger, limer et finir un mors de bride, de bridon d'abreuvoir, une paire d'étriers, une paire d'éperons.

Rang de préséance.

Art. 16. Dans les corps, les chefs armuriers de première et de deuxième classe prennent rang immédiatement après les adjudants et avant les sergents-majors ou maréchaux des logis chefs (1).

---

(1) Même rédaction. (Service intérieur, art. 209 Inf., 149 Cav., 158 Art.)

Peines disciplinaires.

Art. 17. Les chefs armuriers sont passibles des peines disciplinaires portées pour les sous-officiers par le règlement sur le service intérieur.

Rétrogradation et révocation (1).

Art. 18. La rétrogradation à la deuxième classe des chefs armuriers de première classe et la révocation des chefs armuriers des deux classes sont prononcées par le Ministre, sur la proposition du conseil d'administration annotée et transmise par l'inspecteur général, et, en cas d'urgence seulement, par le général commandant le corps d'armée.

Si l'armurier frappé de révocation est lié au service, il est tenu de parfaire le temps de ce service dans un des corps de l'armée.

Droit aux décorations.

Art. 19. Les chefs armuriers concourent, dans les corps auxquels ils sont attachés, pour la décoration et la médaille militaire.

Solde. — Prestations.

Art. 20. Les chefs armuriers reçoivent la solde et les accessoires ou prestations qui leur sont attribués par les tarifs (2).

Nomination aux emplois de contrôleurs d'armes de direction.

Art. 21. Les contrôleurs d'armes de troisième classe pour le service des directions d'artillerie sont pris exclusivement parmi les chefs armuriers de première classe qui se distinguent par leur

---

(1) Les chefs armuriers, étant autorisés à se rengager dans les conditions de la loi du 18 mars 1889, leur situation, au point de vue du grade, doit être réglée par les dispositions de cette loi. (Note du 25 juillet 1885, *J. M.*, p. 83.)

La rétrogradation, pour quelque motif que ce soit, ou la révocation, sont prononcées par le Ministre ou par le général commandant le corps d'armée, délégué, sur l'avis conforme du conseil d'enquête. (Règlement sur le service intérieur, art. 319 Inf., 310 Cav., 337 Art., et art. 2 de l'instruction du 28 juin 1894 sur le service courant.)

(2) Une prime annuelle fixe est accordée aux chefs armuriers. Cette prime est de 800 francs pour ceux de première classe et de 600 francs pour ceux de deuxième classe. Elle est payée, par quart, à la fin de chaque trimestre, portée dans un paragraphe spécial sur le mémoire trimestriel fourni en exécution de l'article 174 et comprise dans le relevé des dépenses de l'armement. (Notes des 17 mars 1889 et 21 mars 1890, *B. O.*, p. 595 et 537.)

conduite, leur zèle et leur habileté, et qui sont âgés de moins de quarante-cinq ans (1).

Les propositions et les nominations ont lieu dans la forme prescrite (art. 22).

Propositions pour l'avancement. — Nomination aux emplois vacants.

Art. 22. Les propositions pour l'avancement des ouvriers des corps ou des manufactures au grade de chef armurier de deuxième classe, des chefs armuriers de deuxième classe au grade de chef armurier de première classe au choix, des chefs armuriers de première classe au grade de contrôleur d'armes de troisième classe, sont faites par les inspecteurs généraux, d'après l'opinion des directeurs ou des chefs de corps, et, en outre, pour les ouvriers et chefs armuriers des corps de troupe, d'après l'avis préalable des capitaines d'artillerie chargés de la visite des armes (2).

Ces propositions sont renvoyées à l'examen du comité spécial d'avancement pour l'artillerie, lequel établit et soumet au Ministre, pour chaque catégorie d'emplois, une liste de candidats dont le nombre est déterminé chaque année d'après celui des vacances présumées.

Les propositions pour l'avancement en faveur d'un ouvrier ou d'un chef armurier doivent être renouvelées chaque année, lors même que le candidat est déjà inscrit sur le tableau d'avancement.

Les nominations ont lieu au fur et à mesure des vacances.

Retraite.

Art. 23. Les chefs armuriers sont assimilés pour la retraite, suivant qu'ils sont de première ou de deuxième classe, aux adjudants et aux sergents-majors ou maréchaux des logis chefs.

Le temps qu'ils ont passé dans les manufactures d'armes comme ouvriers immatriculés leur est compté pour la retraite.

Les chefs de corps peuvent demander la mise à la retraite des chefs armuriers qui, après vingt-cinq ans de service, ne leur pa-

---

(1) Et ayant au moins deux ans de grade. (Art. 72 de l'instr. du 1er mars 1894 sur les inspections générales.)

(2) Ces propositions, sur lesquelles doivent figurer l'avis du chef de corps et celui du capitaine chargé de la visite de l'armement, sont accompagnées du relevé des punitions et de la demande écrite des candidats.

Les chefs armuriers, ainsi que les ouvriers armuriers inscrits au tableau d'avancement pour chef armurier de deuxième classe, sont l'objet d'une feuille de notes spéciale, sur laquelle doit figurer l'avis du capitaine chargé de la visite de l'armement. Cette feuille de notes sert également, s'il y a lieu, de mémoire de proposition pour l'avancement des chefs armuriers.

Une feuille de notes semblable est établie dans les manufactures d'armes pour les ouvriers immatriculés de ces établissements qui sont inscrits au tableau d'avancement pour chef armurier de 2e classe. (Art. 72 de l'instr. du 1er mars 1894.)

raissent pas susceptibles d'être maintenus plus longtemps dans leur emploi sans inconvénient pour le service. Ces propositions sont soumises aux inspecteurs généraux, qui les transmettent au Ministre avec leur avis personnel.

Place du chef armurier en cas de fractionnement du corps (1).

Art. 24. En cas de fractionnement du corps, le chef armurier accompagne les bataillons, les compagnies ou les escadrons actifs.

Il reste néanmoins responsable de l'armement du dépôt et des autres fractions du corps qui sont détachées.

Visite du chef armurier au dépôt et dans les détachements. Indemnités (2).

Art. 25. Le chef armurier doit se rendre au dépôt et dans les détachements pour assurer le service spécial dont il est chargé, toutes les fois que le chef de corps lui en donne l'ordre (art. 136 et 137). Cette disposition ne s'applique pas aux détachements hors du territoire d'un corps stationné en France. Elle s'applique aux détachements en Algérie lorsque les corps qui les fournissent sont eux-mêmes stationnés en Algérie.

Il a droit, pendant toute la durée de son déplacement, suivant qu'il est de première ou de deuxième classe, à la solde ainsi qu'aux indemnités de route et de séjour attribuées par les tarifs aux adjudants ou aux maréchaux des logis chefs d'artillerie commissionnés.

Les corps ou fractions de corps stationnés en Algérie sont autorisés à envoyer leurs caporaux ou ouvriers armuriers dans les localités où ils peuvent s'établir pour réparer les armes des détachements, en leur allouant une indemnité calculée d'après les frais extraordinaires qu'ils auront à supporter. La dépense qui en résulte est portée dans le relevé des dépenses, en fin d'exercice.

---

(1) Voir le renvoi 2 de l'article 11.

(2) L'indemnité de séjour ne peut, sans autorisation spéciale du Ministre, être allouée pour une période de plus de quinze jours consécutifs. (Décis. du 2 mai 1887, *B. O.*, p. 832.)

Les chefs armuriers, placés en subsistance pendant la durée des déplacements qu'ils ont à accomplir pour assurer le service de l'armement, n'ont pas droit, dans cette position, aux allocations de pain et aux autres prestations en nature.

Les indemnités de route et de séjour, cumulées avec la solde, suffisent à couvrir le chef armurier des frais extraordinaires qu'il a à supporter pour se rendre dans les détachements et, par suite, toutes fournitures de vivres en nature doit être supprimée pour les journées pendant lesquelles lesdites indemnités leur sont attribuées.

(Dép. du 26 avril 1890, nº 1207.)

Autorisation d'aller en manufacture étudier la fabrication.

Art. 26. Les chefs armuriers peuvent être autorisés par leur chef de corps à se rendre dans une manufacture d'armes de l'Etat pour aller y étudier certains détails de la fabrication, notamment lors d'un changement d'armement.

Ils ont droit pendant leur absence aux allocations fixées par le deuxième paragraphe de l'article 25.

La durée du séjour en manufacture ne peut dépasser quinze jours pleins, y compris le jour d'arrivée, à moins d'une autorisation spéciale du Ministre.

Ateliers. — Ustensiles fournis par l'Etat.

Art. 27. Un local convenable pour servir d'atelier est mis dans chaque caserne à la disposition du chef armurier.

Ce local doit comprendre deux pièces. L'une d'elles, placée avantageusement près du magasin d'armes du service courant du corps, est l'atelier proprement dit; elle doit être bien éclairée et sèche, assez spacieuse pour que tous les ouvriers armuriers puissent y travailler en même temps et sans se gêner les uns les autres. La deuxième pièce sert pour les réparations au bronzage et pour le nettoyage des étuis de cartouches métalliques; elle ne doit pas être directement en communication avec les magasins d'armes. Ces deux pièces doivent être garnies : la première, d'une forge, d'une enclume avec son billot, d'un soufflet avec sa chaine de tirage, d'un établi, d'un râtelier pour les armes et d'une auge pour l'eau nécessaire à la trempe; la deuxième, d'une table de 6 à 8 centimètres d'épaisseur et d'un fourneau muni d'une chaudière pour les bains des canons de fusil. Ces objets sont fournis, entretenus et remplacés par le service du génie.

Lorsque le corps est fractionné, un atelier est affecté autant que possible au dépôt et à chacune des autres fractions du corps fortes d'au moins deux compagnies ou deux escadrons (1).

Outils. — Instruments. — Matières premières.

Art. 28. Le chef armurier est tenu de se pourvoir à ses frais de tous les outils, instruments vérificateurs et calibres nécessaires pour l'exécution des réparations, ainsi que d'un exemplaire du présent règlement (2).

---

(1) Le Ministre se réserve de statuer sur l'application de l'article 27 dans chaque cas particulier, et la question de principe devra lui être soumise avant toute étude de détail. (Note du 13 mai 1885, *J. M.*, p. 827.)

(2) Une première mise de 200 francs pour achat d'outillage sera payée aux chefs armuriers nouvellement promus dès leur arrivée aux corps auxquels ils sont affectés. Cette somme sera portée dans le relevé de dépenses de l'armement.

Les chefs armuriers et les brigadiers armuriers des escadrons du train ne

Il doit également se procurer le charbon et les autres matières premières.

Avances faites aux chefs armuriers par les corps.

Art. 29. Les chefs armuriers nouvellement promus qui en font la demande reçoivent, à titre d'avance, une somme équivalente à la valeur du matériel désigné dans l'article précédent.

Cette somme est prélevée sur les fonds généraux de la caisse du corps, et elle est remboursée au moyen de retenues trimestrielles dont l'importance est déterminée par le conseil d'administration.

La même mesure est applicable aux brigadiers armuriers du train des équipages militaires nouvellement promus.

Pièces d'armes. — Interdiction de les acheter dans le commerce ou de les fabriquer.

Art. 30. Toutes les pièces d'armes et d'accessoires d'armes sont tirées des manufactures de l'Etat et sont fournies au chef armurier contre remboursement par le conseil d'administration du corps (chap. V, tit. III).

Il est expressément interdit aux chefs armuriers d'acheter des pièces d'armes ou d'accessoires d'armes dans le commerce ou de les fabriquer eux-mêmes.

Eperonneries. — Casques.

Art. 31. Dans les troupes à cheval, le chef armurier est chargé de la fourniture, de la pose et de la réparation des éperons, de la fourniture et de la réparation des mors de bride, de filet et de bridon, des étriers, des attelles, et, en général, de toutes les parties en fer et en cuivre qui entrent dans la composition du harnachement des chevaux de selle ou de trait, à l'exception de la bouclerie, dans les cas où ces objets ne sont pas, d'après les règlements en vigueur, tirés des magasins de l'Etat.

---

sont plus tenus de se procurer à titre onéreux les collections d'instruments vérificateurs et d'outils spéciaux. Ces collections pourront, sur la demande des corps adressée au Ministre, être délivrées à titre de première mise et gratuit. Elles seront alors prises en charge par les corps et mises à la disposition des chefs armuriers, qui en seront responsables vis-à-vis des conseils d'administration.

Les demandes de délivrance adressées au Ministre ne devront comprendre que des collections entières pour un modèle d'armes déterminé.

Les demandes de versement d'instruments vérificateurs et d'outils spéciaux devenus inutiles devront indiquer si les objets à verser ont été délivrés à titre gratuit ou à titre onéreux. (Note du 17 mars 1889, *B. O.*, p. 595.)

Les écoles militaires pour lesquelles le décret d'organisation ne prévoit pas de chef armurier de 1re ou de 2e classe, supportent sur leur budget du matériel les dépenses d'achat de l'outillage et des matières nécessaires aux réparations des armes. (Décis. du 27 janvier 1894, *B. O.*, p. 39.)

Le chef armurier est, en outre, chargé de la réparation des casques.

Les fournitures et la main-d'œuvre relatives à ces objets sont payées au chef armurier conformément aux marchés passés à cet effet par les conseils d'administration et sans dépasser les prix déterminés par chacun des tarifs ministériels.

Réparations des armes d'un autre corps ou des administrations civiles.

Art. 32. Le chef armurier est tenu d'exécuter, sur l'ordre qu'il en reçoit de son chef de corps, les réparations des armes des corps ou détachements qui lui sont désignés, ainsi que des administrations des douanes ou des forêts, et, en général, des administrations ou des établissements auxquels des armes de guerre ont été délivrées à titre gratuit ou à titre de prêt.

Les réparations de ces armes ont lieu d'après les dispositions prescrites (art. 139, 140, 177 et 180).

CHAPITRE III.

OUVRIERS ARMURIERS.

Ouvriers armuriers pris dans les corps.

Art. 33. Le chef armurier est assisté dans son travail par un certain nombre d'ouvriers pris dans les corps.

Ce nombre, variable selon les besoins du moment, est déterminé, pour le cas ordinaire, dans la composition des cadres constitutifs des corps de toutes armes.

Le chef armurier est tenu de former lui-même ses ouvriers (1).

Caporal ou brigadier armurier (2).

Art. 34. Le caporal ou brigadier armurier est nommé par le colonel, sur la présentation du chef armurier, approuvée par l'officier d'habillement et par le major.

Le candidat doit être choisi, autant que possible, parmi les ouvriers qui ont complété leur instruction dans une manufacture.

---

(1) Lorsque, par suite de circonstances imprévues, le cadre des ouvriers armuriers d'un corps ne peut être porté au complet au moyen des ressources de ce corps, le général commandant le corps d'armée lui affecte d'office les ouvriers en excédent dans d'autres corps. Toutefois, le changement de corps d'un ouvrier inscrit au tableau d'avancement pour le grade de chef armurier ne doit pas être prescrit d'office : la demande nécessaire doit, par suite, être accompagnée du consentement des deux chefs de corps. (Note du 29 novembre 1889, *B. O.*, p. 1336, et art. 50 et 126 de l'instr. du 28 juin 1894.)

(2) Même rédaction. (Service intérieur, art. 209 Inf., 149 Cav., 158 Art.)

Cas où la portion principale du corps est séparée du dépôt.

Art. 35. En cas de séparation du dépôt et des bataillons, compagnies ou escadrons actifs, le caporal ou brigadier armurier reste au dépôt.

Tarif des journées.

Art. 36. Lorsque les ouvriers employés par le chef armurier ont fini leur apprentissage, et qu'ils sont, par conséquent, en état de rendre des services, le chef armurier est tenu de leur payer le prix de leurs journées suivant un tarif nominatif proposé par le lieutenant d'armement et approuvé par le conseil d'administration.

La journée de travail d'un ouvrier ne peut être payée moins de 50 centimes ni plus de 1 fr. 50 cent (1).

Brigadiers armuriers dans les escadrons du train des équipages militaires.

Art. 37. Les brigadiers armuriers des escadrons du train des équipages militaires remplissent dans ces corps les fonctions de chefs armuriers.

Ils sont nommés par le Ministre et pris parmi les caporaux, brigadiers ou soldats armuriers qui ont reçu en manufacture le certificat de capacité à l'emploi de chef armurier (art. 42).

Les brigadiers armuriers des escadrons du train des équipages militaires touchent l'abonnement pour les armes prises en charge par leurs corps; ils sont tenus de se pourvoir, à leurs frais (2), des outils vérificateurs, instruments et matières premières nécessaires pour l'exécution des réparations des armes de l'escadron, ainsi que d'un exemplaire du présent règlement.

---

(1) Tarif maximum des journées de travail d'ouvriers armuriers :
Ouvriers de 2e classe, 0 fr. 35 ;
Ouvriers de 1re classe, 0 fr. 70 ;
Brigadiers ou caporaux armuriers (autres que ceux du train des équipages militaires), 1 fr. 50.

Ces primes de travail sont entièrement à la charge des chefs armuriers ou des brigadiers armuriers du train. Elles sont déterminées ou modifiées par les conseils d'administration.

Les chefs armuriers pourront demander que la prime de travail de leurs ouvriers soit augmentée ou diminuée, en raison des services qu'ils rendent à l'atelier, ou même supprimée en cas de mauvais vouloir ou d'inhabileté professionnelle.

(Note du 17 mars 1889, *B. O.*, p. 595.)

La prime journalière de 1 fr. 50 est payée aux caporaux armuriers des écoles dont l'organisation ne comporte pas de chef armurier. Cette indemnité est imputée sur le budget du matériel de ces établissements. (Décis. du 27 janvier 1894, *B. O.*, p. 39.)

(2) Ils touchent une première mise de 200 francs pour achat d'outillage. (Voir renvoi 2 de la page 17.)

Caporaux, brigadiers et ouvriers armuriers commissionnés.

Art. 38. Les ouvriers armuriers de tous grades qui ont dépassé la limite d'âge fixée pour les rengagements par l'article 51 de la loi du 27 juillet 1872 (1) peuvent, sur la proposition de leur chef de corps, être maintenus dans les cadres de l'armée active ; ils sont, dans ce cas, commissionnés par le commandant du corps d'armée et conservent leur grade ainsi que leurs droits à l'avancement et aux décorations (2).

Envoi des ouvriers dans les manufactures (3).

Art. 39. Les ouvriers armuriers qui, aspirant à un emploi de chef armurier, désirent aller compléter leur instruction dans une manufacture, sont, lors de la visite de l'armement, présentés au capitaine inspecteur d'armes.

Cet officier s'assure qu'ils satisfont aux conditions d'aptitude suivantes :

---

(1) Cet article est remplacé par l'article 68 de la loi du 15 juillet 1889 et la note du 18 novembre 1889 (*B. O.*, p. 1258).

(2) Voir la note du 18 novembre 1889 (*B. O.*, p. 1258) déterminant les catégories de caporaux, brigadiers et soldats pouvant être maintenus sous les drapeaux en qualité de commissionnés.

(3) Même rédaction (art. 103 de l'instr. du 28 juin 1894 sur le service courant).

Les hommes des corps de troupe envoyés dans les manufactures d'armes pour y compléter leur apprentissage d'ouvriers armuriers doivent être tous inscrits au tableau d'avancement pour le grade de caporal ou de brigadier, et il y a lieu, par suite, de les admettre, en conformité de l'article 63 de la loi du 15 juillet 1889, à contracter un rengagement dès qu'ils sont entrés dans leur dernière année de service. (Circ. du 10 novembre 1890, *B. O.*, p. 1189.)

Le rengagement dont il s'agit est obligatoire ; il est souscrit pour une durée de trois ans au minimum.

En principe, ce rengagement doit être contracté à la date du départ de l'homme pour la manufacture d'armes qui lui a été assignée.

Les ouvriers armuriers qui ne sont pas encore dans leur dernière année de service au moment de leur départ pour la manufacture contractent leur rengagement le jour même où commence cette dernière année. En cas de refus, ils sont immédiatement renvoyés à leur corps et rayés du tableau d'avancement pour caporal ou brigadier, s'ils ne sont déjà pourvus de ce grade ; ils sont, en outre, maintenus sous les drapeaux jusqu'à l'expiration de leur dernière année de service jour pour jour.

Quant aux ouvriers proposés pour aller en manufacture à l'inspection générale précédant immédiatement l'époque de leur libération du service actif, ils sont prévenus par leurs chefs de corps, avant cette libération, de la suite donnée par le Ministre à cette proposition. Les chefs de corps intéressés devront, au besoin, provoquer en temps utile (3e *Direction*, 1er *Bureau*) l'envoi de ce renseignement. Des hommes dont la proposition est approuvée contractent leur rengagement dès que la décision du Ministre leur est notifiée. S'ils s'y refusent, leur proposition est annulée d'office et le Ministre (3e *Direction*, 1er *Bureau*) en est informé sans retard.

(Note du 2 avril 1894, *B. O.*, p. 303.)

1° Savoir lire et écrire correctement; connaître les quatre règles de l'arithmétique avec les nombres entiers et décimaux;

2° Etre en état de faire au moins l'une des opérations suivantes : remplacer une pièce quelconque de la culasse mobile d'un fusil ou de la platine d'un revolver réglementaire; faire une portion de monture ou mettre une grande enture. L'habileté de l'ouvrier, pour l'une au moins des professions d'ajusteur ou de monteur, doit être égale à celle d'un compagnon de manufacture;

3° Pouvoir faire une réparation légère dans une partie quelconque d'un fusil ou d'un revolver.

Le capitaine inspecteur d'armes remplit, s'il y a lieu, le certificat d'aptitude compris dans le mémoire de proposition (modèle I).

Cette proposition, appuyée de l'avis du chef de corps et accompagnée de la demande écrite du candidat d'être envoyé en manufacture, est transmise au Ministre par l'inspecteur général avant le 1er août.

Les candidats attendent au corps les ordres du Ministre.

Mise en subsistance des candidats.

Art. 40. A leur arrivée à la manufacture qui leur a été désignée, les ouvriers armuriers sont placés en subsistance dans l'un des corps de la garnison.

Instruction dans les manufactures. — Frais d'apprentissage. Renvoi dans les corps.

Art. 41. Sur l'ordre qu'ils en reçoivent du Ministre de la guerre, les directeurs des manufactures font examiner les ouvriers des corps qui leur sont adressés, et leur donnent les moyens de compléter leur instruction, en les plaçant sous la direction de maîtres habiles.

Les frais d'apprentissage sont supportés par l'Etat.

Les directeurs signalent au Ministre les candidats qui, dans leur apprentissage, montrent un zèle insuffisant ou font preuve d'incapacité; le Ministre ordonne, s'il y a lieu, le renvoi de ces ouvriers dans les corps dont ils font partie (1).

Chefs-d'œuvre. — Certificat de capacité.

Art. 42. Quand l'instruction des candidats est complète, les ouvriers exécutent leurs chefs-d'œuvre dans les différentes parties.

---

(1) Les mêmes facilités sont données aux ouvriers des manufactures qui aspirent à l'emploi de chef armurier. Ceux qui sont désignés par les directeurs des manufactures sont autorisés à faire leur apprentissage dans les mêmes conditions que les ouvriers militaires; mais les frais d'apprentissage ne leur seront remboursés par l'Etat que lorsqu'ils auront obtenu le brevet de capacité au grade de chef armurier.

(Décision du 10 décembre 1880, *J. M.*, p. 421.)

Les directeurs leur délivrent alors, s'il y a lieu, un certificat de capacité (modèle II) constatant qu'ils satisfont au programme (art. 15), en gardent un double et informent le Ministre du résultat de l'examen.

Les candidats qui, après deux ans de séjour au maximum en manufacture, n'ont pu obtenir le certificat de capacité, sont renvoyés dans leur corps; cependant, si le candidat a été obligé d'interrompre son travail pour des causes légitimes (maladie, absence motivée, etc.), le Ministre, sur la proposition du directeur, peut lui accorder un délai extrême de six mois.

Proposition pour le grade de chef armurier de 2e classe (1).

Art. 43. Les sujets munis du certificat de capacité et qui remplissent, en outre, les autres conditions exigées, sont susceptibles d'être proposés pour le grade de chef armurier de deuxième classe.

Les propositions ont lieu dans la forme prescrite (art. 22).

---

(1) Formation du tableau d'avancement pour le grade de chef armurier de 2e classe. (Note du 2 avril 1894, *B. O.*, p. 302.)

A. — Ouvriers des corps de troupe.

L'obtention, pour les ouvriers des corps de troupe, du certificat d'aptitude prévu par l'article 42 du règlement du 30 août 1884 entraîne l'inscription d'office immédiate sur le tableau d'avancement pour chef armurier. Cette inscription est faite par le Ministre (3e *Direction*, 1er *Bureau*), sur le vu du certificat d'aptitude, dont un double doit être adressé au Ministre par le directeur de la manufacture, avec une expédition de l'acte de naissance du candidat.

Les hommes qui ont été incorporés étant déjà en possession dudit certificat peuvent être proposés par les chefs de corps pour chef armurier de 2e classe à partir du jour où ils ont accompli deux ans de service effectif.

Ces propositions sont adressées au Ministre (3e *Direction*, 1er *Bureau*) à toute époque de l'année, accompagnées de la demande écrite des candidats, d'une copie conforme de leur certificat d'aptitude et d'un extrait de leur acte de naissance, par l'intermédiaire des commandants des corps d'armée.

Si elles sont accueillies par le Ministre, les candidats sont inscrits au tableau d'avancement pour le grade de chef armurier de 2e classe; ils y prennent rang d'après la date de la demande écrite jointe à leur proposition.

Les hommes qui, ayant déjà figuré au tableau d'avancement, viendraient à être rayés pour une cause quelconque, peuvent, de nouveau, être proposés par les chefs de corps pour chef armurier de 2e classe. Si ces propositions sont accueillies, les candidats sont inscrits au tableau d'avancement pour prendre rang du jour de leur première inscription, déduction faite du temps qui s'est écoulé entre leur radiation et leur nouvelle admission au tableau.

Lorsqu'il y a lieu, les inspecteurs généraux proposent la radiation des candidats chefs armuriers dont la conduite, la tenue, la manière de servir ou l'aptitude au travail laissent à désirer.

B. — Ouvriers immatriculés des manufactures.

Les ouvriers immatriculés des manufactures d'armes pourvus du certificat d'aptitude nécessaire et ayant au moins trois années de service effectif, soit comme homme de troupe, soit comme ouvrier immatriculé, peuvent être

TITRE II.

ARMEMENT DES CORPS. — RECETTES ET VERSEMENTS D'ARMES.

CHAPITRE PREMIER.

ARMEMENT DES CORPS. — SITUATION DE L'ARMEMENT

Dotation des corps en armes des divers modèles (1).

Art. 44. Les quantités d'armes des divers modèles qui constituent la dotation des corps sont fixées par le Ministre, d'après l'effectif de mobilisation du corps et d'après les bases de l'armement. (Voir l'Instruction sur les armes et les munitions en service.)

Les commandants des corps d'armée (2) doivent s'assurer que l'armement des corps qui se mobilisent dans l'étendue de leur commandement est constamment tenu au complet entre les mains des troupes et dans les lieux désignés pour la mobilisation.

---

proposés par les directeurs de ces manufactures pour le grade de chef armurier de 2e classe (art. 3 du décret du 25 février 1854, *J. M.*, p. 30), s'ils réunissent d'ailleurs les conditions d'âge exigées.

Ces propositions sont adressées au Ministre (3e *Direction*, 1er *Bureau*) à toute époque de l'année, accompagnées de la demande écrite des candidats, d'une copie conforme de leur certificat d'aptitude et d'un extrait de leur acte de naissance, par l'intermédiaire de l'inspecteur des manufactures d'armes.

Si elles sont accueillies par le Ministre, les candidats sont inscrits au tableau d'avancement pour le grade de chef armurier de 2e classe; ils y prennent rang d'après la date de la demande écrite jointe à leur proposition.

Toutefois, pour les ouvriers qui, après avoir figuré au tableau d'avancement, soit comme militaires, soit comme ouvriers immatriculés, ont été rayés et viennent à être inscrits de nouveau, le rang d'inscription est déterminé comme il est dit pour les hommes des corps de troupe placés dans le même cas.

Les ouvriers immatriculés des manufactures d'armes, inscrits au tableau d'avancement précité, doivent renouveler chaque année, d'après la désignation du directeur de l'établissement, un certain nombre de chefs-d'œuvre. Ceux dont l'habileté, la conduite ou la manière de servir laissent à désirer peuvent être rayés de ce tableau, sur la proposition de l'inspecteur des manufactures.

Les chefs de corps ou de service doivent immédiatement rendre compte au Ministre (3e *Direction*, 1er *Bureau*) des mutations survenues dans le personnel des ouvriers armuriers inscrits au tableau d'avancement.

(1) Voir page 232 pour les magasins mis à la disposition de chaque corps.

(2) Gouverneur militaire de Paris ou gouverneur militaire de Lyon. Cette observation s'applique à tous les articles du présent règlement visant l'autorité du commandant du corps d'armée.

Accessoires d'armes (1).

Art. 45. Toute arme à feu est accompagnée d'accessoires comprenant les instruments réglementaires pour démonter, remonter et entretenir l'arme.

Par exception, il n'est pas affecté d'accessoires aux revolvers destinés à armer les hommes déjà pourvus d'une autre arme à feu, lorsque les accessoires qui accompagnent cette dernière arme comportent les pièces nécessaires pour l'entretien du revolver.

Caisses d'armes allouées à titre permanent.

Art. 46. Les corps reçoivent à titre permanent, pour leurs besoins ordinaires, un certain nombre de caisses d'armes vides.

Répartition de l'armement entre le service courant et le service de réserve.

Art. 47. En temps de paix, les armes, accessoires d'armes, etc., affectés à un corps de troupe, sont répartis entre le *service courant* et le *service de réserve*, ainsi qu'il est prescrit par les lois, décrets et décisions relatifs à la comptabilité-matières des objets dépendant du département de la guerre (2).

L'*armement du service courant* comprend les quantités d'armes et d'accessoires d'armes des divers modèles nécessaires pour armer un nombre d'hommes égal à *l'effectif de paix* fixé pour le corps (3), augmenté d'un vingtième; il comprend, en outre, les armes et les accessoires d'armes spécialement délivrés pour l'instruction et la théorie (art. 110 et 111), les armes en expérience, les caisses d'armes vides et les objets divers.

L'*armement de réserve* comprend les quantités d'armes et d'accessoires d'armes des divers modèles nécessaires pour compléter l'armement du corps à l'effectif de mobilisation (4).

---

(1) Les compagnies ne sont plus munies que du nombre de nécessaires d'armes fixé pour la mobilisation de ces unités. Il est alloué, pour l'entretien du fusil modèle 1886 dans le service normal de garnison, des nécessaires d'escouade à raison de 12 par unité. (Note du 12 juillet 1895, *B. O.*, p. 21.)

Voir l'instruction confidentielle du 25 août 1888, relative à la régularisation du matériel accessoire qui doit entrer dans la dotation des corps armés en fusils modèle 1886.

(2) Règlement du 9 septembre 1888 et instruction du 23 décembre même année. (Voir page 277.)

(3) Cet effectif est celui qui est fixé par la loi des cadres et par une décision ministérielle spéciale.

(4) Les états des fixations à la réserve de guerre, à produire en exécution des articles 5 et 6 du règlement du 9 septembre 1888, doivent être établis à la date du 1er mai en double expédition, et rédigés conformément aux indications formulées à la 1re page des imprimés modèles B 2, B 3. Ils sont certifiés par les membres du conseil d'administration, visés de plus pour les corps de l'armée territoriale, par le chef de corps auquel est affectée la dotation corres-

L'armement de réserve peut être, suivant les ordres du Ministre, pris en charge par le corps ou conservé dans les magasins de l'artillerie (1). Il est, autant que possible, divisé par lots correspondant aux unités auxquelles il est destiné. Le directeur d'artillerie fait connaître aux corps dont il a l'armement l'emplacement exact du local où cet armement est déposé.

Armement des corps de l'armée territoriale.

Art. 48. En temps de paix, l'armement d'un corps de l'armée territoriale est classé en entier au service de réserve. Suivant les ordres du Ministre, il est pris en charge et entretenu par un corps de l'armée active, ou bien il est conservé dans les magasins de l'artillerie (1). Dans ce dernier cas, le général commandant le corps d'armée désigne le corps de l'armée active chargé de tenir pour le compte du corps territorial les écritures relatives à l'armement (art. 55 et 89).

Les règles établies par le présent règlement pour la conservation, en temps de paix, de l'armement de réserve des corps de l'armée active, sont applicables à la conservation de l'armement des corps de l'armée territoriale.

Comptabilité-matières relative à l'armement.

Art. 49. Pour tout ce qui concerne la comptabilité-matières des objets d'armement (prise en charge, recettes, versements, inventaires, etc.), le corps (ou la fraction de corps) se conforme au *règlement du 14 janvier 1889 sur l'administration et la comptabilité*

---

pondante, vérifiés en dernier lieu par les soins de l'état-major du corps d'armée qui fera opérer les rectifications nécessaires, et adressés au Ministre le 1er juin.

Après approbation par le Ministre, un exemplaire ds chacun de ces états des fixations est adressé aux divers corps qui les ont établis, lesquels devront se conformer aux dispositions de l'article 6 de l'instruction du 23 décembre 1888.

Il doit être entendu, pour la rédaction des états, que la dotation d'un corps actif ou territorial comprend tous ses éléments, quelle que soit leur affectation, en cas de mobilisation.

De même les renseignements relatifs à un régiment territorial d'infanterie doivent comprendre la dotation de tous les bataillons, quelle que soit leur destination du temps de guerre (troupes actives, places, etc.,) (Lettres coll. des 11 décembre 1889, n° 15-4, 7 octobre 1890, n° 11-7, 10 novembre 1891, n° 15-5, et note du 3 février 1892, *B. O.*, p. 176, p. s.)

(1) L'armement de réserve est conservé dans les magasins de l'artillerie lorsqu'il en existe dans la place où le corps se mobilise.

Dans certains cas spéciaux, l'armement de réserve d'un corps de l'armée active peut être pris en charge par un autre corps de l'armée active; ce dernier se conforme alors, pour ce qui concerne cet armement, à ce qui est prescrit (art. 48) pour l'armement d'un corps de l'armée territoriale pris en charge par un corps de l'armée active.

des corps de troupe et à l'instruction du 23 *décembre* 1888 (*B. O.*, p. 1069) (1).

Toutefois, sur le *registre des entrées et sorties du matériel de service courant* (modèle n° 19 annexé au décret du 14 janvier 1889), les armes en expérience doivent ressortir distinctement dans des colonnes spéciales, lors même qu'elles auraient le même numéro détaillé de la nomenclature N (artillerie et équipages militaires) que d'autres armes en service dans le corps.

Le classement des armes non réparables (art. 100) dans la catégorie *hors de service* ne devant avoir lieu que dans les établissements de l'artillerie, aucune arme ne doit figurer à la section VIII du registre précité.

Pour les recettes, versements et pertes, les corps se conforment, en outre, aux règles établies ci-après (chap. II, III et IV du présent titre, et chap. II, titre III).

Situation de l'armement à adresser au Ministre (2).

Art. 50. Dans les quinze premiers jours du mois de janvier de chaque année, le conseil d'administration central adresse au Ministre, par voie hiérarchique, une expédition de l'*état de situation de l'armement du corps* au 31 décembre de l'année précédente indiquant exactement toutes les recettes, consommations et mouvements intérieurs d'armes, etc., qui ont eu lieu pendant ladite année (modèle III). Le commandant du corps d'armée réunit ces situations et les adresse au Ministre avant le 20 janvier.

Les armes, accessoires d'armes, caisses d'armes, etc., doivent y figurer séparément pour le service courant et le service de réserve, et, pour chaque service, par catégories, espèces et modèles, ainsi qu'il est prescrit pour la tenue de la section V des registres des entrées et des sorties de matériel (art. 49). Ces renseignements se rapportent à l'ensemble du corps.

Après l'existant au 31 décembre, on relate, à titre de renseignement, dans les situations des corps stationnés en France, les quantités d'armes, etc., en service et en magasin pour les portions stationnées hors du territoire, y compris l'Algérie.

Enfin, à la 4me page de la situation, on fait connaître la répartition des armes affectées aux différentes fractions du corps.

Les situations particulières des bataillons ou escadrons actifs et des détachements stationnés soit à l'intérieur, soit hors du territoire, doivent être parvenues avant le 10 janvier à la portion centrale, afin que le conseil d'administration central puisse établir en temps opportun la situation générale du corps.

---

(1) Voir les annexes nos X et XI, pages 272 et 277. — Règlement du 14 janvier 1889, édition annotée et mise à jour, prix 3 francs. — Règlement du 23 décembre 1888, mis à jour, prix 4 fr. 75. Henri Charles-Lavauzelle, éditeur.

(2) Voir la note du 25 décembre 1886 (*B. O.*, page 13, 1er semestre 1887), relative à la rédaction de l'état de situation de l'armement des corps.

Une deuxième expédition de l'état de situation (modèle III) est mise à l'appui du relevé annuel des dépenses de l'armement (art. 187) (1).

Les écoles militaires doivent également fournir un état de situation de leur armement.

CHAPITRE II.

MISE EN SERVICE TEMPORAIRE D'ARMES DE RÉSERVE. MOUVEMENTS D'ARMES APPARTENANT A LA DOTATION D'UN CORPS DE TROUPE.

Mise en service temporaire d'armes de réserve d'un corps de troupe.

Art. 51. Quand l'armement du service courant devient momentanément insuffisant pour armer tous les hommes présents, lors de l'appel des réservistes pour une période d'instruction, le supplément d'armes nécessaire est prélevé sur l'armement de réserve.

La mise en service temporaire des armes de réserve et, s'il y a lieu, leur délivrance par l'artillerie sont autorisées par l'officier général ou supérieur commandant la brigade (2), auquel le corps soumet une demande accompagnée d'un état de situation (modèle IV). Cette situation est établie en double expédition.

L'une des expéditions de l'état (modèle IV) approuvé est renvoyée au corps, qui la joint, s'il y a lieu, à son relevé annuel des dépenses de l'armement. L'autre expédition est adressée au Ministre avec l'indication : « Compte rendu » par le général.

Si le corps n'a pas en charge son armement de réserve, l'état (modèle IV) est établi en triple expédition ; la troisième expédition est adressée par le commandant de la brigade à l'établissement d'artillerie détenteur de l'armement ; le corps et cet établissement se conforment, pour la délivrance des armes, aux prescriptions des articles 59 et suivants.

Les armes de réserve mises en service pendant les périodes d'instruction ne subissent aucun déclassement de service ; si elles sont délivrées par l'artillerie, elles sont inscrites sur le registre des entrées et des sorties du matériel de réserve du corps (section V).

---

(1) Lorsque les dépenses de l'armement sont faites sous le régime de clerc à maître, il n'est pas mis à l'appui du relevé annuel de situation de l'armement.

(2) Si le corps (ou la fraction de corps) n'est pas embrigadé ou n'est pas placé sous les ordres immédiats du commandant de la brigade, l'autorisation est donnée par le général de brigade ou l'officier supérieur commandant le territoire (subdivisions de région de l'Algérie, places de Paris, de Lyon). Cette observation s'applique à tous les articles du présent Règlement visant l'autorité du commandant de la brigade.

Cas de fractionnement du corps.

Art. 52. A l'intérieur, les demandes d'armes de réserve sont faites, pour toutes les portions du corps, par le conseil d'administration central.

Cependant, lorsqu'une portion du corps s'administrant isolément et ayant un lieu de mobilisation distinct a près d'elle la partie de l'armement de réserve qui lui est spécialement affectée, elle établit directement, pour ses besoins, les états de demande d'armes de réserve; dans ce cas, la portion centrale ne comprend pas sur ses états l'effectif de cette fraction du corps, mais elle mentionne le fait dans la colonne *Observations*.

En Algérie, pour les corps ou fractions de corps dont les dépôts sont en France, les états sont arrêtés par le conseil d'administration éventuel.

Réintégration en magasin des armes de réserve mises en service temporairement.

Art. 53. Les armes mises en service pour les périodes d'instruction sont réintégrées, sans autorisation, dans les magasins du corps ou dans ceux de l'artillerie, dans les quatre jours qui suivent le renvoi des hommes dans leurs foyers.

Il n'est fait aucune imputation, pour dégradations, aux réservistes, ces hommes ne possédant pas de masse individuelle. Toutes les dégradations provenant de leur faute sont mises au compte de l'Etat (art. 167, 168 et 169). Ces dégradations sont consignées dans un procès-verbal (modèle XVIII) (1).

Roulement à établir entre les armes de réserve délivrées aux réservistes.

Art. 54. Les armes prélevées chaque année sur la réserve, lors de l'appel des réservistes, sont choisies parmi celles qui n'ont point encore été mises en service les années précédentes ou qui l'ont été le plus anciennement.

Le corps ou l'établissement détenteur de l'armement de réserve prend, à cet effet, les mesures nécessaires pour établir entre les armes un mouvement périodique régulier.

Mise en service temporaire et réintégration en magasin des armes affectées à un corps de l'armée territoriale.

Art. 55. Les armes nécessaires pour armer les hommes de l'armée territoriale appelés sous les drapeaux sont, à moins d'ordre

---

(1) Voir le renvoi 1 de la page 65.
Les imputations provenant des réparations nécessaires aux armes appartenant à l'armée territoriale mises en service temporairement entre les mains des hommes de l'armée active doivent être réparties entre les corps et l'Etat, conformément aux dispositions de l'article 3 de l'instruction du 6 septembre 1887. (Dép. du 3 mai 1892, n° 17510.) Voir annexe n° 1, page 211.

contraire du Ministre, prélevées sur l'armement du corps auquel ils appartiennent.

Le conseil d'administration dudit corps et l'établissement (ou le corps de l'armée active) détenteur de l'armement se conforment, chacun en ce qui le concerne, aux règles établies (art. 51 à 54) pour la mise en service temporaire et la réintégration en magasin des armes délivrées aux réservistes. Toutefois, les armes délivrées aux corps de l'armée territoriale par les établissements de l'artillerie pour les périodes d'instruction seront toujours facturées par ces établissements aux corps ou batteries de l'armée active désignés par le commandant du corps d'armée (art. 48). Les demandes sont établies par les corps de l'armée territoriale, mais transmises à l'établissement livrancier par les corps de l'armée active.

Il n'est fait aucune imputation, pour dégradations, aux hommes de l'armée territoriale. Ces dégradations sont à la charge de l'Etat (art. 167, 168 et 169), et elles sont consignées dans un procès-verbal (modèle XVIII).

Mouvements d'armes appartenant à la dotation des corps.

Art. 56. Les mouvements qu'il y a lieu d'opérer dans l'armement composant la dotation d'un corps (service de réserve et service courant), par suite de modifications apportées aux fixations de l'effectif de paix, ou pour régulariser l'armement des différentes fractions, ont lieu d'après la demande du conseil d'administration central, et sur l'ordre du général commandant le corps d'armée sur le territoire duquel se trouvent les armes à délivrer ou à expédier.

La demande est accompagnée d'un état de situation (modèle IV) établi en deux expéditions, dont l'une est renvoyée au corps et l'autre est adressée au Ministre, avec l'indication « Compte rendu », par le général commandant le corps d'armée. Lorsque les armes à expédier proviennent ou doivent faire partie de lots d'armes déjà pris en charge par l'artillerie, les directeurs intéressés sont prévenus directement par les soins de cet officier général.

Ces prescriptions s'appliquent notamment au transport de l'armement de réserve du corps ou fraction de corps dont le lieu de mobilisation vient à changer. Néanmoins, si l'armement de réserve doit être pris en charge par l'artillerie au nouveau lieu de mobilisation, l'état de situation (modèle IV), établi en triple expédition, doit être approuvé par le Ministre. L'une des expéditions est renvoyée au corps, une autre est adressée au directeur d'artillerie.

Le transport de l'armement des corps territoriaux dont le lieu de mobilisation vient à changer est prescrit par le Ministre, sur la proposition du général commandant le corps d'armée.

Substitution d'armes de réserve à des armes du service courant.

Art. 57. Il est interdit aux corps de substituer des armes de réserve à des armes de service courant et réciproquement, à moins d'une autorisation spéciale du général commandant le corps d'armée, laquelle ne doit être donnée que dans des cas tout à fait exceptionnels.

Les armes de réserve passées par échange au service courant doivent toujours être prises parmi celles qui sont complètement réparées.

CHAPITRE III.

RÈGLES GÉNÉRALES A SUIVRE POUR PRENDRE DES ARMES OU DES CAISSES D'ARMES DANS LES MAGASINS DE L'ARTILLERIE.

Autorisation nécessaire et formalités à observer pour les délivrances d'armes (1).

Art. 58. Les délivrances par l'artillerie d'armes ou d'accessoires d'armes, autres que ceux de la réserve des corps, n'ont lieu que d'après les ordres du Ministre (ou, en cas d'urgence, des généraux commandant les corps d'armée), provoqués, s'il y a lieu, par les demandes des corps.

A l'intérieur, les demandes d'armes sont établies par le conseil d'administration central et adressées par l'intermédiaire du général commandant le corps d'armée, qui les transmet au Ministre avec son avis motivé.

En Algérie, les délivrances sont autorisées par le général commandant le 19e corps d'armée. Pour les corps dont les dépôts sont en France, les demandes sont faites par les conseils d'administration éventuels.

Lorsque les demandes d'armes ont pour objet de compléter l'armement total affecté au corps (service courant et réserve), elles doivent être accompagnées d'un état de situation (modèle IV), en simple expédition, établi d'une manière analogue à ce qui est dit

---

(1) Si les lames de sabre réformées que les corps de troupe de cavalerie, d'artillerie, du génie et du train des équipages peuvent conserver pour servir à l'instruction sur l'aiguisage des lames ne sont pas suffisantes, ces corps sont autorisés à s'adresser, par l'intermédiaire du commandement, à la direction d'artillerie la plus voisine, et en deuxième lieu, si cet établissement ne possède pas lui-même les lames hors de service demandées, à la manufacture d'armes de Châtellerault. (Note du 16 mai 1886, *J. M.*, p. 584.)

Sont transmises au Ministre, qui statue, toutes les demandes de prêt d'armes (portatives ou d'affût) ou de pièces d'armes adressées pour des théâtres, des fêtes, etc. (Circ. du 7 mai 1895, *B. O.*, p. 496.)

(art. 51), mais en prenant pour base l'*effectif de mobilisation du corps* et en indiquant : 1° au titre de quel service la délivrance doit être effectuée ; 2° à quelle fraction des corps ou à quels magasins les armes doivent être délivrées ou expédiées.

Quand les demandes ont pour but le remplacement d'armes perdues ou hors de service, on y joint le *duplicata* du procès-verbal établi par le sous-intendant ou du bulletin d'imputation (art. 97, 98 et 100).

Les demandes d'armes cédées par l'Etat aux officiers à titre onéreux doivent être accompagnées d'un état nominatif des officiers signé par le chef de corps et de la déclaration de versement au Trésor de la valeur des armes à délivrer ; les récépissés du Trésor sont remis, au moment de la délivrance, aux directeurs d'artillerie (1).

Liste des numéros des armes délivrées par l'artillerie.

Art. 59. La liste des numéros et lettres de série des armes délivrées par l'artillerie, à quelque titre que ce soit, est dressée, en double expédition, par les soins de l'établissement livrancier ; l'une des expéditions, signée par l'officier chargé de la surveillance des salles d'armes, est remise au corps destinataire ; l'autre est conservée par l'établissement d'artillerie.

Obligation de recevoir les armes délivrées par l'artillerie.

Art. 60. Les corps ne peuvent refuser les armes qui leur sont délivrées ou expédiées des magasins de l'artillerie, à moins de dégradations survenues pendant le transport, ce qui doit être constaté par des procès-verbaux en règle dressés par le sous-intendant.

Cependant, si les armes reçues sont, lors de leur arrivée au corps, dans un état tel qu'elles ne puissent être immédiatement délivrées aux troupes, le corps peut demander au Ministre de les faire examiner par un capitaine inspecteur d'armes. La visite a lieu, dans ce cas, en présence d'un membre délégué du conseil

---

(1) Tous les militaires qui doivent réglementairement être munis du revolver modèle 1874 (1892 actuellement) à leurs frais sont autorisés à rembourser, sur leur solde, le prix de cette arme par retenue mensuelle fixée à 5 francs.

Pour les officiers de corps de troupe, l'avance du prix d'achat du revolver sera faite sur les fonds de la solde par les corps auxquels ils appartiennent ; en ce qui concerne les officiers sans troupe et assimilés et les employés militaires, des régiments seront désignés à cet effet. La dépense sera imputée aux fonds divers jusqu'à parfait remboursement. (Note du 19 avril 1886, *J. M.*, p. 521.)

La délivrance de ces revolvers s'opère sans recourir à l'autorisation ministérielle. Les demandes des intéressés, portant déclaration qu'ils ne sont pas encore pourvus du revolver réglementaire, sont transmises directement par leur chef de corps ou de service au directeur de l'établissement d'artillerie le plus voisin (Direction ou Ecole d'artillerie ou manufacture d'armes de Saint-Etienne) accompagnées du récépissé et d'une déclaration constatant le versement de la somme de 35 francs par revolver. (Note du 10 mai 1886, *J. M.*, p. 528, et dép. minist. du 18 mai 1895, 3e Direction, 2e Bureau.)

d'administration et du lieutenant d'armement. Le Ministre ordonne, s'il y a lieu, la remise ou le renvoi des armes à l'établissement qui les a fournies.

Interdiction d'éprouver les armes dans les corps (1).

Art. 61. Il est absolument interdit aux corps de faire subir aucune épreuve aux armes qui leur sont délivrées.

Toute arme mise hors de service par une épreuve quelconque reste à la charge du corps.

Délivrance de caisses d'armes.

Art. 62. Les délivrances de caisses d'armes sont autorisées par les généraux commandant les corps d'armée.

Lorsque le nombre des caisses allouées au corps à titre permanent (art. 46) ne suffit pas, le conseil d'administration (central ou éventuel) adresse au général commandant le corps d'armée une demande de caisses supplémentaires ; cet officier général en ordonne, s'il y a lieu, la délivrance par la direction d'artillerie dans le ressort de laquelle se trouve stationné le corps (ou la fraction de corps). S'il n'a pas de caisses disponibles, le directeur d'artillerie s'adresse au Ministre. (Voir art. 73.)

Transport des armes et des caisses d'armes.

Art. 63. Les corps font prendre les armes dans les établissements d'artillerie par des détachements, quand la distance n'est pas de plus de 12 kilomètres (aller et retour). Chaque homme ne doit jamais porter plus de deux fusils. Le lieutenant d'armement, ou un officier délégué à sa place, assiste à la délivrance des armes.

Lorsque la distance excède 12 kilomètres (aller et retour), le transport est effectué aux frais de l'Etat par la voie des transports de la guerre ; dans ce cas, les armes sont encaissées. A leur arrivée au corps, les armes sont désencaissées en présence d'un membre délégué du conseil d'administration et du lieutenant d'armement.

La même règle est observée pour la délivrance et le transport des caisses d'armes vides. Toutefois, quand la distance (aller et retour) est au-dessous de 12 kilomètres, si le transport à bras paraît trop fatigant pour les hommes, les corps peuvent faire exécuter le transport à l'aide des voitures régimentaires mises à leur disposition, ou, à défaut de ces voitures, au moyen de marchés spéciaux ; dans ce dernier cas, la dépense est supportée par la masse d'habillement et d'entretien.

---

(1) Suivant note du 21 mars 1894 (*B. O.*, page 293), les corps de cavalerie ont reçu une boîte d'épreuves pour sabres. Cette boîte ne doit servir au chef armurier que pour vérifier l'état des sabres après l'exécution des réparations susceptibles de modifier l'élasticité de la lame.

CHAPITRE IV.

RÈGLES GÉNÉRALES A SUIVRE POUR VERSER DES ARMES OU DES CAISSES D'ARMES A L'ARTILLERIE OU A UN AUTRE CORPS.

Versements à l'artillerie.

Autorisation nécessaire et formalités à observer pour les versements d'armes.

Art. 64. Les versements à l'artillerie d'armes ou accessoires d'armes ne peuvent avoir lieu sans l'autorisation du Ministre, sauf les cas prévus (chap. II) pour l'armement de réserve des corps.

La demande de versement, accompagnée, quand elle est motivée par un excédent d'armes, d'un état de situation (modèle IV) en double expédition, est adressée par le conseil d'administration central au Ministre, par l'intermédiaire du général commandant le corps d'armée, qui la transmet avec son avis motivé.

En Algérie, les versements d'armes sont autorisés par le général commandant le 19e corps ; les conseils d'administration éventuels des corps dont les dépôts sont en France adressent leurs demandes par l'intermédiaire des généraux sous le commandement desquels ils se trouvent placés.

L'état de situation doit indiquer la fraction de corps à laquelle appartiennent les armes à verser, ainsi que le lieu où elles sont déposées, et le service (courant ou de réserve) auquel elles sont affectées.

Armes versées sans être réparées (1).

Art. 65. Les armes que les corps sont autorisés à verser à l'artillerie ne sont pas réparées avant le versement, mais elles sont toujours nettoyées et graissées.

Etat des sommes imputées au corps livrancier (2).

Art. 66. Pour tous les versements d'armes à l'artillerie, l'état des sommes imputées au corps livrancier sera dressé uniquement d'après la visite des armes à l'établissement réceptionnaire.

---

(1) Lorsqu'un corps de troupe versera à l'artillerie des fusils modèle 1886 dégradés par la ficelle, les réparations nécessaires seront effectuées par l'établissement d'artillerie et non par le corps de troupe au moment du versement, l'établissement fera les imputations conformément à la note ministérielle du 13 janvier 1889. (Dép. minist. du 15 octobre 1894, 3e Direction, 2e Bureau.)

(2) Nouvelle rédaction. (Note du 13 janvier 1889, *B. O.*, p. 64.)

Constatation des réparations à faire aux armes versées à l'artillerie.

Art. 67. Les réparations à faire aux armes versées sont constatées, dans le plus bref délai possible, à l'établissement réceptionnaire, par un capitaine d'artillerie et un contrôleur d'armes délégués par le directeur d'artillerie, en présence du garde comptable de l'établissement et de l'officier d'armement du corps (ou d'un officier délégué à sa place). En cas d'absence de ce dernier, il est passé outre, et l'opération est exécutée d'office.

Le directeur prévient le corps du jour de la visite.

Règles à suivre pour cette constatation.

Art. 68. Les directeurs d'artillerie doivent recevoir sans imputation les armes qui sont dans un état d'entretien tel qu'elles pourraient faire un bon service, sans réparation, entre les mains des soldats. Ils ne constatent pas toutes les réparations qui seraient nécessaires pour remettre les armes à neuf dans une manufacture, mais seulement celles qui auraient dû être exécutées ou relevées par l'armurier si les armes étaient rentrées au magasin du corps (1). Le montant de ces réparations est imputé à qui de droit.

Imputations faites au corps.

Art. 69. L'état des sommes imputées (2) doit mentionner, séparément pour chaque arme, le détail des réparations dont le montant est imputé au corps; les armes y sont désignées par leur espèce, leur modèle, leur numéro et leur lettre de série. Le prix

---

(1) Les fentes au bois, quand elles sont légères, ne nécessitent pas, en général, le rebut de la monture; il en est de même quand les filets des trous de vis sont arrachés, et pour toutes les dégradations qui, sans nuire à la solidité de la monture, sont réparées ou réparables par une pièce, une cheville, un support à double ou à simple rosette. Le nombre ni l'espèce des pièces que peut recevoir une monture ne sauraient être déterminés ; c'est aux directeurs à apprécier la valeur et l'opportunité de ces réparations. Tout bois surchargé de pièces est, en tout cas, rebuté.

Les directeurs doivent recevoir sans imputation les plastrons de cuirasse criqués sur les bords.

Ils ne doivent imputer que des réparations indispensables pour mettre les armes en service.

Le prix des canons rebutés pour agrandissement de calibre ne devra plus, à moins de négligence manifeste, être imputé aux corps. Cette disposition est, en effet, la conséquence de l'établissement de la moins-value de 1 franc qui est payée à l'Etat par les corps pour chaque réparation de nature à augmenter le calibre. (Note du 13 janvier 1889, *B. O.*, p. 64.)

(2) Les imputations faites sont détaillées dans un état (mod. n° 14), qui est remis au corps livrancier et qui lui sert à effectuer le versement au Trésor du montant de ces imputations. Le talon dudit état donnant la preuve du versement est annexé à la pièce d'entrée. (Art. 50, § XVII, de l'instruction du 23 décembre 1888.) Voir **annexe XI, page 277.**

des réparations est calculé d'après le tarif en vigueur (1). Il doit y être fait mention des circonstances qui ont motivé le versement, de l'ordre qui a prescrit ce versement et du nombre total des armes.

Pour les corps placés sous le régime de l'abonnement, l'état des sommes imputées est dressé d'après la visite faite à l'établissement réceptionnaire; il doit comprendre, sans spécification, toutes les réparations au compte de l'armurier et des hommes. Le montant de l'état, en totalité imputable au corps, doit être immédiatement versé au Trésor.

Pour les corps placés sous le régime de clerc à maître, l'état des sommes imputées ne doit comprendre que les imputations faites à la masse d'habillement et d'entretien.

Le récépissé du Trésor est remis au sous-intendant militaire. (Voir art. 198.) (2).

Imputations au chef de corps ou au conseil d'administration.

Art. 70. Si, dans l'examen des armes versées, il se présente des dégradations qui paraissent de nature à être imputées au chef de corps ou au conseil d'administration (art. 167), le prix n'est point porté sur l'état des sommes imputées. Le directeur d'artillerie en rend compte au Ministre dans un rapport spécial et fait mettre les armes de côté jusqu'à nouvel ordre.

Versement des armes hors d'état d'être réparées.

Art. 71. Les armes hors d'état d'être réparées doivent être versées complètes; sauf le cas de perte par force majeure, les pièces qui manquent sont payées par le corps d'après le tarif en vigueur.

Le déclassement de ces armes et leur classement dans la catégorie *hors de service* n'ont lieu qu'après leur versement à l'artillerie.

Versement des armes de réserve délivrées aux réservistes et aux hommes de l'armée territoriale.

Art. 72. Les prescriptions des articles 66, 68 et 69 ne sont pas applicables aux réintégrations dans les magasins de l'artillerie des armes délivrées à titre temporaire pour l'armement des réservistes ou des hommes de l'armée territoriale (art. 51 et 55); ces armes sont reçues sans imputation.

Les réparations constatées lors du versement doivent être exécutées aussitôt que possible. Les armes dont les dégradations ne

---

(1) Tarif du 6 septembre 1887, 6e édition mise à jour et complétée par toutes les feuilles rectificatives parues, prix 1 fr. 50. Henri Charles-Lavauzelle, éditeur.

(2) Rédaction modifiée par suite des dispositions de la note du 13 janvier 1889. (*B. O.*, p. 64.)

peuvent être réparées qu'en manufacture sont remplacées immédiatement dans l'armement de réserve du corps.

Versements de caisses d'armes vides.

Art. 73. Les versements à l'artillerie de caisses d'armes vides ont lieu d'après les ordres du commandant du corps d'armée, provoqués au besoin par les demandes des corps.

Les caisses d'armes délivrées aux corps en sus de la dotation réglementaire (art. 62) doivent être versées à l'artillerie dès que les motifs qui ont nécessité la délivrance ont cessé d'exister.

Les caisses d'armes doivent toujours être versées complètes; les pièces qui manquent sont imputées au corps. La dépense est acquittée d'abord sur les fonds généraux de la caisse du corps et inscrite au carnet des fonds divers, sauf recours contre qui de droit.

Les directeurs d'artillerie rendent compte au Ministre des caisses qu'ils reçoivent ou font délivrer.

Transport des armes et des caisses d'armes versées.

Art. 74. Les dispositions énoncées (art. 63) sont applicables aux versements d'armes et de caisses d'armes.

Versements ou réintégrations à l'artillerie par des corps ou établissements ne dépendant pas du ministère de la guerre.

Art. 75. Les réintégrations dans les magasins de l'artillerie des armes, caisses d'armes, etc., qui ont été délivrées, à titre de prêt, à des corps ou établissements ne dépendant pas du ministère de la guerre, ont lieu d'après les règles établies ci-dessus pour les versements à l'artillerie par un corps de l'armée active; mais l'état des sommes imputées doit toujours comprendre, sans spécification, toutes les réparations à exécuter, à l'exception de celles nécessitées par un défaut de fabrication, ainsi que la valeur des armes ou parties d'armes non représentées.

Versements à un autre corps.

Versements d'armes d'un corps à un autre (1).

Art. 76. Aucun versement d'armes d'un corps à un autre ne peut avoir lieu sans l'autorisation du Ministre, sauf le cas prévu au dernier alinéa du présent article.

---

(1) Dans le cas où l'ordre ministériel ne prescrit pas d'expédier les fusils modèle 1886 avec leurs accessoires, les baguettes ne doivent pas être expédiées avec ces armes. (Dép. du 29 juin 1891, nº 26427.)

Deux corps se remplaçant mutuellement dans leurs garnisons respectives sont autorisés par le Ministre à échanger leurs armes de réserve si cette dotation se trouve au lieu de la garnison (1).

Le versement d'armes d'un corps à l'autre a lieu conformément aux dispositions prescrites ci-après (art. 77, 78 et 79); si l'armement de réserve de l'un des corps est déposé dans les magasins de l'artillerie, le changement d'affectation est fait, sur les ordres du Ministre, par l'établissement détenteur des armes; le directeur d'artillerie en donne avis aux deux corps intéressés en leur faisant parvenir l'état des armes qui leur sont affectées.

Lorsqu'un corps qui a pris en charge l'armement d'un corps de l'armée territoriale vient à changer de garnison, il verse, sur l'ordre du général commandant le corps d'armée, cet armement au corps qui le remplace ou à un autre corps de la localité.

Visite des armes versées à un autre corps.

Art. 77. Les armes qu'un corps est autorisé à verser à un autre corps sont visitées en présence du sous-intendant militaire, d'un membre délégué du conseil d'administration, du lieutenant d'armement et du chef armurier de chacun des deux corps intéressés.

Le sous-intendant militaire dresse un procès-verbal (modèle VI) constatant toutes les réparations à exécuter au compte de l'abonnement (ou de l'Etat sous le régime de clerc à maître) et au compte de la masse d'habillement et d'entretien.

Imputations au corps livrancier.

Art. 78. L'état des sommes imputées (2) au corps livrancier doit comprendre, sans spécification, toutes les réparations portées au procès-verbal (modèle VI) au compte de l'abonnement et de la masse d'habillement et d'entretien si ledit corps est sous le régime de l'abonnement, et seulement les réparations au compte de la masse d'habillement et d'entretien s'il est sous le régime de clerc à maître. Il doit y être fait mention des circonstances qui ont motivé le versement, de l'ordre qui a prescrit ce versement et du nombre des armes versées.

Le montant de l'état est immédiatement versé au Trésor pour faire retour au budget de l'artillerie (fonds de l'armement); le récépissé du Trésor est remis au sous-intendant militaire.

---

(1) L'échange n'aura lieu que pour les armes de même modèle et nombre pour nombre. Les mouvements entre le service courant et le service de réserve qui seraient nécessaires pour égaliser les lots à échanger devront, en conséquence, être effectués après entente entre les corps intéressés et en se conformant au paragraphe 1er de l'article 57 du règlement du 30 août 1884. (Note du 25 août 1887, *B. O.*, p. 209.)

(2) Modèle n° 51 du règlement du 14 janvier 1889.

Exécution des réparations par le corps auquel les armes sont versées.

Art. 79. Les réparations portées sur le procès-verbal (modèle VI) sont exécutées dans le plus bref délai, au compte de l'État, par les soins du corps qui reçoit les armes; le prix en est payé, sur mémoire, au chef armurier, sans bonification de prime si le corps est sous le régime de l'abonnement, avec augmentation de la prime fixée par l'article 175 si le corps est placé sous le régime de clerc à maître. Le corps porte la dépense dans son relevé annuel des dépenses de l'armement, en mettant à l'appui le mémoire acquitté de l'armurier et le procès-verbal (modèle VI).

Les réparations terminées, les armes sont visitées avec soin et en détail par le lieutenant d'armement.

Versement de caisses d'armes à un autre corps.

Art. 80. Les versements de caisses d'armes vides d'un corps à l'autre sont autorisés ou ordonnés par les généraux commandant les corps d'armée.

Les caisses d'armes sont visitées contradictoirement en présence des délégués des deux corps intéressés; le prix des réparations nécessaires est imputé au corps livrancier. La dépense est prélevée sur les fonds généraux de la caisse du corps (fonds divers), sauf recours contre qui de droit.

TITRE III.

CONSERVATION DES ARMES DANS LES CORPS.

CHAPITRE PREMIER.

MARQUES ET NUMÉROS DES ARMES. — CONTRÔLE GÉNÉRAL.

Marques et numéros apposés sur les armes en manufacture.

Art. 81. Les armes reçoivent dans les manufactures d'armes des *estampilles* et des *poinçons* destinés à faire connaître leur modèle, leur origine et l'époque de leur fabrication, et, s'il y a lieu, celle de leur transformation, ainsi que les épreuves et le contrôle auxquels elles ont été soumises.

Il est, en outre, affecté à chaque arme à feu ou blanche un *numéro matricule,* qu'elle conserve pendant toute la durée de son service, lors même qu'elle subit ultérieurement une transformation.

Le numéro matricule d'une arme se compose, en général, d'une lettre de série (simple ou double) et d'un numéro, chaque lettre de série correspondant à 100,000 numéros d'armes de même espèce et de même modèle : de 1 à 100,000. Exemple A. 25,504 ; FG. 33,347.

Pour quelques modèles d'armes blanches (sabres d'adjudants, cuirasses, etc.), dont le nombre en service n'est pas susceptible d'atteindre le chiffre de 100,000, le numéro matricule ne comporte pas de lettre de série.

Le numéro matricule est appliqué : pour les armes à feu, sur le canon ; pour les sabres et épées, sur la monture ; pour les cuirasses, sur le plastron ; il est, en outre, répété sur les parties principales des armes (1).

Dispositions transitoires pour le numérotage des épées et des sabres de certains modèles.

Art. 82. Transitoirement, les épées de sous-officier modèle 1857 et les sabres de cavalerie légère modèle 1822 ou de canonnier monté modèle 1829, qui n'ont pas reçu de numéro matricule en manufacture, sont, lors de leur affectation à l'armement d'un corps, numérotés suivant des séries spéciales à ce corps, de manière à former autant de ces séries qu'il y a d'espèces d'armes (2) ; ainsi, il y a une série pour les épées, une autre pour les sabres de cavalerie légère, etc.

Chaque série commence au numéro 1 et se continue sans interruption jusqu'au numéro représentant le nombre d'armes de l'espèce existant au corps, y compris celles comptant à l'armement de réserve, que le corps en soit ou non détenteur.

Les armes de ces modèles délivrées à un corps prennent d'abord les numéros vacants par suite de consommations antérieures.

Lorsqu'une portion de corps ayant une administration distincte reçoit directement des armes des magasins de l'Etat, les numéros de série ne peuvent être appliqués que d'après les indications du conseil d'administration central.

Les armes de la réserve du corps déposées dans les magasins de l'artillerie sont numérotées par les soins de l'établissement

---

(1) Voir annexe III, page 229.

(2) Les corps qui ont encore en service des sabres de troupes à cheval *hors modèle* les comprennent respectivement dans les mêmes séries que les sabres de *modèle* qui ont le même emploi dans le corps. Ainsi, un escadron du train des équipages doit former une seule série avec les sabres de cavalerie légère (mod. 1822) et les sabres de canonnier monté (mod. 1829), lesquels sont indistinctement délivrés aux hommes montés de l'escadron.

détenteur, d'après une liste de numéros également fournie par le conseil d'administration central au directeur d'artillerie.

Numérotage des nécessaires d'armes (1).

Art. 83. Les nécessaires d'armes reçoivent le numéro matricule de l'arme à feu à laquelle ils sont respectivement affectés.

Lorsqu'un nécessaire d'armes est destiné à l'entretien de deux armes à feu d'espèces différentes, par exemple à une carabine et à un revolver, il prend le numéro de l'arme la plus longue, c'est-à-dire de la carabine.

Numérotage des nécessaires d'escouade.

Les baguettes et les tournevis sont marqués par les soins des corps d'un numéro d'ordre de 1 à 144 et au delà s'il y a lieu, les baguettes sur la poignée, le numéro à la partie inférieure et à droite, le tournevis sur une des faces sans encoche. Ces marques sont apposées par les chefs armuriers, sans rémunération, au moment de la délivrance des nécessaires. (Note du 12 juillet 1895, *B. O.*, n° 22.)

Marque des corps sur la plaque de couche.

Art. 84 (1).

Anciens numéros ou anciennes marques à effacer.

Art. 85. Lorsque des épées de sous-officier modèle 1857 ou des sabres de cavalerie légère modèle 1822 ou de canonnier monté modèle 1829, classés à l'armement d'un corps, portent déjà des numéros apposés dans d'autres corps, ces anciens numéros sont effacés et remplacés par les numéros de série du corps.

Les nécessaires d'armes portant des numéros autres que ceux des armes auxquelles ils sont affectés sont également numérotés à nouveau.

On suit la même règle pour les anciennes marques apposées sur les plaques de couche des fusils, carabines ou mousquetons (2).

Exécution du numérotage, du marquage des armes et de l'effacement des anciens numéros ou anciennes marques. — Dépenses y relatives.

Art. 86. L'application des numéros et des marques (art. 82, 83 et 84) et l'effacement, s'il y a lieu, des anciens numéros ou anciennes marques ont lieu par les soins du corps ou de l'établissement qui a pris en charge les armes et les accessoires d'armes.

---

(1) Les nécessaires d'armes conserveront leurs numéros actuels, mais il ne sera plus attribué de signification aux marques de ces nécessaires. (Dép. du 29 août 1891, n° 35828.)

(2) Sans objet. — Aucune marque ne sera apposée à l'avenir sur les plaques de couche. Les marques qui y figurent actuellement seront considérées comme n'ayant plus aucune signification. (Note du 8 février 1888, *B. O.*, p. 74.)

Les dépenses qui résultent, pour les corps, du numérotage et du marquage des armes et l'effacement des anciens numéros ou marques sont payées à l'armurier sur mémoire, en sus de l'abonnement ; le conseil d'administration en porte le montant dans les dépenses accessoires du relevé annuel des dépenses de l'armement.

Il n'est fait aucune allocation spéciale pour la réapposition des numéros matricules nécessitée par la réparation ou le remplacement de pièces d'armes à feu ou blanches; le prix de cette opération est compris dans celui de la réparation ou du remplacement.

La réapposition des numéros matricules, effacés par suite d'usure, est toujours au compte de l'abonnement; sous le régime de clerc à maître, elle est payée d'après le tarif en vigueur.

Interdiction d'apposer sur les armes des numéros ou marques autres que ceux qui sont prescrits.

Art. 87. Il est expressément interdit aux corps d'apposer sur les armes des numéros ou des marques autres que ceux qui sont prescrits par le présent règlement.

Numéros et marques des armes d'un corps de l'armée territoriale.

Art. 88. Les prescriptions des articles 81 à 87 sont applicables à l'armement d'un corps de l'armée territoriale pris en charge par un établissement ou par un corps de l'armée active.

Lorsque tout l'armement d'un régiment territorial n'est pas réuni dans une même localité, les sabres des diverses fractions sont numérotés d'après les indications fournies par le corps de l'armée active chargé d'opérer pour le corps territorial (art. 48).

Contrôle général des armes.

Art. 89. Les corps établissent un contrôle général unique (modèle VII) pour toutes les armes qui leur sont affectées; en cas de fractionnement du corps, le contrôle général reste à la portion centrale.

Les armes y sont inscrites, par espèces, dans l'ordre suivant : fusils, carabines de cavalerie, carabines de gendarmerie, mousquetons, revolvers, sabres-baïonnettes isolés (série Z), épées de sous-officier, sabres d'adjudant, sabres de cavalerie de réserve, sabres de dragon, sabres de cavalerie légère, cuirasses. Pour chaque espèce d'armes, on suit l'ordre des lettres de série et des numéros.

En regard du numéro matricule de chaque arme (col. 1), on mentionne la date de la réception au corps (col. 2), le numéro matricule de l'homme (col. 3), la lettre ou le numéro de la compagnie (escadron ou batterie) à laquelle elle est affectée (col. 4), la date et la cause de la consommation par le corps (col. 5); si l'arme n'est pas délivrée à un soldat, la colonne 3 reste blanche ou reçoit un R à l'encre rouge, suivant que l'arme appartient au service courant ou à la réserve.

Les armes destinées à un régiment territorial sont portées sur un contrôle général établi au titre de ce régiment; elles y sont classées dans l'ordre indiqué ci-dessus.

CHAPITRE II.

MUTATIONS ET DÉTACHEMENTS. ARMES PERDUES OU MISES HORS D'ÉTAT D'ÊTRE RÉPARÉES.

Mutations dans le corps.

Art. 90. Les soldats qui passent d'une compagnie (escadron ou batterie) dans une autre emportent leurs armes, si la mutation n'entraîne pas un changement dans leur armement et si les deux compagnies font partie d'un même corps de troupe.

Les armes que les détachements hors du territoire se trouvent avoir en excédent de leurs besoins, par suite de l'application de cette mesure, sont réexpédiées en France à la portion centrale, comme il est dit (art. 56).

Mutations d'un corps à un autre.

Art. 91. Les hommes passant d'un corps dans un autre ne doivent pas emporter leurs armes, à moins d'ordres contraires.

Hommes détachés dans les écoles, les établissements militaires. Soldats-ordonnances (1).

Art. 92. Les militaires détachés de leur corps pour suivre les cours d'une école militaire, ou désignés pour faire partie de son cadre, sont désarmés avant de quitter le corps.

Seuls les militaires détachés comme élèves d'une école de tir emportent leur armement complet.

Les militaires détachés dans les établissements dépendant du département de la guerre, tels que manufactures d'armes, fonderies, forges, ateliers de construction, etc., emportent avec eux une arme blanche, et, si leur dotation normale le comporte, un revolver. L'arme blanche est du modèle qui leur est affecté au corps (sabre modèle 1866, série Z dans l'infanterie). Ils n'emportent ni fusil, ni carabine, ni mousqueton.

---

(1) Nouvelle rédaction. (Note du 14 octobre 1887, *B. O.*, p. 304.)

Les soldats du train des équipages militaires, ordonnances d'officiers sans troupe, emportent leur armement complet.

Les soldats-ordonnances d'officiers détachés de leur corps n'emportent que l'arme blanche (sabre ou sabre-baïonnette); s'ils étaient détenteurs d'une arme à feu avec épée-baïonnette ou sabre-baïonnette, cette arme complète leur est retirée, et on leur délivre, en place, un sabre-baïonnette isolé (série Z).

Militaires en témoignage, chargés de la conduite des recrues, etc.

Art. 93. Les militaires envoyés en témoignage n'emportent pas leurs armes à feu ; ils conservent l'épée-baïonnette ou le sabre.

Les militaires chargés de la conduite des recrues ou de détachements non armés n'emportent leurs armes à feu que sur un ordre spécial ; ils emportent dans tous les cas l'épée-baïonnette ou le sabre.

Hommes aux hôpitaux, en permission, en congé (1).

Art. 94. Les militaires entrant aux hôpitaux du lieu ou se rendant aux hôpitaux externes n'emportent aucune arme.

Armes des hommes absents.

Art. 95. Quand l'absence des hommes ne doit pas dépasser quinze jours, les armes peuvent être conservées dans le magasin de la compagnie ; mais, dans le cas contraire, les armes sont visitées comme il est dit (art. 116), et déposées avec leurs accessoires dans le magasin de service courant du corps, sous la surveillance du lieutenant d'armement.

Lorsque le corps change de garnison, les armes des hommes absents sont placées pour le transport dans les caisses spéciales. Une étiquette collée sur le couvercle de la caisse indique le nom des hommes ainsi que la lettre ou le numéro de la compagnie (escadron ou batterie) dont ces militaires font partie.

Armes des déserteurs, des hommes isolés.

Art. 96. Les armes saisies sur des déserteurs ou laissées dans les hôpitaux par des hommes isolés sont renvoyées au corps, s'il

---

(1) Conformément à l'*erratum* publié au *Journal militaire* (1er sem. 1885, p. 519), on se conformera à cet égard aux dispositions de l'instruction du 14 juin 1884 (*J. M.*, p. 685), réglant la tenue que doivent porter les militaires en permission ou en congé :

Sous-officiers en permission : sabre, épée ou épée-baïonnette.

Sous-officiers en congé : sans armes.

Caporaux ou brigadiers et soldats : sans armes.

Par exception, les hommes de troupe se rendant en permission pour assister à une cérémonie de famille pourront être autorisés (sauf le cas où ils iraient à l'étranger) par leur chef de corps à emporter la grande tenue.

Les sous-officiers rengagés ou commissionnés partant en congé ou en permission ou allant aux eaux, emportent le sabre ou l'épée. Ils laissent ces armes à leur entrée à l'hôpital. (Note du 1er juin 1888, *B. O.*, p. 617.)

n'est pas trop éloigné, par les soins des sous-intendants militaires; dans le cas contraire, elles sont versées à l'établissement d'artillerie le plus voisin.

Il en est de même du sabre ou de l'épée du sous-officier mort en congé.

Lorsque le corps est stationné hors du territoire ou lorsque l'envoi de l'arme n'est pas possible, elle est versée dans le magasin de l'artillerie le plus voisin; le sous-intendant informe le corps du versement et lui fait parvenir le récépissé de l'établissement réceptionnaire.

Perte d'armes par cas de force majeure (1).

Art. 97. Toute perte d'armes par cas de force majeure est constatée par un procès-verbal, conformément aux règlements sur la comptabilité-matières visés (art. 49) (2).

Ce procès-verbal ne doit pas comprendre les détériorations par cas de force majeure, lesquelles doivent faire l'objet d'un procès-verbal distinct (art. 127).

Armes perdues par la faute des hommes (3).

Art. 98. Les armes perdues par la faute des hommes sont portées sur leur décompte au prix de l'objet neuf (nomenclature N, artillerie et équipages militaires).

Le montant en est versé au Trésor, au commencement de chaque trimestre, d'après le bulletin d'imputation (modèle IX) établi et certifié par le commandant de la compagnie et le capitaine d'habillement (ou l'officier d'armement), et approuvé par le major.

---

(1) Sur le vu des rapports circonstanciés à mettre à l'appui des procès-verbaux est établi un mémoire précis comprenant deux parties distinctes: une première, spéciale aux pertes à laisser au compte de l'Etat, et une seconde, spéciale aux pertes et aux détériorations dont le montant paraît devoir être imputé aux détenteurs. (Lettre collective du 2 avril 1894, n° 1.)

(2) Voir l'annexe XI, page 277.

(3) Article modifié par la note du 7 janvier 1894, *B. O.*, page 24. — Les pertes d'armes provenant de vols par suite de disparition des détenteurs rentrent dans la même catégorie que les autres pertes d'armes par cas de force majeure, et sont constatées conformément au règlement sur la comptabilité des matières. (Annexe XI, p. 277.)

Le remplacement d'une épée-baïonnette perdue constitue une réparation et non un remplacement d'arme entière. La réparation dont il s'agit doit être effectuée au moyen d'une autre épée-baïonnette prélevée sur les pièces d'armes de rechange du corps, sans que le Ministre ait à intervenir à ce sujet.

Pour obtenir la mise de la réparation à la charge de l'Etat, en cas de perte par force majeure, il suffit de mettre à l'appui du relevé annuel des dépenses de l'armement le procès-verbal de perte établi par le sous-intendant militaire et la quittance de l'armurier. (Dép. minist. du 8 novembre 1895, 3e Direction, 2e Bureau.)

Arme perdue et retrouvée.

Art. 99. Si une arme perdue par la faute de l'homme, et dont le prix a été versé au Trésor, vient à être retrouvée, la somme est provisoirement restituée à la masse individuelle (1), sauf imputation des réparations par prélèvement sur les fonds généraux de la caisse du corps.

Le conseil d'administration couvre ultérieurement ces fonds en portant, après en avoir reçu l'autorisation du Ministre, le prix de l'arme retrouvée dans le relevé annuel de dépenses de l'armement à liquider par le Ministre; un extrait de la décision ministérielle et la déclaration du versement au Trésor de la valeur de l'arme sont joints au relevé annuel de dépenses de l'armement.

Lorsque le payement de l'arme par la masse individuelle remonte à plus d'une année, le corps doit établir un relevé de dépenses spécial par rappel sur l'exercice clos au titre duquel le versement au Trésor aura été effectué (art. 197). La déclaration de versement au Trésor de la valeur de l'arme est mise à l'appui de ce relevé spécial.

Armes mises hors d'état d'être réparées.

Art. 100. Les dispositions prescrites pour les pertes d'armes par l'article 97 ou par l'article 98, suivant le cas, sont applicables aux armes mises hors d'état d'être réparées par suite de dégradations survenues dans des cas de force majeure ou occasionnées par la faute des hommes.

Dans ce dernier cas, on impute à l'homme le prix du remplacement ou de la réparation des pièces dégradées, sans toutefois que le montant total de l'imputation puisse dépasser le prix de l'arme.

Cas dans lesquels les armes doivent être considérées comme hors d'état d'être réparées.

Art. 101. Doivent être considérées comme *hors d'état d'être réparées*, les armes dont les parties ci-après seraient en même temps à remplacer, savoir :

Pour le fusil, la carabine ou le mousqueton : le canon, la boîte de culasse et le bois ; ou bien le canon, la boîte de culasse et la culasse mobile complète ; ou bien la boîte de culasse, la culasse mobile complète et le bois ;

Pour l'épée ou le sabre-baïonnette, l'épée de sous-officier et les sabres : la lame et le fourreau ; ou bien la lame et la monture complète; ou bien la monture complète et le fourreau ;

Pour la baïonnette quadrangulaire : la lame ;

Pour le revolver : le canon et la carcasse.

---

(1) Ces pertes sont imputées à la masse d'habillement et d'entretien.

Remplacement des armes perdues ou hors d'état d'être réparées.

Art. 102. Le remplacement des armes perdues ou hors d'état d'être réparées et le versement de ces dernières n'ont lieu que d'après l'autorisation du Ministre.

CHAPITRE III.

ENTRETIEN DES ARMES ENTRE LES MAINS DES TROUPES ET EN MAGASIN.

Instruction exigée des officiers.

Art. 103. Le présent règlement et en général tout ce qui concerne la conservation et l'entretien des armes dans les corps de troupe fait partie du programme des connaissances exigées des officiers.

Instruction exigée des sous-officiers.

Art. 104. Les sous-officiers doivent avoir des notions sommaires sur le présent règlement, posséder complètement et pouvoir enseigner aux hommes la nomenclature (non détaillée), le démontage, le remontage et l'entretien des modèles d'armes en service dans le corps, savoir encaisser et décaisser les armes de ces modèles, charger leurs munitions dans les caisses blanches et dans les coffres à munitions des caissons de bataillon (infanterie), et les décharger.

Instruction exigée des caporaux ou brigadiers.

Art. 105. Les caporaux ou brigadiers doivent connaitre les dispositions des titres III, IV et VI, qui concernent spécialement l'entretien par les soldats de leurs armes et de leurs cartouches ; ils doivent connaitre parfaitement et pouvoir enseigner aux hommes la nomenclature (non détaillée), le démontage, le remontage et l'entretien des armes en service dans le corps.

Instruction donnée aux candidats.

Art. 106. Les candidats au grade de sous-officier et au grade de caporal ou de brigadier reçoivent respectivement la même instruction que les sous-officiers et les caporaux et brigadiers.

Instruction donnée aux soldats.

Art. 107. Les soldats sont instruits et exercés sur la nomenclature (non détaillée), le démontage, le remontage et l'entretien des armes dont ils sont détenteurs, ainsi que sur la nomenclature et l'entretien des cartouches.

Par qui l'instruction est donnée.

Art. 108. L'instruction est donnée aux sous-officiers, caporaux, brigadiers et candidats par les lieutenants et sous-lieutenants des compagnies, escadrons ou batteries, sous la direction du capitaine commandant.

L'instruction est donnée aux soldats par les sous-officiers et les caporaux ou brigadiers, sous la direction des officiers des compagnies, escadrons ou batteries.

Tableaux affichés dans les chambres.

Art. 109. Des tableaux reproduisant, pour les modèles d'armes en service dans les corps, l'ensemble des prescriptions relatives à l'entretien des armes par les soldats, sont collés sur toile et affichés dans chaque chambre.

Il y en a un par escouade ou par subdivision correspondante.

Chaque brigade de gendarmerie, de douane ou de chasseurs forestiers doit également posséder un de ces tableaux placé dans un lieu apparent.

La dépense de première mise de ces tableaux est supportée par le budget des écoles ; il en est de même de la dépense d'entretien et de remplacement quand la détérioration ne provient pas de la faute des hommes.

Armes de théorie (1).

Art. 110. Il est délivré à chaque corps, par compagnie, escadron ou batterie, quatre armes à feu des modèles en service, pour exercer les jeunes soldats au démontage et au remontage.

Ces armes font partie, pour chaque modèle, d'une série spéciale (la série X) ; elles ne doivent jamais servir au tir à la cible.

Armes spécialement délivrées pour l'instruction (2).

Art. 111. Il est mis à la disposition des régiments de cuirassiers 12 carabines de cavalerie par escadron (indépendamment des 4 carabines de théorie), pour exercer les hommes au maniement et au tir de la carabine (3).

---

(1) Voir l'instruction confidentielle du 25 août 1888 pour les fusils modèle 1886.

La dépêche du 23 janvier 1891 (*B. O.*, page 101) affecte 8 fusils modèle 1874, M. 80, dans chaque compagnie, à l'exécution du tir réduit.

(2) Voir le renvoi 1 de la page 31.

(3) Ce paragraphe est devenu sans objet par suite de l'armement des cuirassiers en carabines de cuirassier modèle 1890.

Les régiments d'artillerie sont autorisés, pour exercer leurs pelotons d'instruction, à conserver, au titre du service courant et en sus du nombre d'armes déterminé, d'après les indications de l'article 47, 50 mousquetons, 50 revolvers et 50 sabres de cavalerie légère ; ces armes sont prélevées sur l'armement de réserve.

Surveillance des officiers et des sous-officiers.

Art. 112. Les officiers et les sous-officiers portent la plus grande attention à ce que les armes soient en bon état de service : ils exigent une propreté irréprochable tant à l'intérieur qu'à l'extérieur ; mais le poli brillant et le brunissage sont formellement interdits ; les parties en fer ou en acier non bronzées doivent être d'un blanc mat.

Ils tiennent la main à ce que les hommes se conforment, pour l'entretien et la conservation de l'armement, aux prescriptions contenues dans les tableaux affichés dans les chambres, notamment en ce qui concerne l'interdiction de démonter certaines pièces, et à ce qu'ils n'emploient pour démonter et remonter leurs armes aucun instrument autre que les accessoires qui leur sont délivrés et qui doivent provenir des manufactures d'armes.

En arrivant sur le terrain pour le tir à la cible, ils doivent s'assurer que les vis de culasse sont serrées à fond, que le bouchon qui ferme la bouche du canon a été enlevé et qu'il ne reste aucun corps étranger dans le canon ; le feu ne commence qu'après cette vérification.

Revues de l'armement par les officiers de compagnie.

Art. 113. Les officiers des compagnies, escadrons ou batteries doivent passer fréquemment la revue des armes, soit dans les rangs, soit dans les chambres ; et ils s'assurent que les prescriptions contenues dans les tableaux affichés dans les chambres sont scrupuleusement observées.

Ils passent au moins une fois par mois une visite *détaillée* des armes ; ils se guident, pour ces visites mensuelles, d'après les indications de *l'instruction sur la manière de procéder à la visite des différents modèles d'armes en service* (art. 377).

Ils s'attachent à faire connaître aux soldats les réparations dont les armes peuvent avoir besoin, pour leur apprendre à les signaler eux-mêmes, et les causes des dégradations qui rendent ces réparations nécessaires, pour leur apprendre à les éviter.

Visites semestrielles par le chef armurier.

Art. 114. Tous les six mois, le chef armurier passe une visite générale et détaillée de l'armement du corps en présence du lieutenant d'armement.

Cette visite a lieu par compagnie, escadron ou batterie ; les réparations reconnues nécessaires sont inscrites sur un état (modèle XXVII), lequel sert ensuite à établir des bulletins de réparations ; tous les états (modèle XXVII) sont conservés par le lieutenant d'armement pour être remis au capitaine inspecteur d'armes.

Visite par le chef armurier des armes des fractions détachées.

Art. 115. Lorsque le corps est fractionné à l'intérieur, le chef armurier est tenu de se déplacer pour aller passer la visite semestrielle des armes, soit du dépôt, soit des autres détachements forts au moins d'une compagnie, d'un escadron ou d'une batterie. Il doit aussi se rendre au dépôt ou dans les divers détachements toutes les fois que, dans l'intérêt du service, le chef de corps le lui prescrit (1).

Les chefs armuriers des corps stationnés en Algérie sont soumis aux mêmes obligations envers les détachements stationnés dans la même province que la portion principale.

Une visite détaillée des armes a lieu, en outre, pour tout détachement à l'intérieur ou hors du territoire, au moment de son départ et au moment de sa rentrée au corps.

Armes des hommes qui quittent le corps ou qui entrent en position d'absence.

Art. 116. Quand un homme quitte le corps par libération pour aller en congé, pour entrer à l'hôpital, etc., ses armes, ainsi que leurs accessoires, sont visitées par le chef armurier, en présence du lieutenant d'armement et d'un officier de la compagnie, et déposées au magasin du corps après avoir été réparées, sauf le cas prévu (art. 117).

Cas où l'on peut surseoir à la réparation des armes des hommes entrant en position d'absence.

Art. 117. Les commandants de compagnie, d'escadron ou de batterie peuvent, avec l'approbation du major, surseoir à la réparation des armes des hommes qui entrent en position d'absence, même lorsque l'absence doit dépasser 15 jours (art. 95), lorsqu'ils reconnaissent que ces armes, en raison de la nature des dégradations, sont susceptibles de faire, *telles qu'elles sont*, un bon service entre les mains des soldats à leur rentrée au corps. Cette tolérance est surtout applicable aux bois de monture ; elle ne doit s'appliquer, sous aucun prétexte, aux nettoyages, lesquels sont toujours exécutés immédiatement.

---

(1) Voir le renvoi 2 de la page 16.

Le compte des hommes entrant en position d'absence est alors arrêté, *sauf imputation des réparations* à faire, dans le cas où l'homme ne rentrerait pas au corps.

Poinçon P. — Son usage.

Art. 118. Lorsque le remplacement des bois payés par les soldats libérés n'est pas immédiatement nécessaire, ces montures sont marquées par les soins du lieutenant d'armement de la lettre P (payé), de 15 millimètres de hauteur, fortement appliquée sur le côté gauche, à hauteur du milieu du pontet de sous-garde, pour être distribuées aux jeunes soldats et leur éviter ainsi de dégrader un bois neuf quand ils sont encore inexpérimentés sur l'entretien des armes.

Lorsque les jeunes soldats passent à l'école de compagnie, dans l'infanterie, ou à la première classe à pied, dans les autres corps, les montures marquées P qui se trouvent entre leurs mains sont remplacées par des montures neuves.

Entretien des armes en magasin.

Art. 119. Les armes des hommes absents et celles qui sont en excédent de l'effectif réel sont conservées au magasin du service courant du corps et entretenues par les soins du chef armurier (1), sous la surveillance du lieutenant d'armement; les armes des hommes absents doivent, dans le magasin, être séparées des armes en excédent et porter une fiche indiquant le nom et le numéro matricule de l'homme, la lettre ou le numéro de la compagnie (escadron ou batterie) à laquelle cet homme appartient, et, s'il y a lieu, les réparations reconnues nécessaires à l'arme lors de son dépôt.

Lorsque le corps est détenteur de son armement de réserve, les armes qui en font partie sont placées dans un magasin spécial dit *magasin de réserve*; l'armement d'un corps territorial pris en charge par le corps est également placé dans ce magasin, à défaut d'un magasin spécial propre au corps territorial, mais il y occupe des travées distinctes de celles qui sont affectées à l'armement propre du corps.

---

(1) Le graissage des armes en magasin est considéré comme une réparation et payé au chef armurier d'après la tarification suivante:

Armes à feu et cuirasses 0 fr. 05 } prix de la matière et de la main-d'œuvre,
Autres armes........... 0 fr. 02 } y compris, s'il y a lieu, le nettoyage et le dérouillage.

(Note 17 mars 1889, *B. O.*, p. 595.)

Visite des armes en magasin par le lieutenant d'armement.

Art. 120. Afin de s'assurer que la visite semestrielle des armes en magasin a été bien faite, le lieutenant d'armement, dès que cette opération est terminée, examine lui-même environ un dixième d'entre elles; si le nettoyage et le graissage sont reconnus mal faits, il en rend compte au major, lequel fait recommencer immédiatement par le chef armurier la visite de toutes les armes en magasin.

Registre des décisions ministérielles relatives à l'armement.

Art. 121. Il est ouvert, dans chaque corps (ou portion de corps) s'administrant isolément, un registre sur lequel sont transcrites les décisions ministérielles relatives à l'armement. Ce registre est tenu par l'officier d'armement; le chef armurier (ou son représentant au dépôt et dans les fractions de corps détachées) signe en marge de chaque décision pour constater qu'elle lui a été notifiée.

CHAPITRE IV.

RÉPARATIONS.

Exécution des réparations. — Limite de prix (1).

Art. 122. Les réparations des armes des compagnies, escadrons ou batteries, reconnues nécessaires, doivent être exécutées dès que les dégradations sont constatées.

L'article 101 spécifie les dégradations à la suite desquelles l'arme ne doit pas être réparée; en dehors des cas visés par ledit article, lorsqu'il s'agit d'une dépense exceptionnelle, atteignant, par exemple, la moitié du prix de l'arme, il faut attendre la visite des armes par le capitaine inspecteur d'armes avant d'en faire la réparation. Néanmoins, les imputations doivent être faites dès que les dégradations sont constatées.

Bulletins de réparations.

Art. 123. Aucune réparation ne peut être exécutée à une arme si elle n'a été préalablement inscrite sur un bulletin de réparations (modèle X), qui est porté par un fourrier au lieutenant d'armement.

---

(1) Voir l'annexe n° 1, page 211.

Ce bulletin, établi par la compagnie, indique sommairement la réparation à exécuter.

Le lieutenant d'armement fait visiter l'arme par le chef armurier, rectifie, s'il y a lieu, les libellés non conformes au tarif et inscrit à l'encre rouge, sur le bulletin, les réparations complémentaires qui seraient jugées nécessaires.

Le capitaine commandant indique ensuite à qui les réparations doivent être imputées.

Pour les armes en magasin, les bulletins sont établis et délivrés par le lieutenant d'armement.

Cas de contestations.

Art. 124. En cas de doute sur l'imputation, le lieutenant d'armement soumet la question au major (art. 6).

Les contestations relatives à l'imputation des réparations sont jugées en dernier ressort par le conseil d'administration, après avoir entendu le major représentant le service administratif, et le chef de bataillon ou d'escadron sous les ordres duquel se trouve la compagnie, l'escadron ou la batterie auxquels appartiennent les armes.

Imputations faites par l'administration intérieure des corps.

Art. 125. En principe, c'est l'administration intérieure des corps qui doit faire les imputations au compte des hommes ou de l'abonnement, ou de l'Etat sous le régime de clerc à maître, parce qu'elle est seule en position d'apprécier les circonstances dans lesquelles se sont produites les dégradations.

Imputations faites par le Ministre.

Art. 126. Lorsque les réparations doivent être faites au compte du chef de corps ou du conseil d'administration (art. 167), les imputations ne sont faites qu'après décision spéciale du Ministre.

Réparations au compte de l'Etat. — Défauts de fabrication. Cas de force majeure (1).

Art. 127. Les réparations qui ont pour cause un défaut de fabrication ou un cas de force majeure sont à la charge de l'Etat.

Les défauts de fabrication sont appréciés par les capitaines inspecteurs d'armes (art. 308).

---

(1) Les dégradations par suite de descellements des râteliers, etc., restent à la charge des corps chargés de l'entretien de leur casernement. (Dép. du 26 juin 1889, nº 1757.)

Les détériorations par cas de force majeure sont constatées par un procès-verbal (modèle VIII) établi par le sous-intendant militaire, d'après des rapports des capitaines-commandants, visés par le conseil d'administration, et approuvés dans les conditions indiquées par l'article 176 du règlement du 14 janvier 1889 (1).

Les réparations sont exécutées immédiatement, et le prix en est payé sur mémoire à l'armurier : le conseil d'administration en porte le montant sur le relevé annuel des dépenses de l'armement (dépenses accessoires) et met à l'appui un extrait du procès-verbal (modèle VIII) signé par le sous-intendant et le mémoire acquitté de l'armurier.

Tarifs des réparations (2). — Réparations interdites.

Art. 128. Les réparations sont soldées d'après le tarif en vigueur, qui est applicable à tous les corps.

Les prix portés dans ce tarif pour une réparation comprennent toujours ceux des opérations connexes auxquelles a donné lieu cette réparation ; son inscription sur le bulletin de réparation et sur le livret de l'homme ne doit donc donner lieu qu'à un article unique.

Toute réparation qui n'est pas mentionnée au tarif est formellement interdite.

Réparations qui ne doivent être exécutées qu'en manufacture.

Art. 129. Lorsqu'il se rencontre des dégradations dont la réparation est indiquée par le tarif comme ne devant être exécutée que dans une manufacture de l'Etat, l'arme est présentée au capitaine inspecteur d'armes, lequel dresse un état (modèle XXIX).

L'envoi des armes en manufacture a lieu sur l'ordre du Ministre (3).

Les armes envoyées en manufacture pour être réparées restent en charge aux corps, à moins d'ordre contraire du Ministre.

Procédés à suivre par le chef armurier. — Poinçon du chef armurier.

Art. 130. Le chef armurier exécute les réparations d'après les procédés qui lui ont été enseignés dans les manufactures d'armes et en se conformant en outre aux indications contenues dans l'instruction sur les armes en service (art. 377).

Il marque de son poinçon toutes les pièces neuves mises en place, soit par lui-même, soit par ses ouvriers, en ayant soin

---

(1) Voir l'annexe X, page 272.

(2) Tarif en date du 6 septembre 1887, annoté et mis à jour. — Brochure in-8° de 210 pages, prix : 1,50.

(3) Nouvelle rédaction. (*Erratum*, 1er semestre 1885, *J. M.*, p. 519.)

d'appliquer cette marque de manière à ne pas dégrader la pièce. Pour les fourreaux de sabre de cavalerie, il applique son poinçon à 5 millimètres au-dessous du trou du rivet du côté externe, et au-dessous des deux derniers chiffres du millésime de l'année, en caractère de 3 millimètres de hauteur.

Il marque de son nom en toutes lettres, suivi du millésime de l'année d'exécution, les bois de monture, sur la crosse, en arrière de la sous-garde, le dernier chiffre à 40 millimètres environ de l'extrémité postérieure de la sous-garde ; les lettres et les chiffres doivent avoir 3 millimètres de hauteur.

Une empreinte authentique du poinçon du chef armurier reste entre les mains du conseil d'administration.

Visite des armes réparées par le lieutenant d'armement.

Art. 131. Quand l'arme est réparée, elle est presentée par le chef armurier au lieutenant d'armement, qui la visite et s'assure que les réparations sont bien faites.

Visa du bulletin de réparations par le lieutenant d'armement.

Art. 132. Le lieutenant d'armement, après s'être assuré que toutes les réparations ont été faites et convenablement exécutées, signe le bulletin de réparations en ayant soin d'inscrire, au-dessous de son nom, la date de son visa.

Le visa du lieutenant d'armement est nécessaire pour que l'armurier soit payé et pour que l'arme puisse rentrer dans la compagnie à laquelle elle appartient.

Inscription des réparations sur le livret des hommes (1).

Art. 133. Les inscriptions des réparations au compte de la masse individuelle faites sur le livret des hommes doivent être la copie exacte de celles qui sont portées sur les bulletins de réparations, visés par le lieutenant d'armement.

Carnet d'enregistrement des bulletins de réparations.

Art. 134. Chaque corps (ou portion de corps s'administrant isolément) tient un carnet (modèle XI) sur lequel sont enregistrés, suivant leurs numéros d'ordre, les montants de tous les bulletins de réparations. Le total en est fait à la fin de chaque trimestre, et les totaux trimestriels sont récapitulés à la fin de chaque année.

Sur le carnet de la portion centrale, on porte, après le total annuel au 31 décembre, les totaux particuliers de chacune des

---

(1) Dispositions sans objet.

fractions détachées, de manière à établir le montant général des réparations exécutées à l'armement du corps pendant l'exercice expiré.

Registre des relevés des réparations.

Art. 135. A la fin de chaque trimestre, le lieutenant d'armement, à l'aide des bulletins de réparations, fait un relevé numérique, par nature et par modèle d'armes, des réparations exécutées à l'armement.

Ce relevé est reporté sur un registre (modèle XII) ouvert à cet effet dans chaque corps (ou portion de corps s'administrant isolément); les totaux trimestriels sont récapitulés au 31 décembre.

La portion centrale, à la fin de l'année, centralise sur son registre les relevés partiels des fractions détachées, de manière à établir le relevé annuel pour le corps entier.

Ces relevés ne doivent pas comprendre les réparations exécutées aux armes délivrées aux réservistes ou aux hommes de l'armée territoriale.

Réparations aux armes des détachements à l'intérieur.

Art. 136. Lorsque le corps est fractionné, le chef armurier doit assurer l'exécution des réparations et l'entretien des armes du dépôt, ainsi que des autres portions du corps détachées à l'intérieur, au moyen du caporal ou du brigadier armurier ou d'ouvriers convenablement outillés et rétribués à ses frais. (Voir art. 35.)

Le chef de corps envoie, aussi souvent qu'il est nécessaire, le chef armurier au dépôt et dans les détachements à l'intérieur, soit pour y visiter et réparer lui-même les armes, soit pour vérifier le travail de ses ouvriers.

Le chef armurier a droit, pour ces déplacements, aux allocations prévues (art. 25)(1); il est en outre, dans ce cas, indemnisé, sur les fonds généraux de la caisse du corps, des frais de transport des pièces d'armes et outils nécessaires à l'exécution des réparations; le corps est ensuite couvert de ses dépenses en les portant dans le relevé annuel des dépenses de l'armement et en mettant à l'appui le mémoire acquitté du chef armurier.

Lorsque le chef armurier est dans l'impossibilité d'assurer d'une manière efficace, soit par lui-même, soit par ses ouvriers, l'exécution des réparations des armes d'un détachement à l'intérieur, le commandant du corps d'armée sur le territoire duquel le détachement est stationné désigne, sur la demande du conseil d'administration central, le chef armurier d'un autre corps pour entretenir les armes de ce détachement. L'armurier titulaire conserve l'abonnement de ces armes, mais il a à sa charge, outre les dépenses qui

(1) Voir le renvoi 2 de la page 16.

incombent, dans le cas ordinaire, à l'abonnement, le montant total de la prime de 10 p. 100 due à l'armurier qui a exécuté les réparations (art. 170).

Réparations des armes des détachements en Algérie et hors du territoire.

Art. 137. Les réparations des armes des détachements en Algérie, fournis par des corps stationnés eux-mêmes dans cette contrée, sont exécutées par les soins du chef armurier du corps, conformément aux règles établies (art. 136) pour les détachements à l'intérieur des corps stationnés en France.

Les réparations des armes des détachements en Algérie (ou hors du territoire), fournis par les corps stationnés à l'intérieur, sont exécutées soit par le caporal armurier du corps, soit par le chef armurier d'un corps situé à proximité du détachement et désigné par le général commandant la brigade. (Voir art. 138.)

Cas où le détachement est de la force d'un bataillon.

Art. 138. Toutefois, lorsqu'un détachement hors de France est de la force d'un bataillon, le régiment doit pourvoir à l'entretien et aux réparations des armes de ce détachement au moyen du caporal armurier ou d'un ouvrier suffisamment dressé. Ces derniers doivent être munis avant leur départ, par le chef armurier, des outils nécessaires pour exécuter les réparations les plus habituelles. Ces outils sont renfermés dans une caisse d'outils et de pièces d'armes (art. 336 et 358).

Réparations des armes des corps qui n'ont pas d'armurier titulaire.

Art. 139. Les corps qui n'ont pas d'armurier titulaire s'adressent au général commandant le corps d'armée pour obtenir la désignation d'un corps dont le chef armurier soit tenu de réparer leurs armes.

Quand, par suite du fractionnement du corps (compagnie de gendarmerie notamment), il y a avantage à partager les réparations entre plusieurs chefs armuriers, afin d'éviter les mouvements d'armes inutiles et les longs parcours, le chef de corps établit un état de répartition qu'il joint à la demande adressée au général commandant le corps d'armée.

Hors du territoire, les demandes doivent être adressées au général commandant la brigade.

Les corps désignés font exécuter les réparations avec le même soin et la même surveillance que s'il s'agissait de leurs propres armes ; ils en font constater la bonne exécution par leur lieutenant d'armement.

S'il y a impossibilité absolue de faire réparer les armes par un armurier militaire, il peut être passé un marché avec un armurier civil (art. 178).

Réparations des armes des corps, administrations ou établissements qui ne dépendent pas du département de la guerre.

Art. 140. Les réparations des armes délivrées, à titre gratuit ou à titre de prêt, à des corps ou administrations ne dépendant pas du ministère de la guerre, sont exécutées par des armuriers militaires désignés à cet effet par les généraux commandant les corps d'armée ; les corps de l'armée active chargés de l'entretien de ces armes se conforment à ce qui est prescrit (art. 139) pour l'exécution des réparations des armes des corps qui n'ont pas d'armurier titulaire.

CHAPITRE V.

RECETTES ET CONSOMMATIONS DE PIÈCES D'ARMES.

Pièces d'armes et d'accessoires d'armes seules employées.

Art. 141. Toutes les pièces d'armes et d'accessoires d'armes employées pour les réparations ou les remplacements doivent provenir des manufactures d'armes de l'Etat (1).

Manufactures désignées pour fournir les pièces d'armes aux corps stationnés à l'intérieur.

Art. 142. A l'intérieur, sauf le cas prévu à l'article 156, les corps s'approvisionnent de pièces d'armes directement près des manufactures d'armes.

Lorsque les armes ou pièces d'armes sont fabriquées par les trois manufactures, elles sont fournies, savoir (2) :

---

(1) Les pièces d'armes nécessaires pour les réparations de l'armement des directions de douanes sont fournies par les corps, à charge de remboursement, lorsque les pièces feront défaut à l'administration des douanes. (Circ. du 21 mars 1889, *B. O.*, p. 598.)

La valeur des baguettes en bois pour le lavage et le graissage des canons doit être imputée aux fonds des ordinaires. Ces objets peuvent être fournis par les manufactures d'armes au prix de 0 fr. 05.

La délivrance et le paiement de ces baguettes auront lieu, comme pour les pièces d'armes, conformément aux dispositions contenues dans le chapitre V du règlement du 30 août 1884 et les demandes des corps devront être faites de façon à éviter, autant que possible, de fractionner les envois. (Note du 7 octobre 1885, *J. M.*, p. 669.)

(2) Voir article 5 de l'instruction ministérielle du 6 septembre 1887, annexe nº 1, page 211.

Etablissements désignés pour fournir les pièces d'armes aux corps stationnés en Algérie.

Art. 143. En Algérie, les corps s'approvisionnent de pièces d'armes et d'accessoires d'armes près de la direction d'artillerie de la province dans laquelle ils sont stationnés.

Les directeurs délivrent les pièces d'armes au prix du tarif en vigueur, sur la remise : 1° du récépissé constatant le versement de valeur au Trésor pour faire retour au budget de la guerre (matériel de l'artillerie) ; 2° d'une facture revêtue de la déclaration de versement.

Les directeurs font au Ministre les demandes nécessaires, de manière à être toujours suffisamment approvisionnés des pièces d'armes dont les corps peuvent avoir besoin.

Demande de pièces d'armes aux manufactures (1).

Art. 144. Le conseil d'administration demande au directeur de la manufacture les pièces d'armes ou les accessoires dont le corps a besoin, en ayant soin de désigner exactement le modèle d'armes auquel ces pièces sont destinées.

L'état de demande de pièces d'armes (modèle XIII) est adressé en double expédition au directeur de la manufacture, qui appose son reçu sur l'une d'elles et la renvoie immédiatement au corps.

Mode de payement des pièces d'armes fournies par les manufactures.

Art. 145 (2).

Tarif du prix des pièces d'armes.

Art. 146. Le prix des pièces d'armes est fixé par le tarif des réparations en vigueur (3).

Expédition et emballage des pièces d'armes.

Art. 147 (2).

Frais de caisse et d'emballage.

Art. 148 (2).

Frais de timbre, de quittance, etc.

Art. 149 (2).

---

(1) Voir page 214 l'article 6 de l'instruction du 6 septembre 1887.

(2) Abrogé. (Note minist. du 13 juillet 1895, *B. O.*, p. 25.)

(3) Tarif en date du 6 septembre 1887, annoté et mis à jour.

Examen des pièces d'armes. — Épreuves interdites.

Art. 150. Lorsque le conseil d'administration reçoit un envoi de pièces d'armes, il fait procéder à leur examen pour s'assurer qu'elles n'ont point été dégradées par suite de l'encaissement et du transport; mais il lui est interdit de leur faire subir aucune épreuve, ni d'en faire le renvoi aux manufactures.

Le prix intégral doit toujours en être payé aux entrepreneurs, suivant les factures visées par les directeurs de ces établissements.

Pièces d'armes jugées défectueuses.

Art. 151. Si, par suite de l'examen des pièces ou dans leur emploi, le lieutenant d'armement croit y reconnaître des défauts de fabrication, ces pièces sont mises à part pour être présentées au capitaine inspecteur d'armes.

Si, à cette visite, les pièces sont reconnues *non recevables* pour défaut de fabrication, le capitaine inspecteur d'armes dresse un procès-verbal (modèle XXXI). Le Ministre ordonne, s'il y a lieu, le renvoi des pièces aux manufactures qui les ont fournies (ou leur versement à une direction d'artillerie) et leur remplacement.

Cas de contre-visites.

Art. 152. Si les directeurs des manufactures pensent que le renvoi des pièces d'armes a été fait sans motifs suffisants, le Ministre, d'après leur demande, peut ordonner qu'il soit fait une nouvelle visite des pièces au Dépôt central de l'artillerie, par des officiers et employés spécialement désignés à cet effet.

Remise des pièces d'armes au chef armurier.

Art. 153. Le conseil d'administration remet les pièces d'armes au chef armurier au fur et à mesure des besoins. Lorsqu'il règle son compte, il lui en fait retenir le montant et le verse à la caisse du corps.

Entretien des pièces d'armes.

Art. 155. Les pièces d'armes sont conservées dans une caisse à compartiments fermée à clef : elles sont entretenues par les soins et aux frais du chef armurier, sous la surveillance du lieutenant d'armement, lequel conserve la clef de la caisse. Les réparations et, s'il y a lieu, le remplacement de cette caisse sont supportés par les fonds de l'armement et payés à l'armurier sur mémoire.

Les bois de monture sont placés dans un lieu sec et aéré et disposés en piles carrées à claire-voie, de manière que l'air circule entre les bois.

Ces pièces d'armes, qui forment le chargement de la *caisse du chef armurier,* sont également entretenues par les soins et aux frais du chef armurier.

Inscription des pièces d'armes sur le registre des entrées et des sorties du matériel.

Art. 155. Les pièces d'armes reçues par les corps sont inscrites par espèces et par modèles dans chaque espèce, dans l'ordre des numéros de la classification sommaire et détaillée de la nomenclature N sur le registre des entrées et des sorties du matériel appartenant au corps (1).

Pièces d'armes fournies aux corps à l'intérieur par les directions d'artillerie.

Art. 156. Lorsque les directions d'artillerie possèdent un nombre considérable de pièces de rechange provenant du déclassement ou de la transformation de certains modèles d'armes, le Ministre peut ordonner que les corps qui sont encore pourvus d'armes de ces modèles s'approvisionnent des pièces de rechange nécessaires près de ces établissements.

Les corps, pour leurs demandes, se conforment à ce qui est prescrit (art. 143).

Modifications apportées au tarif des pièces d'armes.

Art. 157. Lorsque, en raison de modifications apportées au tarif en vigueur, le prix de certaines pièces d'armes vient à être changé, ces pièces d'armes sont livrées à l'armurier, et les réparations sont décomptées d'après les prix du nouveau tarif.

La somme représentant la valeur des pièces non employées, payées antérieurement par le corps à un prix supérieur au prix nouveau, est, dans ce cas, à la charge de l'Etat et remboursée au corps, qui la porte, à cet effet, dans son relevé annuel des dépenses, après toutefois en avoir déduit, s'il y a lieu, la somme représentant l'augmentation de valeur des pièces non employées qui ont été payées à un prix inférieur.

Cette opération est constatée par un procès-verbal établi par le sous-intendant militaire et joint au relevé annuel des dépenses de l'armement.

Pièces d'armes neuves versées à l'artillerie.

Art. 158. Quand, par suite d'un changement d'armement, un corps possède en magasin des pièces d'armes dont il ne peut plus

---

(1) 4e subdivision du registre modèle no 20 du règlement du 14 janvier 1889. A ce chapitre, ne figurent que les accessoires payés par les corps sur les fonds généraux de la caisse et qui peuvent, lors de leur emploi, être imputés à l'Etat ou aux masses. (Note du 4 juin 1889, *B. O.*, p. 1108.)

faire emploi dans les réparations, ces pièces sont, avec l'autorisation du Ministre, versées à l'artillerie ; si elles n'ont subi aucune altération, elles sont reçues comme pièces neuves. Dans le cas contraire, l'imputation est faite à qui de droit. Le directeur d'artillerie donne de ces pièces un récépissé détaillé (1), au bas duquel il inscrit le montant de la valeur des pièces d'armes versées, calculée d'après le tarif en vigueur.

Le corps est remboursé en portant ce montant dans son relevé annuel de dépenses et en mettant à l'appui le récépissé du directeur.

Situation de l'approvisionnement en pièces d'armes à adresser au Ministre.

Art. 159 (2).

Pièces d'armes hors de service provenant des réparations. — Conservation. Destination.

Art. 160. Les pièces remplacées aux frais du soldat doivent être marquées de l'R de rebut ou mises hors de service par un trait de lime profond ou par tout autre moyen, en présence du lieutenant d'armement et d'un officier de la compagnie.

Toutes les pièces remplacées au corps, notamment les bois et les fourreaux, doivent être conservées jusqu'à la visite des armes par le capitaine inspecteur d'armes.

Après la visite des armes, ces pièces sont versées dans les magasins de l'artillerie, à l'exception des bois, qui sont laissés à l'armurier après avoir été marqués de l'R de rebut. Ce versement est constaté par la facture d'expédition faisant connaître le nombre et la nomenclature des pièces dont l'artillerie se charge en recette quant au poids seulement.

CHAPITRE VI.

RÉGIME POUR L'ENTRETIEN DES ARMES.

Différents régimes.

Art. 161. Il y a deux régimes différents pour la conservation et l'entretien des armes : le régime de l'*abonnement*, le régime de *clerc à maître*.

Le *régime de l'abonnement* (3) est applicable à tous les corps qui

(1) Modèle n° 2 de l'instruction du 23 décembre 1888, sur la comptabilité-matières. (Voir l'annexe XI, page 277.)

(2) Abrogé — Errat. 1er sem. 1885, *J. M.*, p. 519.

(3) A partir du 1er janvier 1887, le régime de l'abonnement est supprimé et remplacé par le régime de clerc à maître. (Notes des 6 janvier 1887 et 17 mars 1889, *B. O.*, p. 31 et 595.)

ont un armurier titulaire et dont le dépôt et la portion principale sont stationnés en France, ainsi qu'à leurs détachements à l'intérieur.

Le *régime de clerc à maître* est applicable à tous les corps qui n'ont pas d'armuriers titulaires, à toute troupe hors du territoire, ainsi qu'aux dépôts ou détachements stationnés à l'intérieur lorsque la portion principale du corps dont ils font partie est hors de France.

Régime de l'abonnement (1).

Abonnement.

Art. 162. L'abonnement est une allocation journalière payée pour chaque arme à l'armurier titulaire, qui s'engage, moyennant cette allocation, à entretenir et à réparer les armes et leurs accessoires dans les cas prévus par l'article 167.

Armes et accessoires d'armes soumis à l'abonnement.

Art. 163. L'abonnement s'applique aux armes et accessoires d'armes du service courant et du service de la réserve, entre les mains des hommes ou en magasin, dans toutes les portions du corps stationnées en France, sauf les exceptions prévues (art. 169).

Taux de l'abonnement.

Art. 164. Il existe, pour chaque espèce d'armes, deux taux différents : le *taux ordinaire*, qui s'applique aux armes du service courant; le *taux réduit*, qui est le cinquième du premier et qui s'applique aux armes de la réserve conservées dans les magasins du corps, lors même que ces armes sont mises temporairement en service.

Le taux ordinaire et le taux réduit sont fixés par les tarifs en vigueur.

Abonnement d'un corps formé d'un seul bataillon ou d'un seul escadron.

Art. 165. Si le corps n'est composé que d'un seul bataillon ou escadron (bataillons de chasseurs à pied, bataillons d'artillerie à

(1) A partir du 1er janvier 1887, le régime de l'abonnement est supprimé et remplacé par le régime de clerc à maître. (Notes des 6 janvier 1887 et 17 mars 1889, *B. O.*, p. 31 et 595.)

pied, escadrons du train des équipages militaires, etc.), il est alloué à l'armurier, à titre de prime, 5 p. 100 sur le montant total de l'abonnement.

Dépenses accessoires.

Art. 166. Outre l'abonnement, il est alloué au corps, sous le titre de *dépenses accessoires*, divers frais qui, par leur nature, ne peuvent être imputés à l'abonnement. Ces dépenses supplémentaires doivent toujours être justifiées en liquidation par les articles du règlement ou par les décisions ministérielles qui les ont autorisées, et, s'il y a lieu, par les mémoires de l'armurier (modèle XV), certifiés exacts par le lieutenant d'armement.

Imputation des réparations.

Art. 167. Sous le régime de l'abonnement, les réparations des armes ou des accessoires entre les mains des troupes sont, suivant le cas qui les a nécessitées, à la charge de l'abonnement, du soldat, du chef de corps ou du conseil d'administration, de l'Etat.

Sont à la charge de l'abonnement : toutes les réparations nécessitées par le service ordinaire des armes ou de leurs accessoires et le remplacement des pièces usées ou cassées par l'effet de leur usage naturel dans les maniements d'armes, les feux, les tirs à la cible, le port de l'arme à la grenadière, etc., ainsi que l'entretien des armes, accessoires d'armes, pièces d'armes dans les magasins du corps.

Sont à la charge du soldat (1), sauf le cas prévu (art. 168), toutes les réparations rendues nécessaires par sa négligence, sa maladresse ou sa mauvaise volonté; toutefois, en ce qui concerne les armes de *théorie* et leurs accessoires, aucune imputation ne doit être faite aux masses individuelles, sauf le cas de détérioration provenant évidemment de la négligence ou de la mauvaise volonté de l'homme; les réparations occasionnées par sa maladresse sont toujours, pour cette catégorie d'armes, à la charge de l'abonnement.

Sont à la charge du chef de corps et du conseil d'administration, toutes les réparations nécessitées par une infraction aux règlements, prescrite ou simplement tolérée dans le corps.

Sont à la charge de l'Etat, toutes les réparations nécessitées par un défaut de fabrication ou par un cas de force majeure dûment constaté (art. 127).

---

(1) De la masse d'habillement et d'entretien (règlement du 16 novembre 1887).

Imputation des réparations pour les armes des réservistes ou des hommes de l'armée territoriale.

Art. 168 (1).

Armes non comprises dans l'abonnement.

Art. 169. Ne sont pas comprises dans l'abonnement : les armes mises en expérience dans le corps; les armes prélevées sur la réserve des corps ou délivrées par l'artillerie à titre temporaire pour armer les réservistes ou les hommes de l'armée territoriale, sauf ce qui est dit (art. 164).

Les réparations qui sont nécessaires à ces armes pendant la durée de leur mise en service sont à la charge de l'Etat et exécutées par l'artillerie, ou payées à l'armurier, sur mémoire, d'après les prix du tarif, sans bonification de prime.

Fractionnement du corps à l'intérieur.

Art. 170. Lorsqu'un corps est fractionné à l'intérieur, le chef armurier a droit à la totalité de l'abonnement comme si le corps était réuni. Il doit, en retour, pourvoir aux besoins du service au dépôt et dans les fractions détachées, ainsi qu'il est prescrit (art. 136).

Lorsque, dans le cas prévu au dernier alinéa de l'article précité, un détachement à l'intérieur a été autorisé à faire exécuter les réparations de ses armes par l'armurier d'un autre corps, le montant des dépenses, augmenté de la prime de 10 p. 100 allouée par l'article 177, est payé à cet armurier par le conseil d'administration du corps auquel appartiennent les armes, sur mémoire certifié par l'officier commandant le détachement. Le conseil d'administration retient ensuite au chef armurier abonnataire le prix des réparations et autres dépenses imputables à l'abonnement, ainsi que le montant total de la prime, laquelle est entièrement à la charge de l'armurier du corps. Les dépenses au compte de l'Etat pour défaut de fabrication, cas de force majeure, etc., devant seules figurer au relevé des dépenses de l'armement, font l'objet d'un mémoire spécial de l'armurier qui a exécuté les réparations.

---

(1) Il est alloué aux chefs armuriers pour l'entretien et les réparations des armes mises à la disposition des réservistes et des territoriaux convoqués pour une période d'instruction, une prime de 0 fr. 40 par homme quels que soient la durée de la convocation et le nombre des armes distribuées.

Cette prime est fixée et la dépense correspondante doit être appuyée par une situation de l'effectif appelé, certifiée par le service de l'intendance.

(Notes du 30 décembre 1885, *J. M.*, p. 12 et 17 mars 1889 *B. O.*, p. 595.)

Cette situation, mise à l'appui du mémoire, n'est pas soumise à la formalité du timbre. (Lettre coll. du 16 juillet 1888, nº 42.)

Cas où le corps quitte le territoire.

Art. 171. Lorsque les bataillons ou les escadrons actifs quittent le territoire, le corps entier cesse d'être placé sous le régime de l'abonnement du jour de la réception de l'ordre de départ de la portion principale.

Le conseil d'administration central au dépôt et le conseil d'administration éventuel aux bataillons ou escadrons actifs administrent alors l'armement et en comptent les dépenses d'après les dispositions prescrites pour le régime de clerc à maitre. L'armement des portions du corps restant en France est entretenu au compte du chef armurier par ses ouvriers.

Lorsqu'un corps, dont la portion principale est stationnée en France, fournit un détachement hors du territoire, ce détachement cesse d'être placé sous le régime de l'abonnement du jour de la réception de l'ordre de départ. L'armement de cette fraction du corps est alors entretenu d'après les dispositions prescrites (art. 139) pour les corps qui n'ont pas d'armurier titulaire, sauf ce qui est dit (art. 137 et 138).

Procès-verbal à établir lors du passage du régime de l'abonnement à celui de clerc à maitre.

Art. 172. Le dernier jour de l'abonnement, le sous-intendant militaire dresse un procès-verbal (modèle XVI) constatant l'état des armes du corps (ou de la fraction de corps) et les réparations imputables soit aux hommes, soit à l'abonnement. Le montant des imputations au compte de l'abonnement est retenu au chef armurier et versé au Trésor.

Le procès-verbal (modèle XVI) est établi d'après la visite des armes passée en présence du sous-intendant militaire et des membres délégués du conseil d'administration.

Le procès-verbal, revêtu de la déclaration du versement au Trésor du montant des imputations à l'abonnement, est joint au relevé des dépenses de l'armement; les réparations au compte des hommes ou au compte de l'abonnement qui y sont portées sont exécutées et payées à l'armurier chargé de l'entretien des armes, d'après les règles établies pour le régime de clerc à maitre.

Cas de décès de l'armurier.

Art. 173. Quand un corps est placé sous le régime de l'abonnement, si l'armurier vient à décéder, et si les héritiers ou ayants droit en font la demande au conseil d'administration (art. 12), le régime de l'abonnement peut être continué à leur profit et sous leur responsabilité, par les soins du caporal armurier et à l'aide de l'outillage de l'armurier décédé, jusqu'au jour exclu de la prise du service par un armurier nouvellement désigné. Dans ce cas, le prix de l'abonnement est acquis aux héritiers, à charge par eux de payer les matières employées et de rémunérer les ouvriers d'après les bases précédemment établies.

Si les héritiers ou ayants droit ne sont pas autorisés à continuer l'abonnement, le corps est placé sous le régime de clerc à maître pendant la période intérimaire.

Régime de clerc à maître.

Imputations sous le régime de clerc à maître (1). — Constatation des dépenses au compte de l'Etat.

Art. 174. Sous le régime de clerc à maître, les dispositions des articles 167 et 168 continuent d'être en vigueur ; seulement, les obligations de l'abonnement s'ajoutent à celles qui sont déjà imposées à l'Etat.

Toutes les dépenses relatives au compte de clerc à maître sont détaillées dans les mémoires trimestriels (modèle XVII) visés par le sous-intendant militaire, qui s'assure que toutes les réparations inscrites sur le mémoire sont en concordance avec celles qui sont indiquées sur les bulletins et qu'aucune dépense n'a été mise indûment au compte de l'Etat.

Ces mémoires, revêtus du timbre prescrit par la loi (art. 192) et portant quittance de l'armurier sont produits à l'appui du relevé annuel des dépenses de l'armement à liquider par le Ministre.

Prime accordée aux armuriers.

Art. 175. Il est accordé aux armuriers dans les corps placés sous le régime de clerc à maître 10 p. 100 en sus du montant total des prix des réparations et des dépenses d'entretien des armes en magasin, lorsque le corps est un régiment composé de plusieurs bataillons, escadrons ou batteries, et 20 p. 100 lorsque le corps est composé d'un seul bataillon ou escadron et au-dessous. La prime de 10 p. 100 est applicable aux bataillons détachés en Algérie d'un régiment stationné à l'intérieur.

L'armement de réserve déposé dans les magasins des corps placés sous le régime de clerc à maître est entretenu sous le

---

(1) Le régime de clerc à maître est définitivement conservé pour l'entretien de l'armement dans les corps de troupe, et les réparations aux armes continueront d'être effectuées d'après le tarif du 6 septembre 1887, l'instruction ministérielle pour l'application de ce tarif, et les décisions qui l'ont modifié ou complété. (Note du 17 mars 1889, *B. O.*, p. 595.)

même régime et donne droit à la même majoration que l'armement affecté au corps.

L'augmentation de dépense résultant de ces allocations est supportée par l'Etat.

Manière de calculer la prime.

Art. 176. Cette allocation, portée en masse au décompte de l'armurier, est calculée d'après le montant total de la somme qui lui est due pour les réparations exécutées soit au compte des hommes, soit au compte de l'Etat, et pour l'entretien des armes en magasin.

Primes pour les réparations faites aux armes d'un autre corps.

Art. 177. Lorsqu'un corps (ou une fraction de corps) est autorisé à faire réparer ses armes par le chef armurier d'un autre corps, il est alloué à cet armurier une prime de 10 p. 100 à l'intérieur et de 20 p. 100 hors du territoire, calculée comme il est dit (art. 176) ; l'augmentation de dépenses résultant de cette allocation est supportée par l'Etat, sauf le cas prévu (art. 136 et 170).

Le transport des armes, s'il y a lieu, est exécuté aux frais de l'Etat, par la voie des transports de la guerre.

Marché avec un armurier civil.

Art. 178. Dans le cas d'impossibilité absolue de faire réparer les armes par un armurier militaire, le corps passe un marché avec un armurier civil (art. 139) ; ce marché n'est valable qu'après approbation du Ministre, et il ne doit stipuler aucune condition en opposition avec le présent règlement. La prime allouée à l'armurier ne peut dépasser 30 p. 100 à l'intérieur et 40 p. 100 hors du territoire des prix des réparations et des dépenses d'entretien des armes en magasin.

Réparations comptées aux prix du tarif

Art. 179. Dans tous les cas, les réparations à la charge de l'Etat ou du soldat doivent être comptées aux prix du tarif en vigueur. Les augmentations résultant des primes accordées aux armuriers chargés des réparations sont portées séparément sur les mémoires trimestriels.

Réparations des armes des corps ou administrations ne dépendant pas du ministère de la guerre.

Art. 180. Lorsque les corps, administrations ou établissements ne dépendant pas du ministère de la guerre ont été autorisés (art. 140) à faire réparer leurs armes par le chef armurier d'un corps de troupe, les prix des réparations sont calculés d'après le tarif en vigueur ; mais les sommes à payer à l'armurier par ces corps, administrations ou établissements, doivent être bonifiées de la prime fixée par l'article 177 ; le transport des armes, s'il y a lieu, est en outre à leur charge.

Corps ou fractions de corps rentrant sur le territoire.

Art. 181. Lorsque les bataillons ou escadrons actifs rentrent sur le territoire, les armes de toutes les portions du corps stationnées ou rentrées en France sont visitées en présence du sous-intendant militaire, des membres délégués du conseil d'administration, du lieutenant d'armement et du chef armurier.

L'état des armes du corps est ensuite constaté par un procès-verbal (modèle XVIII) mentionnant les réparations au compte de l'Etat que doivent recevoir les armes avant de rentrer sous le régime de l'abonnement.

Ce procès-verbal est établi en double expédition ; l'une d'elles est adressée au Ministre, l'autre est conservée par le corps pour être remise au capitaine inspecteur d'armes.

La dépense imputable à l'Etat jugée nécessaire, d'après l'avis du sous-intendant, pour remettre les armes en bon état de service, est allouée par décision spéciale du Ministre, qui autorise le corps à en porter le montant dans les dépenses accessoires du relevé annuel des dépenses de l'armement, mais sans bonification de prime au profit de l'armurier.

S'il se rencontre, pendant la visite, des armes qui, en raison de la nature de leurs dégradations, ne doivent pas être réparées (art. 101) ou ne doivent l'être qu'en manufacture, il n'est porté pour elles aucune imputation à l'Etat sur le procès-verbal, mais on doit mentionner le fait et indiquer le modèle et le numéro matricule des armes qui sont dans ce cas, ainsi que les dégradations que chacune d'elles comporte ou les motifs de l'envoi en manufacture. Ces armes sont mises à part pour être présentées au capitaine inspecteur d'armes. Le Ministre décide de la destination qui doit leur être donnée.

La même règle est suivie pour les armes d'un détachement hors du territoire fourni par un corps à l'intérieur placé sous le régime de l'abonnement, lorsque ce détachement rentre en France.

Reprise du régime de l'abonnement.

Art. 182. L'abonnement pour les armes du corps (ou de la fraction de corps) recommence à la date de l'approbation par le Ministre du procès-verbal (modèle XVIII).

Les réparations portées sur ce procès-verbal et dont la dépense est approuvée, sont exécutées immédiatement ; elles ne sont payées à l'armurier qu'au fur et à mesure de leur achèvement.

Cas où l'on doit surseoir à l'exécution des réparations.

Art. 183. Si le corps reçoit, après sa rentrée en France, l'ordre de verser dans les magasins de l'artillerie tout ou partie de ses armes, on surseoit immédiatement aux réparations en cours d'exécution.

Le corps n'a alors à porter dans son relevé annuel des dépenses de l'armement que le montant des dépenses déjà effectuées ; il opère pour le reste comme il est prescrit dans les cas ordinaires de versements d'armes pour les corps placés sous le régime de clerc à maître (art. 66).

Armes renvoyées en France.

Art. 184. Lorsque le dépôt d'un corps sous le régime de l'abonnement reçoit des armes d'un détachement hors du territoire, le conseil d'administration central se conforme aux dispositions prescrites par les articles 181, 182 et 183.

CHAPITRE VII.

RELEVÉ ANNUEL DES DÉPENSES DE L'ARMEMENT, DISPOSITIONS DIVERSES DE COMPTABILITÉ (1).

Comment il est pourvu aux dépenses de l'armement.

Art. 185. Il est pourvu aux dépenses faites par le corps pour l'entretien de leurs armes :

1° Par les fonds que le fonctionnaire de l'intendance ordon-

(1) *Dépenses faites dans les corps pour le service de l'armement.*

Les corps de troupe et détachements doivent adresser directement au Ministre, sans bordereau ni lettre d'envoi :

1° Le 10 du premier mois de chaque trimestre, le relevé des dépenses faites au compte de l'Etat, pendant le trimestre précédent, pour l'entretien de l'armement (ce relevé reproduira, en un seul chiffre, le total du mémoire du chef armurier et des factures pour fourniture d'huile, graisse, etc..., pour l'armement de réserve quand ces fournitures ne sont pas faites par le chef armurier) ;

2° Le 10 du mois de novembre de chaque année, un état indiquant le total probable des dépenses déjà faites ou à faire, au compte de l'État, pour le même service, pendant le 4e trimestre.

Les rectifications (augmentations ou diminutions) apportées dans le courant d'un trimestre aux pièces comptables des trimestres précédents du même exercice devront être comprises dans le relevé des dépenses du service de l'armement concernant ce trimestre.

Il ne sera pas tenu compte, dans les relevés, des dépenses des fonds divers

nance directement au profit de la portion centrale de chaque corps(1) ;

2° Par les fonds résultant des imputations faites au compte des masses individuelles, de petit équipement, ou d'habillement et d'entretien.

De l'exercice et de sa durée.

Art. 186. Sont seules considérées comme appartenant à un exercice, les dépenses faites pendant le cours de cet exercice, c'est-à-dire du 1er janvier au 31 décembre inclusivement.

Les pièces justificatives qui servent à constater ces dépenses doivent, par suite, être établies et arrêtées dans la limite de l'exercice, mais elles peuvent être acquittées à une date postérieure au 31 décembre.

Relevé annuel des dépenses de l'armement.

Art. 187. A la fin de chaque année, le conseil d'administration central résume, dans un relevé annuel des dépenses de l'armément (modèle XIX) établi en double expédition (2), toutes les dépenses relatives à l'entretien de l'armement faites par le corps entier, quel que soit d'ailleurs son fractionnement.

Le conseil d'administration joint à l'appui de ce relevé les pièces justificatives énoncées dans la nomenclature (modèle XX), ainsi qu'un état de situation de l'armement (3) (art. 50) ; les différences qui pourraient exister entre les chiffres de la situation de l'armement et ceux du relevé annuel (régime de l'abonnement) doivent être expliquées dans la colonne *observations* de l'état de situation.

---

pour les pièces d'armes, du remboursement de la valeur de ces pièces par l'armurier, des versements au Trésor pour pertes, moins-values, réparations en manufacture, etc..., c'est-à-dire d'aucune recette ni d'aucune dépense autres que celles qui sont comprises dans le mémoire du chef armurier ou dans les factures pour fournitures de matières destinées au graissage des armes de réserve.

Ces états, conformes aux modèles annexés, seront fournis directement, sans bordereau ni lettre d'envoi, par tous les corps ou détachements au titre desquels il est établi trimestriellement un mémoire de chef armurier. Les portions centrales ne produiront ces états que pour leurs dépenses propres et n'y comprendront pas celles de leurs détachements.

(Circulaire du 21 mars 1893, *B. O.*, page 148.)

(1) A cet effet, les directeurs du service de l'intendance adressent au Ministre, avant le 1er février, un état des dépenses afférentes à l'entretien de l'armement des corps placés sous leur surveillance administrative. (Note du 13 mars 1886, *J. M.*, p. 216, et circulaire du 24 novembre 1891, n° 47602.)

(2) Voir le renvoi 1 de la page 74.

(3) Lorsque les dépenses de l'armement sont faites sous le régime de clerc à maître, cette situation n'est pas jointe à l'appui du relevé annuel.

Relevés particuliers établis par les détachements.

Art. 188. Les relevés annuels des dépenses établis par les corps et fractions de corps employés hors du territoire et dont les dépôts sont en France doivent être adressés, avec toutes les pièces justificatives à l'appui, au conseil central avant le 1er février de chaque année, afin qu'il puisse en centraliser les éléments dans le relevé général des dépenses.

L'état de situation fourni au conseil central ne doit contenir que l'effectif des armes de la portion du corps employée hors du territoire et les mutations survenues depuis son départ ; on doit, en un mot, éviter avec le plus grand soin tout ce qui pourrait occasionner des doubles emplois dans l'établissement du relevé général des dépenses par le conseil d'administration central.

Les relevés des dépenses et états de situation particuliers des détachements ne doivent jamais être envoyés au Ministre.

Classement des dépenses dans le relevé annuel général.

Art. 189. Le relevé des dépenses de l'armement doit présenter les dépenses concernant l'abonnement, ainsi que celles qui sont relatives aux réparations, frais, accessoires, etc., par *catégories spéciales*, dans l'ordre ci-après :

1° Dépenses de l'armement du service courant du corps ;
2° Dépenses de l'armement de réserve du corps :
3° Dépenses de l'armement de l'armée territoriale.

Dans chacune de ces catégories, le détail des dépenses étrangères à l'abonnement est indiqué dans l'ordre suivant dans les colonnes verticales :

Frais de caisse et d'emballage ;
Entretien et réparation des armes ;
Nettoyage d'étuis métalliques (1) ;
Dépenses diverses.

Les colonnes destinées à recevoir les décomptes en deniers, par pièce, sont subdivisées, s'il y a lieu, en *intérieur*, *Algérie*, etc., suivant que les dépenses constatées ont lieu à l'intérieur, en Algérie ou dans d'autres contrées hors du territoire.

Classement des pièces de dépenses.

Art. 190. Les pièces justificatives produites avec les relevés annuels de dépenses sont classées, par ordre et par date, dans des dossiers particuliers pour chaque catégorie, numérotés 1, 2, 3, etc., et portant indication de la nature de la dépense.

---

(2) Voir le renvoi 2 de la page 87

Nature des pièces mises à l'appui des relevés.

Art. 191. Les pièces justificatives à mettre à l'appui des relevés annuels sont mentionnées dans la nomenclature (modèle XX, page 173).

Toutes les pièces de dépenses sont adressées en original ; elles doivent porter l'acquit des ayants droit ou être accompagnées d'une procuration quand la partie prenante est représentée par un délégué ; les quittances ou mémoires doivent, dans tous les cas, être établis au nom du chef armurier du corps, si les réparations ont été exécutées par un ouvrier du corps. Dans le cas où les réparations sont faites par le chef armurier d'un autre corps, les pièces doivent être établies au nom de ce chef armurier, et mentionner le corps auquel appartient le signataire de la quittance. Toute rature, surcharge ou altération quelconque sur les pièces de dépenses, ainsi que sur les relevés annuels, doit être approuvée par le conseil d'administration, par les fonctionnaires de l'intendance militaire et, s'il y a lieu, par le chef armurier titulaire de la créance.

Les timbres secs et humides des factures, mémoires, etc., doivent être conservés intacts et exempts de taches aussi bien que de surcharges d'écriture.

Les dépenses faites en vertu d'une autorisation spéciale doivent être appuyées de copies ou d'extraits des décisions ; quant à celles qui sont prévues par le règlement ou qui résultent d'une mesure générale, il suffit de mentionner, sur la pièce de dépenses et dans le détail du relevé annuel, l'article du règlement ou la date de la décision.

Timbre des pièces. — Quittance ou acquit présenté sous forme de quittance.

Art. 192. Toutes les pièces de dépenses (factures, procès-verbaux portant quittance, mémoires, états émargés, etc.), jointes au relevé annuel, tant à l'intérieur qu'en Algérie, doivent être revêtues du timbre prescrit par la loi, quel que soit le montant de la dépense qu'elles comportent.

Néanmoins, si la dépense ne dépasse pas 10 francs, les pièces peuvent être admises sans timbre, pourvu qu'elles portent le titre de *Quittance* et qu'elles contiennent le détail des objets fournis ; il en est de même sous le régime de clerc à maître pour les mémoires trimestriels (modèle XVII), dont le montant ne dépasse pas 10 francs et dont l'acquit est présenté sous forme de *quittance*.

Hors du territoire, les pièces sont exemptées du timbre dans les localités où il n'existe pas d'autorité française pour remplir cette formalité.

Format des relevés et des pièces.

Art. 193. Le format des relevés annuels, indiqué au bas du modèle XIX, doit être rigoureusement adopté, et le papier employé doit être très résistant.

Les dimensions des pièces justificatives ne doivent pas dépasser celles des relevés.

Vérification et envoi des relevés annuels par les intendants militaires.

Art. 194. Les relevés annuels, établis par les corps en double expédition et accompagnés des pièces justificatives, doivent être soumis à la vérification et à l'arrêté des fonctionnaires de l'intendance militaire avant le 15 février de l'année qui suit l'exercice expiré (art. 187 et 188) (1).

Les relevés des dépenses sont ensuite, avant le 1er mars, adressés au Ministre par ces fonctionnaires, avec la feuille des rectifications opérées par leurs soins; cette feuille doit être produite même *néant*.

Rejets opérés sur les dépenses de l'armement.

Art. 195. Les corps ont connaissance des rejets ou rectifications opérés sur leurs dépenses par un avis spécial du Ministre ou l'examen des pièces qui restent jointes à l'extrait d'ordonnance de payement.

Réclamations.

Art. 196. Les réclamations que les corps peuvent avoir à faire pour rejets opérés sur leurs relevés de dépenses ou pour omission

---

(1) Les intendants militaires liquident les dépenses faites par les corps. Ils dressent un état portant comme titre : « Etat de liquidation » conforme au modèle page 208 et sur lequel le montant de chaque relevé modèle XIX est inscrit. Ce relevé est arrêté à la date extrême du 31 mars.

Ce document est adressé, avec la deuxième expédition du relevé XIX, appuyé des copies certifiées conformes des pièces originales produites au payeur le 15 avril. (Note du 13 mars 1886, *J. M.*, p. 216; dép. du 7 juin 1889, n° 21737; annexe n° 1 du règlement du 14 janvier 1889 et circ. du 21 novembre 1891, n° 47602.)

Cette dernière circulaire rappelle les délais fixés par la loi du 25 janvier 1889 (*B. O.*, p. 514), pour achever les opérations relatives à l'ordonnancement et au paiement des dépenses :

1° Jusqu'au 31 mars pour la liquidation et l'ordonnancement des dépenses dues aux créanciers;

2° Jusqu'au 30 avril pour le paiement des dépenses, la liquidation et le recouvrement des droits acquis.

La demande de fonds nécessaires à l'acquittement des créances doit être adressée le 1er février.

de leur part doivent être adressées au Ministre par l'intermédiaire des fonctionnaires de l'intendance militaire.

Ces réclamations doivent être accompagnées d'un relevé supplémentaire des dépenses en double expédition, conforme au modèle réglementaire et appuyé des pièces justificatives constatant les dépenses à liquider.

Il est fait droit à ces demandes, quand il y a lieu, au moyen d'une liquidation supplémentaire, dont le montant est ordonnancé au profit du corps, si l'exercice auquel appartient la dépense est encore ouvert; dans le cas contraire, la créance est liquidée par rappel sur exercice clos.

Dépense sur exercice clos ou périmé. — Relevé supplémentaire.

Art. 197. Toute dépense qui se rattache à un exercice antérieur à celui du relevé de l'année doit faire l'objet d'un relevé supplémentaire de dépenses à liquider par rappel sur exercice clos ou périmé (1).

Destination à donner aux récépissés délivrés par les agents du Trésor.

Art. 198. Les récépissés et déclarations relatifs à des versements au Trésor pour objets cédés à charge de payement par les établissements de l'artillerie sont remis au directeur en prenant livraison.

Les récépissés des versements effectués au Trésor, dans tous les cas étrangers aux cessions, sont remis au sous-intendant militaire, qui les transmet à l'intendant, lequel les fait parvenir trimestriellement au Ministre; cependant, dans le quatrième trimestre de chaque année, ces versements doivent être effectués au fur et à mesure de la constatation des imputations, et les récépissés sont remis, sans délai, au sous-intendant militaire, qui les transmet immédiatement au Ministre par l'intermédiaire de l'intendant. Quant aux déclarations, elles sont produites à l'appui des relevés de dépenses; toutefois, les versements au Trésor pour cause d'erreur ou trop perçu et ceux effectués à la Caisse des dépôts et consignations sont justifiés par les récépissés à talon mis à l'appui des relevés de dépenses.

Somme versée pour double emploi.

Art. 199. Dans le cas où la valeur d'armes perdues par les hommes, d'imputations au corps, etc., aurait été versée deux fois dans les caisses du Trésor public, restitution du montant de l'un

---

(1) Ces relevés supplémentaires sont transmis au Ministre le 25 mai au plus tard. (Dép. du 21 septembre 1895, n° 8-3.)

de ces versements sera faite aux ayants droit, sur leur réclamation au Ministre, appuyée des deux récépissés à talon constatant le double versement ou des deux déclarations de versement si les deux récépissés ont déjà été transmis au Ministre.

Responsabilité des conseils d'administration.

Art. 200. Les conseils d'administration sont responsables des retenues qu'ils négligent d'exercer sur les masses individuelles pour les dégradations qui proviennent de la faute des hommes, comme des retenues qu'ils auraient prescrites illégalement.

Versement dans une caisse publique des fonds non employés.

Art. 201. Tous les fonds provenant de retenues opérées sur les masses individuelles et qui, par quelque cause que ce soit, n'ont pu être employés à la réparation des armes pendant le cours de l'année, doivent être versés dans une caisse publique.

TITRE V.

MUNITIONS.

CHAPITRE Ier.

MUNITIONS ALLOUÉES AUX CORPS. — SITUATION DES MUNITIONS.

Munitions allouées au corps (1).

Art. 202. Les corps reçoivent des munitions pour leur instruction, pour le chargement du sac et des cartouchières (infanterie et génie), ou pour le service de sûreté et autres cas spéciaux, enfin pour le cas de mobilisation.

Les munitions sont livrées confectionnées par les magasins de l'artillerie, à l'exception des cartouches pour le tir réduit, lesquelles sont chargées dans les corps de troupe.

Cartouches d'instruction.

Art. 203. Le nombre de cartouches allouées pour les exercices de tir et pour les grandes manœuvres est fixé chaque année par des décisions ministérielles.

(1) Munitions à délivrer aux sociétés de tir et de gymnastique : voir l'instruction du 29 avril 1892 (*B. O.*, p. 509; annexe n° V, p. 248).

Cartouches pour le chargement du sac et des cartouchières ou pour le service de sûreté (1).

Art. 204. Chaque homme armé du fusil, dans les corps d'infanterie et du génie, reçoit pour le chargement du sac et des cartouchières un nombre de cartouches à balle égal à celui qu'il doit emporter en campagne.

Les quantités de cartouches allouées aux corps pour cet objet sont calculées d'après l'effectif réel de paix du corps en hommes armés du fusil.

Il est alloué, en tout temps, aux troupes de la gendarmerie, pour le service de sûreté, un approvisionnement de cartouches comprenant par homme :

1° 18 cartouches à balle pour carabine, 12 cartouches à balle de revolver entre les mains des hommes ;

2° 12 cartouches à balle pour carabine, 6 cartouches à balle de revolver constituant au chef-lieu une réserve.

Ces quantités peuvent être augmentées d'après les ordres des généraux commandant les corps d'armée.

Le nombre de cartouches de sûreté qui peuvent être délivrées aux hommes des autres corps pourvus d'une arme à feu est déterminé, d'après les circonstances, par le général commandant le corps d'armée. Ces munitions sont prélevées d'abord sur les munitions d'exercice ; le corps établit ensuite, s'il est nécessaire, une demande de remplacement (art. 212).

Munitions pour certains cas spéciaux.

Art. 205. Les quantités de munitions qui peuvent être allouées dans certains cas spéciaux autres que ceux prévus par le présent règlement sont déterminées par le Ministre, sur la proposition des généraux commandant les troupes.

Approvisionnement de cartouches pour le cas de mobilisation (1).

Art. 206. Il est constitué près de chaque corps un approvisionnement de cartouches dit *de mobilisation.*

---

(1) Les gendarmes prévôtaux de l'arme à cheval ne devant pas emporter la carabine en campagne (décision du 17 janvier 1895), aucun approvisionnement de mobilisation de cartouches en chargeurs ne sera constitué pour l'arme à cheval.

Les gendarmes à pied désignés pour faire partie des prévôtés auront seuls des approvisionnements de mobilisation constitués, à raison de 48 cartouches modèle 1886 en chargeurs par homme.

Les approvisionnements de cartouches de sûreté de la gendarmerie restent fixés, comme quantité et comme répartition, conformément aux indications de l'article 204 du règlement du 30 août 1884, sur le service de l'armement. (Note du 14 avril 1892.)

Cet approvisionnement se compose des cartouches que les hommes doivent emporter en campagne. Il comprend, en outre, pour les régiments d'infanterie et les bataillons de chasseurs à pied, les cartouches contenues dans le caisson de munitions affecté à chaque bataillon et les cartouches contenues dans la caisse blanche n° 3 portée sur chacun des fourgons à bagages.

Les approvisionnements de cartouches de mobilisation doivent toujours être maintenus au complet et à proximité du lieu de mobilisation du corps destinataire.

En temps de paix, l'approvisionnement de cartouches de mobilisation peut être, selon les ressources disponibles pour l'emmagasinage, délivré au corps, qui le prend alors en charge, ou conservé dans les magasins de l'artillerie (1). Dans ce dernier cas, cet approvisionnement doit former, dans les magasins de l'artillerie, un lot à part, étiqueté au numéro du corps et toujours tenu au complet ; le directeur d'artillerie fait connaître au conseil d'administration l'emplacement exact du local dans lequel sont renfermées les munitions.

Tout corps ou fraction de corps dont les munitions de mobilisation sont en dépôt dans les magasins de l'artillerie doit être pourvu en tout temps des pièces comptables nécessaires pour la délivrance immédiate de ces munitions.

Dans aucun cas, les munitions de sûreté ou les cartouches d'exercice ne doivent être considérées comme faisant partie de l'approvisionnement de mobilisation.

Approvisionnement de mobilisation pour les corps de l'armée territoriale.

Art. 207. Les approvisionnements de mobilisation constitués, en temps de paix, pour les corps de l'armée territoriale sont pris en charge, autant que possible, par les corps de l'armée active ou par les établissements d'artillerie détenteurs des armes auxquelles les cartouches sont affectées.

Les prescriptions formulées dans le présent titre, relativement aux approvisionnements de mobilisation d'un corps de l'armée active, sont applicables à ceux des corps de l'armée territoriale.

Répartition des munitions et objets divers y relatifs entre le service courant et le service de réserve.

Art. 208. En temps de paix, les munitions et objets divers y relatifs pris en charge par un corps de troupe sont répartis, suivant leur destination, entre le service courant et le service de réserve, ainsi qu'il est prescrit pour les armes et accessoires d'armes (art. 47).

---

(1) Les caissons de bataillon et les fourgons sont, en temps de paix, délivrés aux corps et pris en charge par eux, lors même que les cartouches de mobilisation à emporter en campagne par les hommes sont conservées dans les magasins de l'artillerie.

Comptent au *service courant :* les munitions confectionnées et les matières (étuis, poudre, amorces, etc.) délivrées aux corps pour les exercices annuels; les munitions destinées au chargement du sac et de la giberne ou au service de sûreté, ainsi que les caisses, barils, etc., qui les renferment; les étuis, le plomb, les débris de cuivre, etc., provenant du tir des cartouches; les pinces à désamorcer fournies par l'Etat pour la confection des cartouches de tir réduit; les barils, boites, caisses à poudre ou à munitions, etc., vides.

Comptent au *service de réserve :* les munitions destinées à la mobilisation et les caisses qui les renferment.

Comptabilité relative aux munitions (1). — Carnet de munitions.

Art. 209. Les prescriptions stipulées (art. 49) pour la comptabilité-matières des objets d'armement sont applicables à la comptabilité-matières des munitions; en ce qui concerne les recettes et les versements, les corps se conforment en outre aux règles établies ci-après (chap. II et III).

Les cartouches pour le tir réduit, chargées dans les corps, devant être consommées au fur et à mesure de leur confection, ne sont jamais portées dans les écritures au titre de *munitions confectionnées*. La poudre, le plomb, etc., sont toujours inscrits séparément, soit en recette, soit en consommation; les étuis délivrés pour la confection des cartouches de tir réduit et ceux qui proviennent du tir des cartouches à balle et sans balle sont inscrits dans des colonnes distinctes sur le registre des entrées et des sorties de matériel (section V).

Chaque corps (ou portion de corps s'administrant isolément) doit, en outre, avoir un *carnet de munitions* (modèle XXI) pour l'enregistrement des munitions et des objets divers y relatifs qu'il reçoit ou qu'il consomme à quelque titre que ce soit. Les différents modèles de cartouches y sont classés au compte des entrées et au compte des sorties par provenance et par date de fabrication. Ce carnet est arrêté à la fin de chaque trimestre.

Situation des munitions à adresser au Ministre.

Art. 210. Dans les vingt premiers jours du mois de janvier de chaque année, le conseil d'administration central adresse au Ministre un *état de situation,* au 31 décembre de l'année précédente, des munitions et objets divers y relatifs pris en charge dans toutes les portions du corps stationnées à l'intérieur et en Algérie (modèle XXII) (2).

---

(1) Les pièces destinées à justifier les opérations d'exercices de tir doivent être établies d'après les modèles 6 et 10 annexés à l'instruction du 23 décembre 1888. (Voir l'annexe XI, page 277.)

(2) En même temps que les états modèle XXII et les états joints à la circulaire n° 235 du 8 décembre 1885, il doit être fourni, conformément aux indications

Toutes les recettes, consommations, mouvements intérieurs, etc., qui ont eu lieu pendant ladite année doivent être reproduits sur la situation; les munitions des diverses catégories doivent y occuper des colonnes distinctes, ainsi qu'il est prescrit sur la tenue du *registre des entrées et des sorties du matériel* (section V).

Lorsque les étuis des cartouches métalliques tirées *n'ont* pu être recueillis, on en indique les causes dans la colonne *Observations*, et on mentionne, s'il y a lieu, les procès-verbaux de force majeure qui ont pu être dressés à ce sujet.

Enfin, à la quatrième page de l'état de situation, on indique, s'il y a lieu, les quantités de munitions de mobilisation affectées au corps qui sont conservées dans les magasins de l'artillerie, ainsi que les localités où se trouvent ces magasins.

Les situations particulières des bataillons ou escadrons actifs et des détachements stationnés à l'intérieur ou en Algérie doivent être parvenues avant le 10 janvier à la portion centrale, afin que le conseil central d'administration puisse établir en temps opportun la situation générale du corps.

Détachements hors du territoire.

Art. 211. Les bataillons, compagnies, escadrons, etc., détachés hors du territoire, dans une contrée autre que l'Algérie, ne doivent pas être compris sur la situation, et les munitions qu'ils emportent sont déduites de l'existant.

Lorsque ces fractions de corps rentrent en France ou en Algérie, leurs munitions sont prises en remise sur l'état de situation des munitions du corps.

CHAPITRE II.

RÈGLES GÉNÉRALES A SUIVRE POUR PRENDRE DES MUNITIONS DANS LES MAGASINS DE L'ARTILLERIE.

État de demande de munitions.

Art. 212. Les munitions d'exercice, de sûreté ou de mobilisation qu'un corps doit recevoir lui sont délivrées par l'artillerie, sur un état de demande (1) établi par le conseil d'administration

---

de la lettre collective n° 6-2 du 20 avril 1885, une situation annuelle récapitulative du modèle joint à la lettre collective du 30 octobre 1890, n° 14-5.

Les corps doivent en conséquence fournir des renseignements exacts, en parfaite concordance avec les fixations des tableaux de guerre arrondis.

(1) Modèle XXIII pour les munitions d'exercice.

(central ou éventuel), et approuvé par le général commandant la brigade (1).

Cet état, qui doit porter en tête l'indication de l'article du règlement, de la décision ministérielle ou de l'ordre qui a alloué les munitions, est remis au directeur ou au commandant de l'artillerie, lequel donne l'ordre de délivrer les munitions (2).

Bon provisoire.

Art. 213. Si des circonstances spéciales exigent qu'il soit délivré des munitions sans remplir les formalités prescrites par l'article précédent, un bon provisoire tient lieu momentanément de l'état réglementaire, contre lequel il est ultérieurement changé. La demande régulière est remise aussitôt que possible au directeur d'artillerie.

Devoirs des directeurs. — Inscription des délivrances sur le carnet de munitions (2).

Art. 214. Les directeurs d'artillerie vérifient les états de demande de munitions de corps afin de s'assurer de leur exactitude. En cas d'erreur, le directeur prévient le corps en l'invitant à régulariser les pièces; s'il n'est pas tenu compte de ses observations, il en réfère à l'officier général qui a approuvé l'état de demande.

---

(1) En vue de réduire les frais de transport qui résultent des envois de cartouches, la note du 14 décembre 1886 (*J. M.*, p. 1043) prescrit les dispositions ci-après :

a) Les corps de troupe d'une même région doivent adresser leurs demandes aux établissements de l'artillerie, autant que possible, en une seule fois pour toute l'année, sauf pour les allocations supplémentaires spéciales qui ne peuvent pas être prévues au commencement de l'année.

b) Les généraux commandant les corps d'armée fixeront l'époque à laquelle les demandes des différentes parties prenantes devront parvenir aux directeurs de l'artillerie chargés de délivrances dans leur région.

Les directeurs de l'artillerie prendront ensuite les mesures nécessaires pour réduire au minimum les frais de transport par voie ferrée et par camionnage.

c) Les délivrances devront toujours être effectuées directement par les établissements de l'artillerie à chaque partie prenante, conformément à l'article 212 du règlement du 30 août 1884. Mais, si plusieurs corps occupent la même garnison, les envois qui les concernent devront être faits en une seule fois lorsqu'il y aura économie à opérer ainsi.

d) Les généraux commandant les corps d'armée ont d'ailleurs la faculté de prescrire des envois partiels de cartouches, en cas d'urgence, pour les allocations d'exercices ou pour les approvisionnements de guerre fixés par les décisions ministérielles en vigueur, sans s'astreindre aux dispositions qui précèdent.

Ils rendent compte au Ministre de ces ordres d'envois spéciaux, par motif d'urgence.

(2) Nouveau texte. (Circ. du 13 septembre 1885, *J. M.*, p. 537.)

Époque des délivrances des munitions d'exercice.

Art. 215. Les corps reçoivent leurs munitions d'exercice dans le cours de l'année, aux époques jugées convenables par les généraux commandant les brigades.

Munitions non délivrées.

Art. 216. Lorsqu'un corps ne s'est pas fait délivrer toutes les munitions qui lui reviennent pour l'instruction pendant une année, il ne lui en est pas tenu compte l'année suivante.

Excédent de munitions (1).

Art. 217. S'il reste à un corps un excédent de munitions d'exercice, en magasin, à la fin d'une année, cet excédent est compté en déduction des demandes à faire pour l'année suivante.

Matières pour la confection des cartouches pour le tir réduit avec les armes modèle 1874.

Art. 218. Les corps reçoivent, à titre de première mise, pour la confection des cartouches de tir réduit, une certaine quantité d'étuis non amorcés.

Ces étuis, pris parmi ceux qui ne peuvent plus servir pour cartouches à balle, sont réfectionnés et marqués d'une croix (+) au culot par les soins de l'établissement d'artillerie qui les délivre. Ceux qui sont mis hors de service dans le tir ou dans les manipulations sont versés à l'artillerie et remplacés sans autorisation préalable et sans que ce remplacement donne lieu à aucune écriture de la part du corps.

Les autres matières nécessaires à la confection des cartouches sont délivrées annuellement aux corps.

---

(1) Les cartouches à blanc non consommées pendant les grandes manœuvres ou économisées dans les corps à un titre quelconque sont à la disposition des commandants des corps d'armée qui les répartiront au prorata des besoins entre les divers bataillons, escadrons ou batteries ayant à exécuter des manœuvres de garnison. Ils prescriront les versements de corps à corps qui seront nécessaires pour cet objet. Les expéditions seront faites par voies ferrées et dans les formes prescrites par les règlements en vigueur. (Note du 10 novembre 1886, *J. M.*, p 945.)

Les corps ne sont pas astreints à consommer, sans exception, dans le courant de chaque année, toutes les cartouches à balle ou sans balle qui leur sont allouées pour les exercices de tir. Les économies réalisées, après la clôture des tirs réglementaires, seront utilisées, dans la plus large mesure, pour l'exécution des tirs spéciaux et le perfectionnement de l'instruction des cadres et des hommes. (Note du 13 octobre 1888, *B. O.*, p. 406.)

Les boîtes d'amorces, les caisses ou barils de poudre, etc., sont délivrés pleins au corps; l'excédent qui peut en résulter sur les quantités de matières dues pour l'année est reporté en déduction des allocations dues pour l'année suivante.

Délivrance de cartouches de revolver aux officiers (1).

Art. 219. Les cartouches à balle de revolver allouées annuellement, à titre gratuit, aux officiers de toutes armes, y compris les officiers de la réserve et de l'armée territoriale, sont délivrées comme il suit :

1° *Armée active.* — Aux officiers de troupes présents à leur corps, par le régiment dont ils font partie, et aux officiers sans troupe ou détachés pourvus du revolver par un corps désigné à cet effet par le général commandant le territoire.

2° *Réserve et armée territoriale.* — Pendant les stages ou périodes d'instruction, à tous les officiers présents, pourvus ou non du revolver réglementaire (2), par le régiment de l'armée active correspondant.

En outre, pour tous les officiers pourvus du revolver, convoqués ou non, appartenant ou non à un corps de troupe, la délivrance de cartouches, soit à titre gratuit, soit à titre remboursable, est faite par un corps de l'armée active désigné par le général commandant le territoire, soit au lieu de résidence des officiers, soit dans une ville de garnison voisine.

Les demandes individuelles doivent être présentées, avec la justification de la possession du revolver, dans le courant du premier mois de chaque trimestre, au corps désigné, et comprendre la totalité des cartouches demandées pour une année.

Les corps sont couverts de ces délivrances en portant les quantités de cartouches allouées aux officiers sur l'état de demande de munitions pour les exercices de la troupe.

Outre les cartouches allouées gratuitement, il peut être délivré annuellement à chaque officier 90 cartouches à balle de revolver (5 paquets de 18), contre remboursement de leur valeur calculée d'après les prix de l'inventaire de l'artillerie.

Ces munitions remboursables sont délivrées aux officiers par le corps désigné, contre récépissé constatant le versement au Trésor de la valeur des cartouches; elles sont inscrites à part sur l'état de demande de munitions.

---

(1) Les règles édictées pour la délivrance des cartouches aux officiers de la réserve et de l'armée territoriale sont applicables aux fonctionnaires de la télégraphie militaire. (Note du 30 juillet 1887, *B. O.*, p. 87.)

(2) D'après la note du 12 février 1890, *B. O.*, p. 292, il n'est délivré aucun revolver à titre de prêt.

Les récépissés sont remis, avec l'état de demande, aux directeurs d'artillerie.

Délivrance de munitions aux sociétés de tir et aux établissements d'instruction (1).

Art. 220. Les délivrances de cartouches réglementaires aux sociétés de tir sont autorisées par le Ministre, à qui les demandes doivent être adressées par l'intermédiaire des commandants de corps d'armée.

Les délivrances de cartouches de tir réduit aux mêmes sociétés, ainsi qu'aux établissements d'instruction, sont autorisées par les généraux commandant les subdivisions de région.

Munitions de sûreté pour la gendarmerie (2).

Art. 221. Lorsque les munitions de sûreté allouées aux troupes de la gendarmerie (art. 204) sont réduites à la moitié par les consommations, le conseil d'administration adresse au directeur de l'artillerie un état de demande pour compléter son approvisionnement, en se conformant aux prescriptions de l'article 212.

Remplacement des munitions versées par un corps dans son ancienne garnison.

Art. 222. Quand un corps, par suite d'un changement de garnison, a versé ses munitions dans les magasins de l'artillerie ou à un autre corps (art. 232 et 235), il doit en réclamer le remplacement aussitôt qu'il est arrivé dans sa nouvelle garnison, en établissant un état de demande de remplacement et en présentant à l'appui l'autorisation du versement et le récépissé du directeur ou du corps auquel les munitions ont été versées.

Munitions délivrées aux douaniers et aux forestiers.

Art. 223. Les munitions allouées, à titre gratuit, pour les exercices de tir, aux bataillons de douanes et aux compagnies de

---

(1) Les étuis modèle 1879 neufs ou confectionnés provenant des cartouches délivrées à ces sociétés seront reçus dans les magasins de l'artillerie sans être ni triés, ni désamorcés, ni nettoyés. (Circul. du 19 octobre 1886, *J. M.*, p. 618. — Voir les annexes V et VI, p. 244 et 263.)

(2) Les officiers de gendarmerie reçoivent, à titre gratuit, 12 cartouches de revolver modèle 1892, comme cartouches de sûreté et à titre de première mise.

Les cartouches que l'officier se serait vu dans la nécessité de consommer dans le service, seront remplacées sur un état de demande qui sera adressé au général commandant le corps d'armée, par le chef de la légion, après avoir été certifié exact par cet officier supérieur.

Le général commandant le corps d'armée prescrira alors au général commandant l'artillerie, de faire délivrer les cartouches demandées par ledit état. (Dép. minist. du 30 novembre 1893. 3e Direction, 2e Bureau.)

chasseurs forestiers, sont livrées sur états de demande établis par les directeurs des douanes ou des inspecteurs des forêts, dans la forme prescrite (art. 212), transmis, pour ces derniers, par le conservateur des forêts et approuvés par la général ou l'officier supérieur commandant le territoire.

Les munitions dont les administrations des douanes ou des forêts peuvent avoir besoin pour leur service particulier sont demandées directement par le directeur des douanes ou l'inspecteur des forêts au directeur d'artillerie ; la valeur de ces munitions devant faire retour au budget de la guerre, la facture de livraison, revêtue du récépissé de la partie prenante, est, aussitôt après la délivrance, adressée au Ministre de la guerre par les soins du directeur d'artillerie.

Les munitions délivrées aux administrations des douanes ou des forêts, soit à titre gratuit, soit à charge de remboursement, sont remises encaissées aux directeurs des douanes ou aux inspecteurs des forêts, qui restent chargés du soin de les répartir entre les agents sous leurs ordres.

Le transport des munitions entre les magasins d'artillerie et les directions de douanes ou les inspections des forêts est effectué par les soins des parties prenantes ou aux frais de l'Etat, suivant le cas, conformément aux prescriptions de l'article 224.

Transport des munitions (1).

Art. 224. Les corps sont tenus de faire prendre les munitions par des détachements dans les magasins d'artillerie quand la distance à parcourir ne dépasse pas 12 kilomètres (aller et retour).

Si cette distance excède 12 kilomètres, les munitions sont envoyées par les directeurs d'artillerie, aux frais de l'Etat, par la voie des transports de la guerre. Dans ce dernier cas, l'inscription de la délivrance sur le carnet est faite par le sous-intendant d'après l'avis du directeur.

Les munitions délivrées doivent, quelle que soit la distance, être encaissées ou embarillées.

---

(1) Les lots de cartouches ne doivent pas être fractionnés sans nécessité pour les expéditions.

L'établissement livrancier enverra toujours à l'établissement réceptionnaire l'état de lotissement de chaque expéditeur. (Note du 3 janvier 1887, *B. O.*, p. 30.)

Le service de la poste ne doit être, en aucun cas, chargé du transport des douilles de cartouches qui doivent faire retour dans les magasins de l'artillerie. (Circ. du 24 juin 1885, *J. M.*, p. 1301.)

CHAPITRE III.

RÈGLES GÉNÉRALES A SUIVRE POUR VERSER DES MUNITIONS A L'ARTILLERIE OU A D'AUTRES CORPS.

Versements à l'artillerie.

Autorisation nécessaire pour verser des munitions à l'artillerie (1).

Art. 225. Les corps ne peuvent faire de versements de munitions dans les magasins de l'artillerie qu'après en avoir obtenu l'autorisation du général commandant le corps d'armée, sauf les cas prévus (art. 229, 230 et 231).

Visite des munitions versées. — Imputation au corps.

Art. 226. Les munitions versées sont visitées à leur arrivée à l'établissement d'artillerie, en présence d'un officier d'artillerie délégué par le directeur, du garde comptable et d'un officier du corps, comme il est prescrit (art. 67).

Quand les munitions versées ne sont pas reconnues de service, le directeur d'artillerie fait procéder à l'évaluation des dégradations. Les avaries sont à la charge du corps si elles proviennent de sa faute ; le prix à payer est, dans ce cas, la différence entre le prix des cartouches neuves et le prix des produits de la démolition des cartouches. Le montant de l'état des sommes imputées est immédiatement versé au Trésor.

Versement des cartouches à balle et sans balle.

Art. 227. Les cartouches à balle ou sans balle autres que les cartouches pour le tir réduit doivent être versées sans être démolies, quel que soit leur état de conservation, sauf le cas prévu (art. 261).

Cartouches pour le tir réduit avec les armes modèle 1874.

Art. 228. Les corps ne doivent dans aucun cas verser des cartouches pour le tir réduit; si des munitions de cette espèce ne

(1) Le remplacement des fausses cartouches est effectué par l'atelier de construction de Puteaux. A cet effet, les corps adressent, sans autorisation ministérielle préalable, leurs demandes au directeur de cet atelier, en y joignant le récépissé de versement au Trésor du montant de la valeur des pièces. (Note du 13 mars 1886, *J. M.*, p. 217.)

peuvent, par suite du départ du corps, être utilisées pour les exercices, elles sont démolies, la poudre est noyée, et les étuis sont désamorcés après qu'on en a fait détoner les amorces dans un fusil; le plomb, les étuis et les débris d'amorces sont versées séparément.

Versement des étuis provenant du tir des cartouches métalliques consommées en garnison.

Art. 229. Les étuis provenant des cartouches métalliques consommées en garnison sont, sans autorisation spéciale, versés à la direction d'artillerie chargée de la délivrance des munitions.

Le nombre total d'étuis versés doit être au moins égal aux 98/100 du nombre de cartouches brûlées (1).

Les étuis de cartouches autres que celles de revolver doivent, au préalable, avoir subi dans le corps les opérations de triage et de nettoyage spécifiées à l'article 266 (2).

---

(1) Les corps de troupe n'ont plus à justifier, par des procès-verbaux, des pertes d'étuis des cartouches métalliques consommées dans les tirs qui seront renfermées dans les proportions ci-après :

1° Pour les tirs de garnison, 2 p. 100 du nombre des cartouches consommées ;

2° Pour les tirs des grandes manœuvres, 6 p. 100 du nombre des cartouches consommées.

La prise en charge des étuis de cartouches recueillis à la suite des exercices de tir sera constatée sur la même pièce que les consommations de munitions faites pour ces exercices (certificat administratif n° 6 de l'instr. du 23 décembre 1888). Il sera établi une pièce seulement par trimestre pour les tirs de garnison et une pièce spéciale pour les tirs des grandes manœuvres; les nombres d'étuis dont la recette sera constatée par ces pièces pourront n'être que les 98/100 des cartouches portées en sortie sur les pièces trimestrielles et que les 94/100 des cartouches métalliques portées en sortie sur les pièces spéciales aux manœuvres. La prise en charge du plomb recueilli après le tir à la cible sera, s'il y a lieu, constatée sur les mêmes pièces; mais le tir réduit donnera toujours lieu à l'établissement de pièces distinctes établies, en ce qui concerne les consommations, conformément aux dispositions de l'article 209.

Comme conséquence des dispositions qui précèdent, les procès-verbaux relatant des manquants d'étuis de cartouches devront, à moins de circonstances toutes particulières et dûment constatées, conclure à l'imputation du montant de ces étuis.

(Décis. du 31 décembre 1885, *J. M.*, p. 1289.)

Toutefois, comme tous les étuis provenant des cartouches métalliques tirées ne sont pas susceptibles d'être reconfectionnés, ils seront décomptés d'après la valeur de leur matière, c'est-à-dire :

Sur les prix de { 0 fr. 0125 l'unité pour les cartouches pour armes modèle 1874.
0 fr. 003 l'unité pour les cartouches pour revolver modèle 1873 et d'officier, modèle 1874.
(Décis. 31 décembre 1885, *J. M.*, p. 1289.)

Ces prescriptions sont applicables aux pertes d'étuis de cartouches à blanc pour fusil modèle 1886 qui se produiront dans les grandes manœuvres. (Décis. 29 avril 1892, *B. O.*, p. 508.)

(2) Les étuis provenant du tir des cartouches sans balle et des cartouches à balle modèle 1874, vernies ou non vernies, et des cartouches à balle modèles

Le directeur d'artillerie fait visiter les étuis versés, et, à la suite de cet examen, il remet au corps, en même temps que le récépissé, un état (modèle XXIV) (1) constatant, outre le nombre d'étuis de chaque espèce versés, le nombre de ceux qui donnent droit à la totalité des indemnités prévues (art. 268) ou aux indemnités partielles. Cet état est joint au relevé annuel des comptes de l'armement du corps.

Versement des étuis de cartouches consommées pendant les grandes manœuvres.

Art. 230. Les étuis de cartouches métalliques consommées pendant les grandes manœuvres sont versés dans les conditions prescrites par les instructions ministérielles sur ces manœuvres.

Les étuis ne subissent, dans ce cas, avant leur versement, aucune des opérations de triage et de désamorçage spécifiées (art. 266) (2).

1879, 1879-83 et 1886 sont versés à l'artillerie sans être ni triés, ni désamorcés, ni nettoyés.

En conséquence, il ne doit plus être accordé aucune prime pour le nettoyage des étuis de cartouches provenant du tir, quel qu'en soit le modèle.

Les étuis de cartouches pour revolver modèle 1873 et 1892 et les étuis modèles 1874, 1879 et 1886 sont reçus directement au poids par les établissements de l'artillerie, mais les comptables doivent indiquer, sur les pièces justificatives, les quantités d'étuis représentant ce poids. (Lettre collect. du 2 août 1885, décis. du 23 décembre 1888 et notes des 23 février, 1er novembre 1889 et 14 avril 1894, *B. O.*, p. 100, 1376, 303 et 969.)

Les chefs de corps et de détachement doivent prendre toutes les précautions utiles pour assurer, dans les meilleures conditions possibles, la conservation du laiton des étuis de cartouches des divers modèles provenant du tir, jusqu'à ce qu'ils en effectuent le versement à l'artillerie.

En outre, les corps devront avoir soin de ne jamais mélanger, avec les étuis vides, les cartouches ayant raté ou les étuis contenant encore de la poudre ou munis de leur amorce non détonée.

Les étuis contenant encore des matières explosibles devront toujours être versés à part, conformément aux prescriptions de la note du 26 novembre 1885.

(Décis. du 23 décembre 1888, *B. O.*, p. 1376, et lettre collect. du 18 décembre 1889, n° 47.)

Les étuis métalliques provenant du tir des cartouches modèle 1873 pour revolver sont versés dans les magasins de l'artillerie les plus rapprochés. (Note du 24 juillet 1886, *J. M.*, p. 74.)

Par décision du 26 novembre 1885 (*J. M.*, p. 775), le Ministre appelle l'attention des chefs de corps et des directeurs d'établissements sur les prescriptions suivantes, qui doivent être rigoureusement observées :

1° Dans les expéditions, les étuis vides ne doivent jamais être mélangés avec des étuis contenant de la poudre ;

2° Les balles doivent être versées à part comme plomb ;

3° Les étuis contenant de la poudre doivent être expédiés comme munitions et non comme étuis vides ;

4° Les caisses doivent toujours être munies d'étiquettes indiquant nettement les objets qu'elles contiennent.

(1) Ces opérations sont constatées par des factures modèle n° 5 de l'instruction du 23 décembre 1888. (Voir l'annexe X, page 276.)

(2) Voir le renvoi 2 de la page 87.

Versements divers dans les magasins de l'artillerie.

Art. 231. Les débris de cuivre (1) provenant du désamorçage des étuis, le plomb recueilli après le tir, etc., les boîtes à amorces, sacs, caisses blanches, caisses à poudre, barils vides, sangles, etc., sont versés par le corps, sans autorisation spéciale; les matières, telles que débris de cuivre, plomb, etc., provenant du tir des cartouches sont reçues au poids.

Les caisses blanches, caisses à poudre, barils, etc., doivent être versés complets; les pièces qui manquent sont imputées au corps. La dépense est acquittée d'abord sur les fonds généraux de la caisse du corps, sauf recours contre qui de droit au profit de ladite caisse.

Versements en cas de changement de garnison (2).

Art. 232. En cas de départ, les corps peuvent être autorisés par le commandant du corps d'armée à verser à l'artillerie tout ou partie des munitions qu'ils ont en charge.

Dans tous les cas, les corps, avant de quitter la garnison, doivent effectuer les versements prescrits (art. 229 et 231).

Versements réclamés par les directeurs de l'artillerie.

Art. 233. Au besoin, les directeurs d'artillerie réclament des corps les versements qui doivent être effectués en conformité des articles précédents.

Transport.

Art. 234. Les dispositions de l'article 224 relatives au transport des munitions sont applicables dans les cas de versement.

---

(1) Et les débris de maillechort provenant des enveloppes de balles modèle 1886. (Note du 11 janvier 1893, *B. O.*, p. 9.)

(2) Les détachements de troupe dirigés de France sur l'Algérie ou la Tunisie, et *vice versa*, n'emportent pas avec eux les cartouches dont ils sont détenteurs, à moins que des dispositions contraires ne soient prescrites dans les ordres de mouvement.

Ces munitions sont versées, au départ, soit à la portion centrale du corps ou de la fraction du corps qui expédie le détachement, soit dans les magasins de l'artillerie les plus voisins, selon qu'il sera plus avantageux pour l'État.

(Circ. du 16 janvier 1885, *J. M.*, p. 28.)

Versements à un autre corps.

Versements de munitions d'un corps à l'autre. — Echange de munitions.

Art. 235. Aucun versement de munitions d'un corps à un autre ne peut se faire sans l'approbation du général commandant le corps d'armée, sauf le cas prévu (art. 237).

Deux corps se remplaçant mutuellement dans leurs garnisons respectives peuvent être autorisés à échanger leurs munitions.

Visite des munitions versées à un autre corps.

Art. 236. Les munitions qu'un corps est autorisé à verser à un autre corps sont visitées en présence du sous-intendant militaire, d'un membre délégué du conseil d'administration et de l'officier d'armement de chacun des deux corps intéressés.

Les munitions reconnues de service sont remises au corps destinataire contre récépissé.

Les munitions avariées restent en charge au corps livrancier, qui en fait, aussitôt que possible, le versement à l'artillerie dans la forme prescrite (art. 225 et 226).

Versement, à un autre corps, de cartouches de mobilisation.

Art. 237. Lorsqu'un corps est autorisé à verser à un autre corps des armes appartenant soit à son propre armement de réserve, soit à l'armement d'un corps de l'armée territoriale (art. 76), il doit, en même temps et sans autre autorisation, verser les munitions de mobilisation affectées à ces armes.

Les deux corps se conforment, pour ces versements, aux prescriptions de l'article 236.

La même règle est suivie, s'il y a lieu, pour les caissons à munitions de bataillon et les caisses blanches n° 3 qui entrent dans le chargement des fourgons à bagages des régiments d'infanterie et des bataillons de chasseurs à pied.

CHAPITRE IV.

CONSERVATION DES MUNITIONS DANS LES CORPS DE TROUPE.

Munitions en magasin et dans les caissons de bataillon.

Dépôts de munitions.

Art. 238. Les munitions délivrées aux corps sont placées dans les locaux désignés par le génie pour servir de dépôts de munitions.

Dans aucun cas, le même local ne peut servir de dépôt de munitions à plusieurs corps de troupe.

Les magasins de dépôt de munitions affectés aux corps sont établis conformément aux types fixés par le comité des fortifications.

Places ne possédant pas de magasins à munitions.

Art. 239. Dans les places où les magasins réguliers font défaut, les munitions peuvent être exceptionnellement placées à l'intérieur des casernes ou dans des locaux convenables, choisis, autant que possible, en dehors de la circulation et présentant les conditions exigées de siccité et de sécurité.

Ces locaux doivent être précédés d'une antichambre; les fenêtres sont fermées avec des volets garnis de plaques de tôle ; chaque porte est munie de deux serrures.

Mobilier du magasin.

Art. 240. Tout magasin de dépôt de munitions doit être pourvu des objets mobiliers ci-après :

Des chantiers pour recevoir les rangs inférieurs des caisses ou des barils ;
Des cales ;
Une civière (sans bretelles) ;
Un maillet et un chasse-poignée en bois ;
Un vilebrequin avec lame de tournevis ;
Un balai en crin.

Ces objets sont fournis et entretenus par les soins du service du génie.

Séparation, dans les magasins, des cartouches d'exercice et des cartouches de mobilisation.

Art. 241. Les cartouches de mobilisation et celles d'exercice, de sac et de cartouchières doivent toujours former deux lots distincts dans le magasin. Elles doivent, du reste, être triées par date et par provenance.

Si, ce qui est préférable, indépendamment du vestibule, le local comporte deux compartiments, l'un d'eux est affecté aux munitions de mobilisation et l'autre aux cartouches d'exercice, de sac et de cartouchières.

Cartouches de mobilisation affectées à un corps de l'armée territoriale.

Art. 242. Lorsqu'un corps a en charge l'approvisionnement de mobilisation d'un corps de l'armée territoriale, cet approvisionnement doit former, dans le magasin, un lot à part étiqueté au numéro du corps auquel il est destiné.

Interdiction de déposer dans le magasin des objets autres que les munitions et les articles du mobilier.

Art. 243. Il est interdit de déposer dans les magasins des objets autres que les munitions et les articles du mobilier.

A l'exception des chantiers qui supportent les caisses ou barils et des cales, les objets mobiliers doivent être placés dans le vestibule du magasin.

Etuis vides, plomb, barils et caisses vides, etc.

Art. 244. Les étuis provenant du tir des cartouches métalliques, les débris d'amorces, le plomb, les boîtes, barils ou caisses vides, etc., sont placés à part, dans un local fermant à clef, en attendant qu'on puisse en faire la remise à l'artillerie.

Il en est de même des étuis, des amorces et couvre-amorces délivrés pour la confection des cartouches de tir réduit.

Surveillance des magasins à munitions (1).

Art. 245. Les magasins à munitions sont sous la surveillance immédiate du lieutenant d'armement; l'une des clefs de chaque

---

(1) Le tampon de fermeture des caisses à poudre doit toujours être en place, et les points du tampon lutés réglementairement, que les récipients soient vides ou pleins.

Le transport des caisses à poudre vides sur les chemins de fer doit, en toutes circonstances, être effectué au moyen de wagons couverts. (Circ. du 5 février 1886, *J. M.*, p. 96.)

porte reste entre ses mains, l'autre est confiée à l'adjudant de semaine.

Soldats employés aux travaux de manutention des munitions.

Art. 246. Un caporal ou brigadier et quelques hommes choisis parmi ceux de première classe (des sapeurs, de préférence, dans les corps d'infanterie) sont mis à la disposition du lieutenant d'armement pour les travaux de manutention des munitions.

Emmagasinement des munitions.

Art. 247. Pour emmagasiner les munitions, les caisses sont déchargées de la voiture une à une et portées chacune par deux hommes dans le magasin.

Les caisses, dans le magasin, sont disposées, le couvercle en dessus, par rangs successifs placés les uns au-dessus des autres, de manière à former plusieurs piles parallèles au mur, laissant en face de la porte une allée de service d'environ 90 centimètres de largeur. Le premier rang de chaque pile est placé sur chantiers. On laisse un vide de 4 à 5 centimètres entre les piles et entre les caisses d'un même rang et de 10 à 15 centimètres au moins entre les murs et les caisses qui les avoisinent, de manière à permettre à l'air de circuler.

On ne doit pas mettre plus de huit rangs de caisses les uns au-dessus des autres (1).

Distributions des munitions.

Art. 248. Pour délivrer les munitions contenues dans une caisse, on doit retirer les paquets en commençant par les rangs du milieu et en ayant soin d'épuiser complètement chaque couche avant de passer à la suivante; la distribution terminée, replacer le couvercle et les vis, en ne vissant à fond que deux d'entre elles.

Les paquets de cartouches distribués sont comptés par le caporal ou brigadier, qui les pose avec précaution dans les sacs, sans jamais les y laisser tomber.

Les distributions se font toujours en nombre entier de paquets, pour ne pas avoir de paquets entamés et défaits dans le magasin.

Précautions à observer à l'intérieur du magasin.

Art. 249. L'officier chargé de la surveillance du magasin n'y

---

(1) L'engerbement des caisses dans les magasins se fait toujours, à moins d'empêchement absolu, de manière que les numéros des lots soient visibles. **(Note du 3 janvier 1887, *B. O.*, p. 30.)**

laisse entrer avec lui que le caporal ou brigadier et deux hommes au plus, afin d'éviter l'encombrement.

Après tout mouvement de munitions, le plancher du magasin doit être soigneusement balayé.

Réintégration des munitions en magasin.

Art. 250. Dans le cas de réintégration de munitions, les paquets sont réencaissés ; les cartouches libres ne sont pas réempaquetées, mais elles sont placées dans une caisse spéciale.

Lors d'une nouvelle délivrance, les cartouches libres sont distribuées les premières.

Cartouches avariées ou ayant raté.

Art. 251. Les cartouches avariées sont déposées libres dans une caisse spéciale placée dans le vestibule ou l'antichambre qui précède le magasin, en attendant qu'on puisse en faire le versement à l'artillerie.

Tableaux affichés dans les magasins et dans la salle des rapports.

Art. 252. Un tableau reproduisant les prescriptions ci-dessus (art. 238 à 251) est affiché sur une planchette à consigne placée contre le mur dans le vestibule du magasin.

Il est de même affiché dans la salle des rapports.

Conservation des munitions contenues dans les caissons de bataillon.

Art. 253. Les caissons de bataillon sont placés dans des hangars secs, aérés et situés de manière à être à l'abri de tout danger d'incendie. Ces hangars sont fermés à clef ; la clef reste entre les mains du lieutenant d'armement.

Renouvellement de l'approvisionnement de mobilisation.

Art. 254. Le renouvellement des cartouches qui forment l'approvisionnement des caissons de bataillon et des caisses blanches n° 3 des fourgons à bagages n'a lieu que d'après les ordres du Ministre.

Transport des munitions d'un corps qui change de garnison (1).

Art. 255. Lorsqu'un corps change de garnison, il doit emporter ses munitions, sauf les cas prévus par les articles 232, 235 et 237.

---

(1) Le transport des caisses à poudre vides sur les chemins de fer doit être effectué au moyen de wagons couverts. (Circ. 5 février 1886, *J. M.*, p. 96.)

Les munitions sont expédiées encaissées par la voie des transports de la guerre et aux frais de l'Etat, à l'exception des cartouches pour le chargement du sac et des cartouchières ou pour le service de sûreté, lesquelles restent entre les mains des hommes, que la troupe soit transportée en chemin de fer ou qu'elle fasse la route par étapes.

Dans aucun cas, le corps ne doit confier ses munitions à une entreprise particulière de roulage.

Munitions entre les mains des hommes.

Cartouches entre les mains des hommes. — Interdiction d'ouvrir les paquets (1).

Art. 256. On ne doit laisser entre les mains des soldats d'autres cartouches que celles qui leur sont nécessaires pour les prises d'armes ou pour le service de sûreté (art. 204) ; les cartouches distribuées pour les exercices de tir, etc., et qui n'ont pas été consommées, sont retirées et réintégrées en magasin.

Les quantités de cartouches délivrées pour le chargement du sac ou le service de sûreté doivent toujours former un nombre entier de paquets, afin que les hommes n'aient pas entre les mains de cartouches libres.

Il est absolument interdit aux soldats d'ouvrir les paquets de cartouches qu'ils possèdent, à moins qu'ils n'en reçoivent l'ordre d'un officier ou d'un sous-officier. Les paquets qui ont été ouverts sont retirés, et les cartouches qu'ils contenaient remises en magasin, pour être consommées à la première séance de tir.

L'homme qui jette ou détruit ses munitions tombe sous le coup des articles 244, 245 et 254 du Code de justice militaire.

---

(1) La note du 12 avril 1886 (*J. M.*, p. 487) appelle l'attention des chefs de corps et de détachements de toutes armes sur la nécessité de faire exercer une surveillance rigoureuse sur les munitions confiées aux hommes.

Ils devront rappeler aux hommes que la dissipation, le détournement et la destruction des munitions sont des délits prévus et punis par le Code de justice militaire, et que, en outre, l'introduction dans une cartouche à blanc d'une balle de tir réduit ou de corps étrangers formant projectiles peut faire peser sur le coupable les plus graves responsabilités en cas d'accident de personne.

Les cartouches et les balles à tir réduit non employées dans les séances d'instruction ou de travail devront être déposées en lieu sûr, sans être jamais laissées à la disposition des hommes.

Les cartouches à blanc qui leur auraient été délivrées pour les exercices et qui n'auraient pas été consommées devront leur être enlevées et ne pourront être distribuées à nouveau qu'après une visite minutieuse de la part des officiers.

Entretien, visite et renouvellement des cartouches de sac ou de sûreté.

Art. 257. Les paquets de cartouches doivent être assujettis dans le sac ou dans les cartouchières, avec du papier, de l'étoupe ou des chiffons, de manière à ne pas ballotter.

Les officiers des compagnies, escadrons ou batteries doivent visiter au moins une fois par mois les paquets de cartouches laissés entre les mains des hommes, afin de s'assurer qu'ils sont intacts et ne portent aucune trace de détérioration.

Afin d'avoir des munitions de sac ou de sûreté toujours en bon état, on doit consommer au tir, chaque année, celles que les hommes possèdent, et les remplacer, autant de fois qu'il est possible, par des cartouches délivrées pour les exercices.

Hommes entrant en position d'absence ou quittant le corps.

Art. 258. Les paquets de cartouches des hommes qui entrent en position d'absence ou qui quittent le corps sont visités et réintégrés au magasin du corps.

Cependant, quand l'absence ne doit pas durer plus de quinze jours, les munitions de l'homme peuvent être déposées avec ses armes au magasin de la compagnie (art. 95).

CHAPITRE V.

CONSOMMATION DE MUNITIONS.

Consommation des munitions allouées pour les exercices.

Art. 259. Les corps doivent toujours consommer dans l'année toutes les munitions qui leur sont allouées pour l'instruction (1).

Etuis métalliques, cartouches ayant raté, rendus par les hommes après le tir.

Art. 260. Après chaque séance de tir, les hommes doivent rendre les étuis provenant de cartouches métalliques, ainsi que les cartouches qui ont raté.

Ils sont responsables des étuis ou des cartouches qu'ils ne pourraient représenter.

Accidents de tir imputables aux cartouches. — Carnet à tenir.

Art. 261. Il est tenu note par les corps des accidents imputables

---

(1) Voir le renvoi 2 de la page 82.

aux cartouches, survenus dans le tir, ainsi que des circonstances dans lesquelles ces accidents se sont produits.

A cet effet, après chaque séance de tir, le lieutenant d'armement, d'après un bulletin de renseignements qui lui est fourni par le capitaine de tir, enregistre sur un *carnet* (modèle XXV) les quantités de cartouches brûlées, leur provenance, le numéro annuel du lot dont elles font partie, le nombre des ratés, des étuis rompus au culot ou près du culot, etc.

Le lieutenant d'armement est autorisé à démolir les cartouches qui ont donné lieu à des ratés, afin de rechercher les causes de cet accident. Il y a lieu de vérifier, au préalable, en examinant l'empreinte du percuteur sur le couvre-amorce, si les ratés ne seraient pas dus à une percussion insuffisante.

Ces renseignements sont enregistrés séparément pour les diverses espèces de cartouches, soit en leur consacrant des pages distinctes sur le même carnet, soit en ouvrant un carnet spécial pour chaque modèle de munitions.

A la fin de chaque trimestre, on fait sur le carnet, par provenance de cartouches, une récapitulation des accidents de tir qui ont eu lieu pendant les trois mois écoulés.

Les étuis rompus au culot, etc., sont conservés dans l'état où ils se trouvent après le tir et présentés au capitaine inspecteur d'armes (art. 327); le versement de ces étuis, etc., à l'artillerie, n'a lieu qu'après cette visite.

Plomb ramassé après le tir.

Art. 262. Les chefs de corps doivent prendre toutes les mesures nécessaires pour que les balles soient retrouvées après le tir à la cible (1).

Le plomb ramassé qui n'est pas employé à la confection des balles de tir réduit est versé à l'artillerie (art. 231).

Etat trimestriel à adresser au Ministre.

Art. 263. Dans les quinze premiers jours de chaque trimestre, chaque corps (ou portion de corps s'administrant isolément) adresse au Ministre (3e *Direction, Artillerie;* 2e *Bureau, Matériel*), par l'intermédiaire des commandants de corps d'armée, un état (modèle XXVI) récapitulant les accidents de tir constatés pendant

---

(1) Prescriptions applicables aux débris de maillechort provenant des enveloppes de balles modèle 1886. (Note du 11 janvier 1893, *B. O.*, p. 9.)

Pour les pièces de comptabilité à établir, voir le renvoi 1 de la page 87.

On doit se borner, après les séances de tir, à rechercher les balles qui sont restées à la surface du sol.

Aux époques où les buttes doivent être réfectionnées, on procède à des fouilles permettant de retrouver les balles qui se sont accumulées dans lesdites buttes. Ces balles sont ensuite versées à l'artillerie par les soins du service du corps chargé du travail de réfection et des fouilles. (Dép. minist. du 1er décembre 1894. 3e Direction, 2e Bureau.)

le trimestre écoulé et enregistrés sur le carnet (modèle XXV, art. 261), et indiquant en outre le nombre de balles de chaque modèle tirées et la quantité de plomb recueilli (1).

Munitions consommées sans autorisation ou perdues.

Art. 264. Toute consommation de munitions non autorisée reste à la charge du chef qui l'a ordonnée.

Le montant du prix des munitions perdues ou consommées sans motif valable est imputé aux corps, suivant les prix portés sur l'inventaire de l'artillerie. La perte ou la consommation est constatée par un procès-verbal de déficit dressé par le sous-intendant militaire ou, pour les pertes dues à la faute des hommes, par les bulletins d'imputation (modèle IX) (2).

Prise en recette des étuis métalliques provenant du tir (3).

Art. 265. Les étuis provenant du tir des cartouches métalliques sont recueillis, pris en recette sur le registre du matériel du corps et versés ensuite à l'artillerie, après avoir subi les opérations spécifiées ci-après (art. 266).

Cependant, il est toléré, sans imputation pour le corps et en dehors des pertes par cas de force majeure, une perte d'un nombre d'étuis égal, au plus, à 2 p. 100 du nombre total des cartouches de même modèle consommées au tir à la cible et dans les feux.

Conservation des étuis de cartouches métalliques ayant été tirées.

Art. 266. Les étuis provenant du tir des cartouches autres que celles de revolver sont, sauf le cas prévu (art. 230), triés aussitôt que possible après la séance du tir et désamorcés. On met à part les étuis rebutés; quant aux étuis qui peuvent servir au chargement des cartouches à balle ou sans balle, ils sont en outre nettoyés et polis (4).

Ces diverses opérations, qui ont lieu distinctement pour les étuis provenant des cartouches à balle et pour ceux provenant des car-

---

(1) La dépêche ministérielle du 7 mai 1889 prescrit d'adresser, avec les états modèle XXVI, un relevé récapitulatif faisant connaître, pour l'ensemble des troupes du corps d'armée, les quantités totales de cartouches de chaque espèce consommées pendant le trimestre.

(2) Les corps n'ont plus à produire l'état récapitulatif des procès-verbaux de pertes d'étuis modèle 1886, prescrit par la dépêche ministérielle du 4 août 1889 (1re Direction, 2e Bureau), mais les directeurs d'artillerie doivent signaler au Ministre, le cas échéant, les négligences, au point de vue de la conservation des étuis, qu'ils constatent au moment du versement des étuis par les corps de troupe.

Toute perte de cartouches modèle 1886 doit toujours faire l'objet d'une enquête. (Dép. minist. du 27 décembre 1894. 1re Direction, 2e Bureau.)

(3) Voir le renvoi 1 de la page 87.

(4) Voir le renvoi 2 de la page 87.

touches sans balle, sont exécutées par les soins des chefs armuriers.

Les étuis rebutés et les étuis bons de chaque catégorie sont placés dans des caisses séparées, et conservés, après un nettoyage, dans un local sec, jusqu'à ce qu'ils puissent être versés à l'artillerie.

Les débris d'amorces et de couvre-amorces sont recueillis pour être de même versés à l'artillerie.

Les étuis provenant du tir des cartouches de revolver sont versés à l'artillerie sans avoir subi aucune opération préalable.

Corps qui n'ont pas d'armurier titulaire.

Art. 267. Dans les corps qui n'ont pas d'armurier titulaire, les opérations que doivent subir les étuis de cartouches avant d'être versés sont exécutées par les soins de l'armurier chargé de l'entretien des armes (1).

Les étuis sont, à cet effet, versés, sur facture régulière, au corps auquel appartient l'armurier; ce corps se conforme alors, pour le nettoyage et le versement à l'artillerie des étuis reçus par lui, ainsi que pour les allocations à payer au chef armurier, à ce qui est prescrit pour les étuis provenant du tir de ses propres cartouches.

Allocation pour le triage, le désamorçage et le nettoyage des étuis.

Art. 268 (1).

Outillage et matières premières nécessaires pour le désamorçage et le nettoyage des étuis (1).

Art. 269. La fourniture et l'entretien des outils ou ustensiles et des matières premières nécessaires à l'exécution du nettoyage des étuis sont à la charge de l'armurier.

Toutefois, il lui est fourni gratuitement un nombre suffisant de pinces à désamorcer. Les frais d'entretien et de réparation de ces instruments sont à sa charge. Leur remplacement après réforme est fait au compte de l'Etat.

Confection dans les corps des cartouches pour le tir réduit avec les armes modèle 1874.

Art. 270. Les cartouches pour le tir réduit sont confectionnées dans les corps au fur et à mesure des besoins.

Le chargement de ces cartouches est exécuté par un caporal ou brigadier et quelques hommes de première classe désignés à cet effet, sous la direction de l'officier d'armement.

Outre les matières nécessaires (art. 218), des jeux d'outillage en nombre suffisant sont fournis gratuitement au corps par l'Etat.

---

(1) Voir le renvoi 2 de la page 87.

L'entretien et la réparation de ces jeux d'outillage sont confiés au chef armurier; le montant des réparations, calculées d'après le tarif en vigueur, ainsi que des dépenses diverses d'entretien, lui est payé sur facture.

TITRE V.

VISITE ANNUELLE DES ARMES ET DES MUNITIONS.

CHAPITRE PREMIER.

PRESCRIPTIONS GÉNÉRALES A OBSERVER.

Capitaines d'artillerie inspecteurs d'armes permanents (1).

Art. 271. Dans chaque corps d'armée, un ou plusieurs capitaines d'artillerie attachés soit à l'une des directions d'artillerie, soit à l'école d'artillerie, sont chargés d'une manière permanente de la visite des armes et des munitions en service ou affectées aux troupes.

---

(1) Cet officier visite en outre :

1° Dans les corps de troupe autres que ceux de l'artillerie et du train des équipages, le matériel roulant et le harnachement ressortissant au service de l'artillerie et des équipages militaires;

2° Dans les corps de troupe autres que ceux du génie, les outils du génie;

3° Dans les corps de troupe de cavalerie, le matériel de télégraphie légère;

4° Dans les corps de troupe d'infanterie, les téléphones Roulez. (Art. 22 de l'instruction du 1er mars 1894 sur les inspections générales.)

Les officiers d'artillerie en inspection d'armes et les contrôleurs d'armes qui les accompagnent ne doivent jamais cumuler l'indemnité de route avec les indemnités qui leur sont attribuées, lors de leurs déplacements, sur les fonds du service de l'artillerie.

Ces indemnités de déplacement sont fixées à 10 francs par jour pour les capitaines et à 6 francs pour les contrôleurs d'armes. Elles leur sont acquises pour toutes les journées passées en séjour hors de la résidence habituelle, y compris les jours d'arrivée aux lieux de garnison des troupes. (Règl. du 22 janvier 1885 et décis. du 3 février 1890, *B. O.*, p. 273.)

Les officiers d'artillerie et les contrôleurs procédant à la visite des armes dans le corps d'armée du lieu de leur résidence reçoivent l'indemnité kilométrique de transport et l'indemnité journalière.

L'indemnité fixe de transport n'est allouée que pour le premier et le dernier voyage, quelle que soit la durée de la mission. Toutefois, si les opérations doivent se continuer dans un ou plusieurs corps d'armée non contigus au premier, cette indemnité est allouée une fois de plus pour chaque corps d'armée dans lequel les officiers d'artillerie ou contrôleurs sont tenus de se transporter.

Sont traités de la même manière les officiers d'artillerie ou contrôleurs chargés d'inspecter les armes dans tout corps d'armée autre que celui de leur résidence; mais ils reçoivent, en outre, les indemnités kilométrique et fixe de transport, ainsi que l'indemnité journalière, pour se rendre dans ce corps d'armée et pour rejoindre leur poste après l'accomplissement de leur mission. **(Art. 20 du règl. du 12 juin 1867.)**

Ils sont toujours choisis parmi ceux qui ont fait un stage dans les manufactures d'armes. Une instruction spéciale leur est donnée à cet effet dans ces établissements, par les soins des directeurs et suivant un programme approuvé par le Ministre.

Ils conservent leurs fonctions d'inspecteurs d'armes pendant plusieurs années et sont, en outre, chargés du service des salles d'armes et des ateliers de réparation d'armes dans l'établissement auquel ils sont attachés.

Visite des armes et des munitions (1).

Art. 272. Les armes ou les munitions en service ou affectées aux troupes sont visitées par les capitaines inspecteurs d'armes toutes les fois que le Ministre l'ordonne, et au moins une fois par an.

La visite de l'armement a pour objet de constater par un examen détaillé l'état général des armes et munitions. Elle a encore pour but d'examiner les réparations faites par les chefs armuriers, et d'indiquer à ces employés les réparations à faire et la manière de les exécuter ; de reconnaître particulièrement les armes défectueuses et d'indiquer les moyens de remédier aux défauts signalés ; d'assurer l'exécution des règlements et décisions ministériels en ce qui concerne la conservation des armes et des munitions ; enfin, de signaler au Ministre et à l'inspecteur général les chefs armuriers et ouvriers armuriers qui se distinguent par leur zèle et leur capacité professionnelle, et qui, sous ce rapport, méritent d'être récompensés.

Les généraux commandant les corps d'armée peuvent, de leur côté, lorsqu'ils désirent être renseignés sur un fait particulier concernant l'armement des troupes placées sous leurs ordres, prescrire aux inspecteurs d'armes, sauf à rendre compte, de se rendre sur les lieux pour y procéder aux visites nécessaires.

Contrôleurs d'armes adjoints aux capitaines inspecteurs d'armes.

Art. 273. Le capitaine inspecteur est accompagné d'un contrôleur d'armes expérimenté dans les parties essentielles de la fabrication et des réparations.

Le contrôleur d'armes est chargé de visiter l'armement sous la direction et la surveillance du capitaine inspecteur d'armes. Toutes relations avec les chefs armuriers des corps dont il visite l'armement, autres que celles qui sont nécessitées par le service, lui sont formellement interdites pendant ces opérations.

Collections d'instruments vérificateurs.

Art. 274. Le capitaine inspecteur d'armes reçoit de l'établissement d'artillerie auquel il est attaché :

---

(1) Règlement sur le service intérieur, art. 289 Inf., 280 Cav., 307 Art. [illegible]

1° Une collection d'instruments vérificateurs pour la visite des fusils, carabines ou mousquetons en service ;

2° Une collection d'instruments vérificateurs pour la visite des revolvers ;

3° Un exemplaire du présent règlement ;

4° Un exemplaire de l'instruction technique sur les armes et les munitions (art. 377).

Circonscription de l'inspection d'armes.

Art. 275. Le Ministre détermine pour chaque corps l'époque à laquelle son armement sera visité.

La région occupée par un corps d'armée forme une ou plusieurs circonscriptions, à chacune desquelles est attaché un inspecteur d'armes ; cet officier n'a pas à visiter les armes des dépôts ou parties actives qui sont stationnées en dehors de cette région, à moins d'ordres contraires.

Commencement, durée et fin des opérations. — Demande de délai.

Art. 276. Le capitaine inspecteur d'armes doit commencer ses opérations aussitôt qu'il a reçu avis de sa mission et les conduire de manière qu'elles soient terminées à l'époque fixée par sa lettre de service.

Il n'est accordé de délai qu'en raison de circonstances exceptionnelles et en vertu d'une autorisation spéciale du Ministre, provoquée par une demande motivée du capitaine inspecteur d'armes transmise par le général commandant le corps d'armée.

Instructions à donner par le général commandant le corps d'armée.

Art. 277. En transmettant au capitaine inspecteur d'armes sa lettre de service, le général commandant le corps d'armée y ajoute les instructions particulières qu'il juge convenables et indique notamment les dates auxquelles la visite de l'armement de chaque corps pourra être passée.

Ces dates sont d'ailleurs portées par ses soins à la connaissance des corps intéressés.

Corps changeant de garnison.

Art. 278. Lorsqu'un régiment quitte le corps d'armée avant que la visite des armes ait pu avoir lieu, le capitaine inspecteur d'armes n'a plus à s'en occuper.

Le chef du corps, à l'arrivée du régiment dans sa nouvelle garnison, prévient le général commandant le corps d'armée que la visite n'a pas été faite. Cet officier général en rend compte au Ministre.

Renseignements à fournir au général commandant le corps d'armée.

Art. 279. Le capitaine inspecteur d'armes tient constamment le commandant du corps d'armée au courant de ses déplacements, afin que cet officier général puisse lui adresser ses instructions ou celles du Ministre.

Visites aux autorités militaires.

Art. 280. Avant de commencer ses opérations dans une ville, le capitaine inspecteur d'armes doit se présenter, en tenue du jour, au commandant d'armes, aux généraux de division et généraux de brigade commandant le territoire ou les troupes dont il a à visiter l'armement et aux intendants militaires.

Il doit également se présenter, en tenue du jour, aux chefs des corps dont il a à visiter l'armement, ainsi qu'aux officiers généraux ou supérieurs commandant l'artillerie et le génie de la place (1).

Tenue du matin autorisée pendant la visite.

Art. 281. Le capitaine inspecteur et le contrôleur d'armes peuvent rester en tenue du matin pendant le travail de visite des armes, suivant la tolérance accordée aux officiers et employés militaires attachés aux établissements de l'artillerie.

Officiers du corps présents à la visite.

Art. 282. La visite des armes se fait, dans chaque corps, par compagnie, escadron ou batterie, en présence du capitaine commandant et du lieutenant d'armement (ou de l'officier qui le remplace au dépôt ou dans les détachements), et de l'officier supérieur ayant sous ses ordres la compagnie, l'escadron ou la batterie dont on visite les armes.

L'officier supérieur fait prendre toutes les dispositions nécessaires pour que la visite ait lieu avec l'ordre et la régularité convenables.

Obligations du lieutenant d'armement.

Art. 283. Le lieutenant d'armement du corps doit accompagner le capitaine inspecteur d'armes dans toutes les opérations qui se font au lieu de sa résidence, mais il n'est pas obligé de l'accompagner lorsque le capitaine va visiter les armes d'un détachement.

---

(1) En cas de visite d'armes de douaniers et de forestiers, le capitaine d'artillerie doit également se présenter aux directeurs et inspecteurs des douanes, aux conservateurs et inspecteurs des forêts.

Obligations du chef armurier.

Art. 284. A l'intérieur, le chef armurier doit, à moins d'un empêchement sérieux, assister à toutes les opérations de visite des armes des corps ou fractions de corps dont l'armement est entretenu par ses soins.

Secrétaire du capitaine inspecteur d'armes.

Art. 285. Le secrétaire du lieutenant d'armement est mis à la disposition du capitaine inspecteur d'armes pendant la durée de ses opérations.

Lieux où sont visitées les armes.

Art. 286. La visite des armes des compagnies, escadrons ou batteries, a lieu soit dans les chambres mêmes occupées par les hommes, quand elles se prêtent à cette opération, soit dans un local de la caserne spécialement affecté à cet usage pendant tout le temps que dure la visite de l'armement du corps; autant que possible, ce local doit comporter deux issues : l'une pour l'entrée, et l'autre pour la sortie des hommes.

Dispositions particulières pour la gendarmerie, les douaniers et les forestiers.

Art. 287. La visite des armes de la gendarmerie départementale a lieu, en principe, au chef-lieu de chaque lieutenance (ou de chaque section quand la lieutenance est divisée en plusieurs sections); les armes doivent y être réunies pour cette opération. Cependant, si des motifs sérieux empêchent la réunion de toutes les armes au chef-lieu de la lieutenance, le capitaine inspecteur d'armes, de concert avec le commandant de la compagnie, fixe d'autres centres d'inspection.

La visite des armes des douaniers a lieu, en principe, au chef-lieu de chaque capitainerie; celle des armes des forestiers, au chef-lieu de chaque cantonnement forestier. D'autres localités sont choisies, s'il est nécessaire, après entente avec le directeur des douanes ou l'inspecteur des forêts (1).

---

(1) La vérification annuelle de l'armement des douaniers sera opérée, à l'avenir, dans les ateliers des chefs armuriers des corps de troupe les plus rapprochés de chaque direction de douanes, par les soins du personnel spécial chargé du service de l'armement dans ces corps et à la diligence des directeurs de douanes.

On choisira pour cela l'époque de l'année où ces opérations apporteront le moins de perturbation possible dans le service des corps et dans celui de l'administration intéressée.

La désignation du lieu et la fixation de la date de la visite seront réservées

Si, en raison du service spécial des douaniers ou des forestiers, la totalité des armes ne peut être présentée à la visite, il est pris note de celles qui n'ont pas été visitées : elles sont, de préférence, apportées à la visite l'année suivante.

Envoi au Ministre des rapports et des états relatifs à la visite d'un corps de troupe.

Art. 288. Le capitaine inspecteur d'armes adresse au Ministre, par l'intermédiaire du général de brigade, du général de division et du général commandant le corps d'armée, tous les rapports et états relatifs au travail de visite de l'armement d'un corps de troupe (art. 330).

Le capitaine d'artillerie doit comprendre dans un même travail toutes les fractions du corps réparties sur le territoire occupé par le corps d'armée.

Le travail de visite des armes pour la gendarmerie est établi par compagnie ; pour les douaniers, par direction de douanes ; pour les forestiers, par cantonnement des forêts.

Lorsqu'une direction de douanes ou une inspection des forêts

---

au commandant de chaque corps d'armée, à qui les directeurs des douanes devront adresser leurs propositions vers le commencement de chaque année, et cet officier général s'assurera, au moyen d'un compte rendu qui lui sera adressé à la fin des opérations par les directeurs des douanes, que toutes les armes ont été visitées et sont en bon état.

Un compte rendu analogue sera également adressé à la même époque au Ministre de la guerre par les commandants de corps d'armée et au Ministre des finances par les fonctionnaires de l'administration des douanes.

Il est d'ailleurs entendu que les opérations de visite ne doivent entraîner aucuns frais pour l'administration de la guerre.

Les réparations reconnues nécessaires aux armes visitées seront exécutées conformément aux prescriptions de la note ministérielle du 29 avril 1875 relative à l'entretien de l'armement des douaniers.

En ce qui concerne les préposés forestiers, les dispositions obligatoires qui font l'objet de la présente note pourront leur être appliquées ultérieurement. En attendant et jusqu'à nouvel ordre, les conservateurs des forêts se borneront à assurer l'entretien de l'armement de leur personnel dans les conditions indiquées par la note ministérielle du 11 juillet 1875. (Note du 20 octobre 1888, *B. O.*, p. 407.)

Le prix des pièces d'armes réformées par suite d'un défaut de fabrication est la seule dépense à imputer au budget de l'artillerie (fonds de l'armement). Elle doit toujours être appuyée d'un état modèle XXXI, dressé par l'officier chargé de la visite et approuvé par le Ministre de la guerre. (Note du 17 juillet 1894, *B. O.*, p. 29.)

Quel que soit le modèle des imprimés fournis par l'administration des douanes, il conviendra de remplacer, partout où elle figure, la mention du capitaine inspecteur d'armes et du contrôleur d'armes par celle de l'officier d'armement et du chef armurier du corps, qui sont exclusivement chargés de procéder à la vérification des armes présentées. (Note du 6 mars 1889, *B. O.*, p. 521.)

Voir page 244 l'instruction du 29 avril 1892, art. 13, pour la visite des armes délivrées à titre gratuit aux sociétés de tir de l'armée territoriale et aux sociétés mixtes de tir.

occupe un territoire s'étendant sur deux régions de corps d'armée, le capitaine chargé de la visite des armes de la portion dans laquelle se trouve le chef-lieu de la direction ou de l'inspection centralise tout le travail ; les capitaines d'artillerie chargés de la visite des armes des autres portions lui adressent, à cet effet, le résultat de leurs opérations, par l'intermédiaire des fonctionnaires des douanes ou des forêts.

Travail d'ensemble.

Art. 289. A la fin de sa mission, le capitaine inspecteur d'armes adresse au Ministre un travail d'ensemble comprenant deux parties distinctes.

La première partie ou *rapport d'ensemble n° 1* comprend : 1° les propositions pour citation au *Journal militaire* en faveur des lieutenants d'armement, des chefs armuriers et des caporaux ou brigadiers armuriers qui font preuve de zèle et de capacité ; 2° un état récapitulatif des propositions pour l'avancement en faveur des armuriers, qu'il a soumises aux inspecteurs généraux (art. 320).

Dans la deuxième partie de son travail ou *rapport d'ensemble n° 2*, il consigne ses observations ou ses propositions sur les améliorations dont le service de l'armement lui paraît susceptible, et il expose l'opinion générale des corps sur l'armement.

Note sur le contrôleur.

Art. 290. Le capitaine inspecteur d'armes joint à son rapport d'ensemble n° 1, et sur une feuille détachée, une note succincte sur la manière dont le contrôleur qui lui est adjoint a accompli sa mission. Il adresse le double de cette note au chef de l'établissement auquel appartient cet employé.

Inspecteurs généraux.

Art. 291. Les inspecteurs généraux font les propositions au Ministre en faveur des armuriers, dans la forme indiquée à l'article 22.

CHAPITRE II.

DÉTAIL DES OPÉRATIONS RELATIVES A LA VISITE DE L'ARMEMENT D'UN CORPS DE TROUPE.

Visite des armes.

Visite des armes en service dans les compagnies, escadrons ou batteries.

Art. 292. Le capitaine inspecteur d'armes n'est pas tenu de visiter *en détail* les armes de toutes les compagnies (escadrons ou batteries) du corps ; il suffit que, par l'examen attentif d'une partie des armes du corps, il puisse se rendre un compte exact de l'état général de l'armement.

Il ne lui est pas imposé, à cet égard, de règles absolues ; les indications générales suivantes doivent néanmoins lui servir de guide pour la conduite de ses opérations :

Dans les corps d'infanterie et du génie :

Visiter en détail, comme il est prescrit (art. 301), toutes les armes d'une compagnie au moins par bataillon si le corps est composé de plusieurs bataillons, et de deux compagnies si le bataillon forme corps ;

Vérifier, sur tous les fusils d'une autre compagnie par bataillon, le diamètre de l'entrée de la chambre et le calibre du canon, et noter, pour chaque arme, les résultats obtenus ;

Vérifier, sur tous les fusils d'une troisième compagnie du bataillon (d'une quatrième compagnie pour les bataillons formant corps), la profondeur de la feuillure et la longueur de l'échancrure de la boite de culasse ;

Enfin, pour les fusils de la dernière compagnie du bataillon :

Procéder aux vérifications qui pourront être jugées utiles, d'après les résultats des visites précédentes, telles que, par exemple, la vérification du calibre de la boite de culasse, des diamètres du chien, du cylindre, de la tête mobile, de la longueur du cylindre, etc.

Opérer, pour les revolvers, d'une manière analogue à ce qui est dit pour les fusils ;

Vérifier notamment le calibre du canon, les chambres du barillet, les feuillures, etc.

Dans les corps de cavalerie et d'artillerie :

Agir d'après les mêmes principes que pour les corps d'infanterie, la visite détaillée et les visites spéciales portant toujours, autant que possible, sur des unités entières (escadrons, compagnies ou batteries) ;

Dans les compagnies ou sections formant corps :

Visiter en détail au moins la moitié des armes, l'autre moitié étant réservée pour les visites spéciales ;

Agir, en ce qui concerne les fractions détachées, suivant la force des détachements, comme il est dit pour les bataillons ou pour les compagnies formant corps.

Le capitaine inspecteur d'armes ne devra pas hésiter, au surplus, à faire porter les visites détaillées ou spéciales sur un plus grand nombre d'armes qu'il n'est indiqué ci-dessus si les résultats fournis pendant le cours de ces opérations en font reconnaître l'utilité. Il en sera ainsi notamment quand l'armement du corps, après un service prolongé, présentera des traces sérieuses de fatigue, après une campagne, etc.

Le capitaine inspecteur d'armes est tenu, en outre, de visiter, dans tous les corps, avec soin et en détail, toutes les armes, sans exception, qui lui seraient présentées, par les capitaines-commandants ou par le lieutenant d'armement, comme *défectueuses* au point de vue du fonctionnement et du tir, ou comme ayant des défauts de fabrication, ainsi que toutes celles qui, par la nature de leurs dégradations, paraîtraient devoir être réparées dans une manufacture d'armes ou qui seraient hors d'état d'être réparées.

Le capitaine désigne, à son arrivée au corps, les compagnies dont il désire visiter les armes, ainsi que la nature de la visite à laquelle les armes doivent être soumises.

Par exception aux règles générales indiquées ci-dessus, les armes de la gendarmerie départementale doivent toutes être vues en détail ; on effectue, en outre, sur une partie d'entre elles, les vérifications spéciales. Il en est de même, sauf les réserves indiquées au dernier alinéa de l'article 287, pour les armes des douaniers et des forestiers.

Instruments vérificateurs et outils pour la visite. — Fonctions du chef armurier.

Art. 293. Le capitaine inspecteur d'armes s'assure, en arrivant au corps, que le chef armurier est pourvu des instruments vérificateurs réglementaires (1). Après avoir reconnu sur ces instruments le contrôle des manufactures, il peut les employer pour la visite des armes concurremment avec ceux qui lui ont été délivrés (art. 274).

Outre les vérificateurs, il doit y avoir dans la chambre où se

(1) Les chefs armuriers et les brigadiers armuriers des escadrons du train ne sont plus tenus de se procurer à titre onéreux les collections d'instruments vérificateurs et d'outils spéciaux. (Voir le renvoi 1 de la page 18.)

Collections réglementaires d'instruments vérificateurs et outils spéciaux. (Circ. du 3 septembre 1889, *B. O.*, p. 523, et erratum, 2e sem. 1893, *B. O.*, p. 193.)

fait la visite tous les outils nécessaires pour démonter et remonter les armes, quelques limes, des marteaux, une baguette-lavoir munie d'un chiffon pour nettoyer l'intérieur des canons, etc.

Le chef armurier, assisté de deux ouvriers ou caporaux, se tient près du contrôleur et exécute ou fait exécuter les démontages, les remontages, etc., en un mot toutes les opérations qui lui sont prescrites pendant la visite.

Contrôle nominatif des hommes pour la visite des armes d'une compagnie, d'un escadron ou d'une batterie.

Art. 294. Lorsqu'une compagnie, un escadron ou une batterie se présente à la visite, le sergent-major ou le maréchal des logis chef remet au capitaine inspecteur d'armes, pour chaque espèce d'armes, une feuille établie en double expédition, conforme au modèle XXVII; le classement des armes y est fait par ordre alphabétique des séries A, B, C, etc., et, dans chaque série, par ordre de numéros d'armes.

Cette feuille est certifiée, quant au nombre d'hommes, par le capitaine-commandant; elle doit comprendre, sans aucune exception, les présents et les absents.

Dans la gendarmerie, le contrôle nominatif est établi par lieutenance ; dans les directions de douanes, par capitainerie, et, dans les inspections des forêts, par cantonnement forestier.

Registres communiqués au capitaine inspecteur d'armes.

Art. 295. Tous les registres des corps relatifs à l'armement sont communiqués au capitaine inspecteur d'armes, ainsi que les autres documents qui peuvent lui être utiles pour remplir sa mission.

Le résultat des visites semestrielles prescrites par l'article 114 est mis sous les yeux du capitaine inspecteur d'armes, ainsi que les états (modèle XXVII) qui ont servi à la visite de l'année précédente.

Devoirs du capitaine inspecteur d'armes pendant la visite des armes d'une compagnie, d'un escadron ou d'une batterie.

Art. 296. Le capitaine inspecteur d'armes veille constamment à ce que le contrôleur, dont il dirige les opérations, fasse la visite des armes avec toute l'attention convenable.

Il fait inscrire sur les feuilles de compagnie toutes les réparations reconnues nécessaires pour mettre chaque arme en bon état.
Il donne son avis relativement aux imputations, lorsqu'il lui est demandé.

Il fait inscrire dans la colonne *Observations* le résultat de diverses vérifications auxquelles il soumet les armes.

Il consulte les documents établis lors de la visite d'armes précédente, tels que feuilles de compagnie, procès-verbaux, etc., afin de s'éclairer aussi complètement que possible sur la manière dont les armes des corps qu'il visite ont été entretenues et réparées. Il consigne sur la feuille de compagnie les observations qui peuvent lui être utiles pour établir son procès-verbal de visite et faire son rapport sur l'ensemble de ses opérations.

Le capitaine inspecteur d'armes examine avec soin toutes les réparations faites par le chef armurier, et particulièrement les pièces d'armes neuves mises en œuvre par lui et les réparations faites au canon ; il se met ainsi à même d'apprécier la manière de travailler de cet employé. Les conséquences d'une réparation mal faite sont mises à sa charge.

Il se fait présenter l'empreinte authentique du poinçon du chef armurier, qui doit être appliqué sur toutes les pièces d'armes neuves mises en œuvre à l'atelier du corps.

Pendant la visite, le capitaine inspecteur d'armes indique aux officiers d'armement les améliorations dont le service de l'armement lui paraît susceptible ; il les éclaire, autant que possible, sur les doutes qui lui sont soumis.

Inscription des réparations sur la feuille de compagnie.

Art. 297. L'inscription des réparations prescrites, des observations, etc., est faite, au fur et à mesure de la visite, sur les deux expéditions de la feuille de compagnie, par le sergent-major et le fourrier, sous la surveillance du lieutenant d'armement.

Devoirs du contrôleur pendant la visite.

Art. 298. Le contrôleur fait la visite des armes sous la surveillance du capitaine inspecteur d'armes.

Il ne doit pas perdre de vue qu'il ne s'agit pas d'une recette d'armes ou de pièces d'armes neuves, et que, par conséquent, il ne faut procéder avec la même rigueur qu'en manufacture : il doit simplement examiner si l'armement d'un corps est en bon état d'entretien et indiquer ce qu'il faut faire pour l'y mettre ou l'y maintenir.

Il examine avec soin comment les réparations ont été exécutées ; il signale au capitaine inspecteur d'armes toutes les réparations qui lui paraissent avoir été mal faites.

Avis du contrôleur.

Art. 299. Le contrôleur donne son avis seulement lorsqu'il est interrogé par le capitaine inspecteur d'armes pour l'appréciation des causes de dégradations. Les observations qu'il peut avoir à faire doivent toujours être adressées à cet officier. Il n'a rien à prescrire ou à indiquer directement.

L'imputation des réparations doit, en principe (sauf pour le cas de défaut de fabrication), être laissée à l'administration intérieure des corps; mais, quand on le demande au capitaine inspecteur d'armes et que cet officier l'ordonne, le contrôleur peut, à chaque réparation, indiquer au compte de qui il pense que l'imputation doit être faite.

Poinçons du contrôleur.

Art. 300. Le contrôleur doit avoir deux poinçons de réception : l'un pour les pièces métalliques, l'autre, emmanché comme un marteau et ayant des lettres en relief, pour les bois de monture et les pièces au bois. Les lettres de ce dernier doivent avoir de plus grandes dimensions que les lettres du premier.

Lorsqu'une pièce d'armes mise en œuvre par le chef armurier est le sujet d'une contestation entre le capitaine commandant ou le lieutenant d'armement et le chef armurier, elle doit, si elle est reconnue bonne, être marquée par le contrôleur de son poinçon de réception; dans le cas contraire, elle est marquée de l'R de rebut.

Les pièces d'armes neuves mises en œuvre doivent être poinçonnées comme bonnes, nonobstant les dégradations qui ne sont pas du fait de l'armurier et qui sont postérieures à la réparation de l'arme, lorsque ces dégradations n'entraînent pas la réforme immédiate de la pièce.

Visite détaillée des armes d'une compagnie (1). — Manière dont les différentes espèces d'armes sont présentées au contrôleur.

Art. 301. Pour les différentes visites, les hommes munis de leurs armes sont placés à l'avance et appelés dans l'ordre de la feuille.

Visite des fusils, carabines ou mousquetons. — Les fusils, carabines ou mousquetons sont visités deux fois.

Pour la première visite, les armes sont démontées à l'avance. Le contrôleur reçoit successivement des mains de chaque soldat la culasse mobile, le canon et le bois.

La culasse mobile séparée du canon et non démontée, le chien à l'abattu;

Le canon séparé du bois et garni de l'épée ou du sabre-baïonnette avec le fourreau, ou de la baïonnette sans fourreau (carabine de cavalerie avec baïonnette), du ressort-gâchette et de la détente, de la vis-arrêtoir de culasse mobile, toutes les vis serrées à fond;

(1) Les nécessaires d'escouade, pour fusil modèle 1886, sont soumis à la visite annuelle du capitaine d'artillerie inspecteur d'armes. (Note du 12 juillet 1895, *B. O.*, p. 22.)

Le bois portant la baguette et toutes les pièces de garniture, sauf le cas prévu (art. 302); la baguette vissée de deux ou trois filets dans le taquet-écrou (fusil) et maintenue par l'embouchoir (carabine et mousqueton), la vis de culasse engagée également de quelques filets dans son écrou, toutes les autres vis serrées à fond.

La visite de l'arme démontée a lieu dans l'ordre suivant : culasse mobile non démontée, canon et épée ou sabre-baïonnette (ou baïonnette), culasse mobile démontée, bois et garnitures.

Lorsque la visite de la culasse mobile non démontée est terminée, l'ouvrier placé à la gauche du contrôleur la démonte entièrement et en place les pièces sur la table devant le contrôleur ; lorsque les pièces ont été vues, l'ouvrier de droite remonte la culasse mobile et la rend à l'homme, ainsi que les autres parties de l'arme. Le soldat va immédiatement remonter son arme hors de la salle, reprend son rang et attend qu'il soit de nouveau appelé.

La visite de l'arme démontée étant terminée pour tous les fusils (carabines ou mousquetons) de la compagnie, les hommes sont appelés une deuxième fois pour présenter leur arme remontée, sans épée ou sabre-baïonnette (ou baïonnette) et sans bretelle.

Visite des accessoires. — Quand la visite de l'arme remontée est terminée, les hommes sont de nouveau appelés pour présenter les accessoires, l'huilier, ainsi que les autres pièces séparées de la boîte du nécessaire. La visite peut aussi, d'après les indications du capitaine inspecteur d'armes, avoir lieu, pour chaque jeu d'accessoires, en même temps que la visite de l'arme remontée à laquelle le jeu est affecté.

Visite des revolvers. — Les hommes ne sont appelés qu'une seule fois pour la visite du revolver.

Le contrôleur reçoit de chaque soldat son revolver, le barillet, la plaque de recouvrement et la plaquette gauche séparés de la carcasse, la vis de plaque engagée de quelques filets dans son trou, l'axe du barillet arrêté dans son logement par le cran postérieur. Il est rigoureusement prescrit que le barillet soit toujours présenté retiré du revolver, afin d'éviter des accidents qui pourraient résulter d'une cartouche laissée par mégarde dans l'une des chambres.

La visite a lieu dans l'ordre suivant : barillet, canon et carcasse, mécanisme, garnitures et monture, revolver remonté. Les pièces de la platine ne sont démontées que si le capitaine d'artillerie le juge nécessaire.

La visite de l'arme remontée a lieu pour chaque revolver immédiatement après celle des pièces séparées ; dès que celle-ci est terminée, l'ouvrier placé à la droite du contrôleur remonte les pièces et repasse le revolver au contrôleur.

Visite des armes blanches. — Les armes blanches ne sont visitées qu'une fois.

Les sabres et épées sont présentés au contrôleur, la lame sortie du fourreau de quelques centimètres.

Pour chaque cuirasse, la visite du dos a lieu immédiatement après celle du plastron.

Montures faites dans l'année par le chef armurier.

Art. 302. Les bois de monture faits dans l'année par le chef armurier sont vus à la première visite, démontés de toutes pièces.

Le bois, quand il remplit les conditions voulues, est poinçonné, pour la visite du bois nu, au-dessous de la queue de culasse et, après la deuxième visite, sur le plat de la crosse du côté droit.

Dans le cas contraire, le bois est marqué de l'R de rebut sur le côté gauche de la monture, à hauteur de la détente.

Visites spéciales. — Manière dont les armes doivent être présentées au contrôleur.

Art. 303. *Fusils, carabines ou mousquetons.* — Pour les visites spéciales, les armes doivent être parfaitement propres et exemptes de graisse.

Pour la vérification du calibre du canon et du diamètre de l'entrée de la chambre, les fusils sont présentés comme pour la visite de l'arme remontée (art. 301), mais la culasse mobile séparée de la boîte de culasse.

Pour la vérification des feuillures, la culasse mobile est dans la boîte de culasse, mais l'extracteur séparé de la tête mobile.

Pour la vérification du calibre de la boîte de culasse et des dimensions des pièces de la culasse mobile, l'arme est présentée comme il est dit ci-dessus pour la vérification du calibre du canon.

Revolvers. — Pour les visites spéciales du revolver, à moins d'indications contraires du capitaine inspecteur d'armes, l'arme est complètement remontée, sauf en ce qui concerne le barillet, qui est toujours présenté séparé du revolver.

Soins à prendre pour éviter les pertes de temps.

Art. 304. Afin d'éviter tout retard, un sous-officier veille spécialement à ce que cinq ou six soldats soient toujours à la fois dans la salle de visite. Le soldat qui sort doit être immédiatement remplacé par un autre.

Pièces réformées pendant la visite.

Art. 305. Les pièces réformées pendant la visite, pour quelque motif que ce soit, sont marquées de l'R de rebut par le contrôleur ou mises hors de service, si, en raison de leurs formes et de leurs dimensions, elles ne peuvent recevoir ce poinçon.

Les bois de monture sont, en tout cas, simplement marqués de l'R de rebut.

Réparations qui ne doivent être faites qu'en manufacture.

Art. 306. Au fur et à mesure de la visite, le capitaine inspecteur d'armes fait noter les armes dont les réparations ne doivent pas être exécutées par le chef armurier, et, à la fin de ses opérations, il fait établir, s'il y a lieu, un état (modèle XXIX) pour demander l'envoi en manufacture de ces armes. Cet état doit comprendre les armes à envoyer en manufacture à la suite d'une période d'instruction de réservistes ou de territoriaux, ou lors du passage du régime de clerc à maître à celui de l'abonnement, et qui ont été mentionnées sur un procès-verbal (modèle XVIII).

Le tarif signale les réparations qui ne doivent jamais être exécutées par le chef armurier, mais bien d'autres causes peuvent nécessiter l'envoi d'une arme en manufacture. En général, lorsqu'une arme présente un défaut grave, et que le capitaine inspecteur d'armes conserve quelque doute sur l'efficacité de la réparation à prescrire ou sur l'habileté du chef armurier à l'exécuter, il ne doit pas hésiter à provoquer l'envoi de cette arme en manufacture.

En bas de l'état (modèle XXIX), le capitaine inspecteur d'armes indique le montant des réparations à exécuter par la manufacture au compte de l'Etat, ainsi que celui des réparations qui sont à la charge du corps. (Voir l'art. 129.)

Armes qui ne doivent pas être réparées.

Art. 307. S'il se présente des armes qui, en raison de l'importance de leurs dégradations, ne doivent pas être réparées, le capitaine inspecteur d'armes les fait mettre à part, et il dresse un état (modèle XXX) à mettre à l'appui de la demande du versement à l'artillerie (art. 100, 101 et 102).

Pièces d'armes réformées pour défauts de fabrication.

Art. 308. Le capitaine inspecteur d'armes est seul juge des défauts de fabrication qui font tomber à la charge de l'Etat le remplacement d'une pièce d'arme. A la fin de ses opérations, il fait le relevé des pièces d'armes qui sont dans ce cas et en fait faire l'inscription sur un état (modèle XXXI) dans lequel il indique, pour chaque pièce, la nature du défaut et le prix du remplacement, ainsi que le montant total de la somme à mettre à la charge de l'Etat.

L'état (modèle XXXI) ne doit comprendre, toutefois, que les remplacements et réparations au compte de l'Etat qui doivent être exécutés par le chef armurier ; ceux qui doivent avoir lieu en manufacture sont inscrits sur l'état (modèle XXIX, art. 306).

Canons gonflés ou éclatés au tir.

Art. 309. En général, le capitaine inspecteur d'armes ne doit mettre au compte de l'Etat que les pièces qui présentent réellement un défaut de fabrication, quelles que soient, du reste, les circonstances qui ont amené les dégradations; cependant, il peut exceptionnellement porter sur l'état (modèle XXIX, art. 306), comme devant être réparés ou remplacés au compte de l'Etat, les canons gonflés ou éclatés au tir, ainsi que les autres pièces de l'arme détériorées par suite du gonflement ou de l'éclatement du canon, lors même que l'accident ne proviendrait pas d'un défaut de fabrication de l'arme, s'il acquiert la conviction qu'il a été le résultat du tir d'une cartouche défectueuse. Dans le cas contraire, les remplacements et réparations sont imputés à l'abonnement ou à l'homme par les soins du capitaine commandant la compagnie.

Arrêté de la feuille de compagnie par le capitaine inspecteur d'armes.

Art. 310. L'examen des armes et des accessoires étant terminé pour une compagnie, un escadron ou une batterie, le capitaine inspecteur d'armes et le lieutenant d'armement signent les deux expéditions de la feuille de compagnie, après les avoir collationnées.

L'une des expéditions reste au corps; le capitaine inspecteur d'armes garde l'autre pour lui.

Visite des armes du service courant en magasin.

Art. 311. Les armes du service courant en magasin donnent lieu à une visite qui se fait d'une manière analogue à ce qui a été précédemment indiqué pour les compagnies, escadrons ou batteries.

Le lieutenant d'armement fournit, pour chaque espèce d'armes en magasin, une feuille semblable aux feuilles de compagnie; elles est divisée en deux parties : la première, comprenant les armes des hommes absents, est vérifiée au moyen des feuilles des compagnies; la dernière comprend les armes que possède le corps en excédent de son effectif.

Visite des armes de réserve dont le corps est détenteur.

Art. 312. Si le corps est détenteur de son armement de réserve ou de l'armement d'un corps de l'armée territoriale, le capitaine inspecteur d'armes se rend compte de la manière dont sont entretenues les armes qui en font partie, en en visitant environ un dixième; il fait à cet effet prendre au hasard sur les râteliers les armes qu'il désire examiner; il s'assure particulièrement que les canons ne sont pas rouillés sur le fût et à l'intérieur, que les mécanismes fonctionnent bien, que la graisse ne forme pas cambouis à l'intérieur de la culasse mobile (ou de la platine) et sur les filets des vis et surtout de la vis de culasse. Pour cette visite, le lieutenant d'armement fournit simplement des feuilles en blanc sur lesquelles on porte les armes examinées au fur et à mesure de la visite.

Cependant, lorsque les armes de la réserve ont, depuis la dernière visite, été soumises à un service prolongé, notamment après une campagne, il peut être nécessaire de les soumettre à un examen plus approfondi; elles sont alors visitées de la même façon que les armes du service courant. Il est surtout très important, dans ce cas, de vérifier la manière dont les armes ont été réparées par les armuriers du corps.

Le capitaine inspecteur d'armes ne doit pas perdre de vue qu'il est de la plus haute importance que l'armement de réserve des corps soit toujours maintenu en parfait état et prêt à être mis entre les mains des soldats; il signale spécialement au Ministre les chefs armuriers des corps dont les armes de réserve laissent à désirer sous le rapport de l'entretien.

Armement de réserve déposé dans les magasins de l'artillerie.

Art. 313. Lorsque l'armement de réserve d'un corps est conservé dans les magasins de l'artillerie autres que ceux dont il a la surveillance, le capitaine inspecteur d'armes ne les visite que s'il reçoit à cet égard un ordre spécial du Ministre.

Dans ce cas, le résultat de la visite n'est point porté sur le procès-verbal de visite de l'armement du corps; il fait l'objet d'un rapport spécial adressé au Ministre par l'intermédiaire du directeur d'artillerie et du général commandant l'artillerie du corps d'armée.

Magasins d'armes des corps (1).

Art. 314. Le capitaine inspecteur d'armes s'assure que les locaux dans lesquels sont déposées les armes sont suffisants, bien aérés, bien secs et pourvus des râteliers nécessaires.

Si les magasins ne lui paraissent pas réunir les conditions requises, il consigne ses observations sur son procès-verbal de visite (modèle XXVIII, art. 322); il doit toutefois s'informer, au

---

(1) Voir annexe III, § C, p. 232.

préalable, près du service du génie de la place, si des mesures n'ont pas été prises pour faire cesser l'état de choses fâcheux qu'il a remarqué.

Visite des pièces d'armes remplacées dans l'année.

Art. 315. Le capitaine inspecteur d'armes se fait présenter les pièces d'armes remplacées dans l'année et qui doivent être versées à l'artillerie après la visite. Il examine avec la plus sérieuse attention les bois de monture et les fourreaux de sabre de cavalerie remplacés au compte des soldats, pour voir s'ils ne l'ont pas été prématurément. Il signale, dans son procès-verbal de visite, les chefs armuriers qui seraient reconnus avoir provoqué le remplacement anticipé de ces pièces pour ménager leur abonnement; il en prescrit, s'il y a lieu, le remboursement par ces employés.

Tous les bois réformés doivent être marqués de l'R de rebut; si cette formalité indispensable a été omise, le capitaine inspecteur d'armes la fait remplir sous ses yeux.

Lorsque la visite des pièces d'armes remplacées est terminée, le capitaine inspecteur d'armes en fait faire le relevé sur un état spécial (modèle XXXIII), qu'il certifie et qu'il signe.

Les pièces sont, aussitôt que possible, versées à l'artillerie sans autorisation préalable (1); une expédition de l'état (modèle XXXIII) est remise au directeur d'artillerie lors du versement.

Visite des pièces de rechange. — Pièces de rechange défectueuses.

Art. 316. Le capitaine inspecteur d'armes se fait présenter les pièces de rechange en magasin ou contenues dans la *caisse d'outils et de pièces d'armes du chef armurier;* il s'assure qu'elles sont convenablement entretenues.

Il fait visiter sous ses yeux, par le contrôleur d'armes, les pièces de rechange mises de côté par le lieutenant d'armement comme ayant des défauts de fabrication. Cet examen doit être fait sans soumettre les pièces à de nouvelles épreuves.

Le capitaine inspecteur d'armes constate, au préalable, l'origine de ces pièces et la date de leur arrivée au corps, surtout quand il s'agit de bois de monture; il constate également l'existence du poinçon de réception qu'elles ont dû recevoir en manufacture.

Si le capitaine inspecteur d'armes acquiert la conviction que ces pièces ont déjà été présentées à une précédente visite ou que les détériorations sont postérieures à l'arrivée au corps des pièces d'armes, il doit les laisser à la charge du corps.

---

(1) Les corps de troupe de cavalerie, d'artillerie, du génie et du train des équipages militaires sont autorisés à conserver les lames de sabre pour servir à l'instruction sur l'aiguisage à la lime. (Voir annexe VIII, page 269.)

Mention de cette circonstance est faite dans la colonne « Observations » de l'état (modèle XXXIII).

(Note du 16 mai 1886, *J. M.*, p. 584.)

Lorsque les pièces n'ont pu encore être présentées à une visite d'armes, et que le contrôleur les juge inacceptables pour des défauts provenant réellement de la fabrication, le capitaine d'artillerie dresse un état (modèle XXXII).

Les pièces rebutées sont marquées de l'R de rebut.

Examen des registres d'armement et des bulletins de réparations.

Art. 317. Le capitaine inspecteur d'armes examine et vérifie les registres tenus par le lieutenant d'armement; il s'assure que tous sont à jour et convenablement tenus.

Au moyen du registre des réparations, il connaît le montant des réparations exécutées au compte des soldats, de l'abonnement, du corps et de l'Etat, dans le courant de l'année. Lorsque, le corps n'ayant point d'armurier titulaire, les réparations sont faites par un chef armurier d'un autre corps, il s'assure que le registre des réparations est d'accord avec les pièces de dépenses signées par le chef armurier.

Le capitaine inspecteur d'armes se fait présenter les bulletins de réparations établis depuis la dernière visite et qui ont dû être conservés par le corps; il s'assure, par tous les moyens en son pouvoir, que toutes les réparations portées sur ces bulletins ont été réellement exécutées, et que les bulletins ont été régulièrement enregistrés sur le registre des réparations.

Il se fait remettre un extrait du registre des relevés des réparations (modèle XII), pour les réparations exécutées dans le courant de l'année précédente, du 1er janvier au 31 décembre.

Atelier du chef armurier. — Outillage.

Art. 318. Le capitaine inspecteur d'armes s'assure que l'atelier du chef armurier est suffisamment spacieux et bien éclairé, qu'il est garni des objets prévus par l'article 27 du règlement.

Il fait visiter l'outillage par le contrôleur; cet employé s'assure que le chef armurier est complètement outillé et qu'il possède les instruments vérificateurs (1) non seulement pour faire les réparations des armes du corps dont il fait partie, mais aussi celles des armes des corps autres que le sien dont il a à réparer l'armement.

Le capitaine inspecteur d'armes s'assure que la caisse d'outils et de pièces d'armes du chef armurier est convenablement entretenue, qu'elle contient son chargement réglementaire de pièces d'armes, et que ces pièces sont encaissées avec soin.

Le capitaine inspecteur d'armes se fait présenter les armes de la gendarmerie, des douanes et des forêts qui sont en réparation à l'atelier au moment de la visite, afin de se mettre à même d'appré-

---

(1) Voir le renvoi 2 de la page 17.

cier comment les chefs armuriers remplissent cette partie importante de leurs devoirs. Il rappelle aux lieutenants d'armement qu'ils doivent exercer à ce sujet une surveillance aussi active que s'il s'agissait des armes du corps auquel ils appartiennent.

Lorsque le capitaine inspecteur d'armes visite l'atelier d'un dépôt ou d'un bataillon détaché, il s'assure que le caporal armurier ou l'ouvrier chargé d'exécuter les réparations des armes de cette partie du corps a été pourvu par le chef armurier des outils et instruments vérificateurs nécessaires.

Ouvriers armuriers. — Examen des ouvriers qui désirent aller en manufacture.

Art. 319. Le capitaine inspecteur d'armes doit s'assurer que le chef armurier instruit et forme lui-même ses ouvriers ; dans les notes qu'il donne à cet employé, il tient compte de l'habileté de ses élèves. Lorsque le dépôt et les bataillons actifs sont séparés, il s'enquiert du nombre d'ouvriers laissés au dépôt, et il s'assure qu'il est suffisant pour les besoins du service.

Le capitaine inspecteur d'armes, assisté du contrôleur qui lui est adjoint, examine les ouvriers armuriers qui désirent aller compléter leur instruction en manufacture ; s'ils satisfont aux conditions exigées (art. 39), le capitaine inspecteur d'armes remplit le certificat d'aptitude compris dans le mémoire de proposition (modèle I).

Propositions pour l'avancement en faveur des armuriers.

Art. 320. Le capitaine inspecteur d'armes désigne les chefs armuriers les plus distingués par leur habileté et leurs bons services pour remplir un emploi de contrôleur d'armes de direction ou pour passer à la première classe de leur grade (art. 22).

Il propose pour l'emploi de chef armurier de deuxième classe les ouvriers armuriers qui ont obtenu en manufacture le brevet de capacité, et qui méritent cet avancement par leur zèle et leur conduite (art. 43).

Ces propositions sont soumises à l'inspecteur général. Elles doivent être, à cet effet, inscrites, avec les observations qui les accompagnent, par le capitaine inspecteur d'armes, sur l'état avec notes du chef armurier et des ouvriers armuriers du corps, qui est remis à l'inspecteur général. Si cet état n'est pas encore parvenu au corps, le capitaine d'artillerie laisse au chef de corps une note contenant les propositions et observations qui devront y être transcrites.

Indemnité à accorder aux armuriers.

Art. 321. Lorsque, pour des raisons spéciales et qui ne doivent se présenter que très rarement, le capitaine inspecteur d'armes jugent qu'il y a lieu d'accorder à un armurier une gratification ou une indemnité pécuniaire, il en fait l'objet d'une demande spéciale au Ministre, qui est jointe au travail de visite du corps ; cette demande doit toujours être annotée et visée par le conseil d'administration.

Procès-verbal de visite de l'armement.

Art. 322. Lorsque le capitaine inspecteur d'armes s'est parfaitement rendu compte de tout ce qui concerne l'armement d'un corps, il rédige son procès-verbal de visite (modèle XXXVIII).

Le montant des réparations à porter sur le procès-verbal de visite, de même que les autres relevés à présenter par le capitaine d'artillerie, doit s'établir pour la période du 1er janvier au 31 décembre de l'exercice expiré.

Il inscrit sur son procès-verbal les résultats numériques des vérifications spéciales auxquelles il a soumis les armes (art. 292).

Le capitaine inspecteur d'armes consigne à la suite du procès-verbal ses observations sur la conservation et l'entretien des armes du corps, ainsi que les renseignements qui peuvent être de quelque utilité pour la visite suivante. Il expose ses vues d'amélioration et de perfectionnement sur tout ce qui a rapport à l'entretien et à la conservation des armes.

Les observations du capitaine inspecteur d'armes ne doivent jamais porter sur telle ou telle portion du corps prise isolément ; elles doivent toujours avoir pour objet des faits généraux rapportés au corps entier.

Le capitaine inspecteur d'armes doit éviter, dans la rédaction de son procès-verbal, d'entrer dans la discussion de la valeur des armes et de leur système ; les observations de ce genre doivent être réservées soit pour la lettre d'envoi si elles se rapportent aux armes du corps en particulier, soit pour le *rapport d'ensemble* (art. 289) si elles concernent l'ensemble de l'armement en général.

Le capitaine inspecteur d'armes consigne son avis sur le zèle et la capacité du lieutenant d'armement, ainsi que sur le travail et l'aptitude du chef armurier et du caporal ou brigadier armurier. Il désigne *nominativement* le lieutenant d'armement et les armuriers.

Le chef de corps consigne, s'il y a lieu, ses observations à la suite de celles du capitaine inspecteur d'armes.

Visite des munitions.

Devoirs du capitaine inspecteur d'armes.

Art. 323. Le capitaine inspecteur d'armes visite avec le plus grand soin les munitions affectées au corps et les magasins qui les renferment; il s'assure que tout ce qui a rapport à la conservation des munitions est l'objet d'une surveillance minutieuse.

Visite des cartouches entre les mains des hommes.

Art. 324. Lorsque la visite des armes est terminée pour une compagnie, un escadron ou une batterie, le capitaine inspecteur d'armes se fait présenter et visite les cartouches de sac et de cartouchières ou de sûreté de quelques hommes, afin de se rendre compte de leur état de conservation.

Visite des cartouches en magasin.

Art. 325. Le capitaine inspecteur d'armes s'assure que les prescriptions relatives à la conservation en magasin des munitions sont strictement observées.

Il fait ouvrir environ une caisse sur dix et fait prendre dans chaque caisse ouverte un ou deux paquets pour visiter en détail les cartouches qu'ils renferment.

Il examine avec une attention toute spéciale les cartouches de mobilisation; il n'hésite pas à proposer le remplacement immédiat des cartouches de mobilisation qui lui ont paru défectueuses ou avariées même légèrement.

A moins d'un ordre spécial du Ministre, le capitaine inspecteur d'armes n'a pas à visiter l'approvisionnement de mobilisation du corps lorsqu'il est conservé dans les magasins de l'artillerie autres que ceux dont il a la surveillance.

Magasins à munitions.

Art. 326. Le capitaine inspecteur d'armes se rend compte, en visitant les munitions, que les magasins qui les renferment satisfont aux prescriptions énoncées au chapitre IV, et qu'ils sont notamment dans de bonnes conditions de siccité et de sécurité.

Si les magasins laissent à désirer au point de vue de la conservation des munitions, il en rend compte dans son rapport spécial aux munitions (art. 329), en indiquant, toutefois, si des mesures ont été prises pour remédier à cet état de choses; il s'adresse à cet effet au service du génie de la place.

Examen des étuis ou des cartouches qui ont donné lieu à des accidents de tir.

Art. 327. Le capitaine inspecteur d'armes se fait rendre compte des divers accidents de tir imputables aux cartouches qui se sont produits depuis la dernière visite de l'armement, et il se fait présenter les étuis ou les cartouches qui y ont donné lieu.

Ces accidents de tir sont consignés dans son rapport (art. 329); il y indique, autant que possible, les causes des accidents, ainsi que les marques de l'atelier de chargement des cartouches et de l'atelier de fabrication des étuis.

Réintégration dans les magasins de l'artillerie des étuis tirés, des débris de munitions, etc.

Art. 328. Le capitaine inspecteur d'armes s'assure que les corps se conforment régulièrement aux prescriptions relatives à la réintégration dans les magasins de l'artillerie des étuis métalliques provenant des cartouches tirées, des débris de cuivre, de maillechort (1), du plomb ramassé, des boites, caisses, barils vides, etc.

Il s'assure qu'avant d'être versés, les étuis sont nettoyés conformément au règlement par le chef armurier (2), et que cet employé possède l'outillage nécessaire.

Rapport spécial aux munitions.

Art. 329. Lorsque la visite des munitions du corps est terminée, le capitaine inspecteur d'armes rédige un rapport spécial (modèle XXXIV), dans lequel il consigne ses observations sur tout ce qui a rapport à la conservation des munitions dans le corps (3).

Lorsqu'il propose le remplacement d'une partie des munitions du corps, il a soin d'indiquer les causes qui nécessitent ce remplacement, la catégorie (mobilisation, sac et cartouchières, sûreté ou exercice) à laquelle ces munitions appartiennent; il mentionne également le lieu et l'époque de la fabrication des étuis, le lieu et l'époque du chargement des cartouches, ainsi que l'établissement qui les a délivrées et la date de leur arrivée au corps.

---

(1) Note du 11 janvier 1893 (*B. O.*, p. 9).

(2) Voir le renvoi 2 de la page 87.

(3) Ce rapport est transmis au Ministre avec le travail d'inspection. (Art. 22 de l'instruction du 1er mars 1894 sur les inspections générales.)

Travail d'inspection des armes et des munitions d'un corps de troupe.

Pièces adressées au Ministre et à l'inspecteur général.

Art. 330. Quand la visite des armes et des munitions d'un corps est terminée, le capitaine inspecteur d'armes laisse entre les mains du chef de corps son travail sous enveloppe ouverte, afin qu'il soit remis à l'inspecteur général lors de son arrivée.

Ce travail comprend :

1° Le procès-verbal de visite des armes (modèle XXVIII, art. 322) ;

2° Le rapport spécial à la visite des munitions (modèle XXXIV, art. 329.

Le capitaine inspecteur d'armes adresse immédiatement au Ministre, par l'intermédiaire du général de brigade, du général de division et du général commandant le corps d'armée, le double de ce travail, accompagné, s'il y a lieu, des états (modèles XXIX, XXX, XXXII) en double expédition, et des états (modèles XXXI et XXXIII) en simple expédition.

Il n'est point établi d'état *néant* pour les états (modèles XXIX, XXX, XXXI, XXXII et XXXIII). Cette circonstance doit être mentionnée dans le procès-verbal (modèle XXVIII).

Registre des procès-verbaux.

Art. 331. Le corps possède un registre spécial sur lequel le capitaine inspecteur d'armes transcrit son procès-verbal de visite de l'armement et les observations qui y font suite, ainsi que les états (modèles XXIX à XXXIII) qui ont été établis et le rapport sur les munitions (modèle XXIV).

Travail d'inspection des armes des douaniers ou des forestiers.

Art. 332. Le travail de visite des armes d'une direction de douanes ou d'un cantonnement des forêts comprend les mêmes états et procès-verbaux que celui d'un corps de troupe. Il est établi en double expédition : l'une est remise par le capitaine inspecteur d'armes au directeur des douanes ou à l'inspecteur des forêts pour être adressée, par les soins de l'Administration des douanes ou des forêts, au Ministre des finances ou au Ministre de l'agriculture et du commerce; l'autre expédition, contenant en double, s'il y a lieu, les états (modèles XXIX, XXX et XXXI), est adressée au Ministre de la guerre par le capitaine inspecteur d'armes.

Cet officier transcrit, en outre, ainsi qu'il est indiqué (art. 331), son procès-verbal de visite et les autres états et rapports d'inspection, sur un registre spécial tenu au chef-lieu de la direction des douanes ou de l'inspection des forêts.

Quand la direction des douanes ou l'inspection des forêts s'étend sur le territoire de plusieurs corps d'armée, les capitaines inspecteurs d'armes se conforment à ce qui est prescrit (art. 288).

DEUXIÈME PARTIE (1).

TEMPS DE GUERRE.

TITRE VI.

Prescriptions générales.

Art. 333 (2). En temps de guerre, les dispositions de la première partie du règlement sont modifiées comme il est dit dans le présent titre.

Les prescriptions de ce titre visent principalement le cas de la mobilisation générale de l'armée ; elles sont également applicables, dans les limites fixées par le Ministre sur la proposition du commandement, au cas où une portion quelconque des troupes de l'armée active est mise sur le pied de guerre pour prendre part à une opération de guerre et à celui où des troupes sont détachées hors du territoire pour faire partie d'un corps d'occupation.

CHAPITRE PREMIER.

ATTRIBUTIONS DES OFFICIERS. — PERSONNEL EMPLOYÉ A L'ARMEMENT.

Officiers.

Attributions des officiers dans le corps.

Art. 334. Les prescriptions des articles 1 à 10 restent en vigueur en temps de guerre.

(1) Les chapitres de la *deuxième partie* du Règlement correspondent respectivement aux titres de la *première partie* qui portent les mêmes numéros que ces chapitres.

(2) Nouvelle rédaction. (Note du 3 février 1889, *B. O.*, p. 122.)

Pour ce qui concerne les armes et les munitions dans les portions en campagne, les corps se conforment aux prescriptions spéciales des articles 351 et suivants. (Art. 73 de l'instr. du 6 décembre 1889, *B. O.*, p. 1267.)

Chef armurier.

Position en cas de mobilisation (1).

Art. 335. Les chefs armuriers des régiments d'infanterie, de zouaves, de tirailleurs algériens, étrangers, des bataillons de chasseurs et d'infanterie légère d'Afrique, des régiments de cavalerie et des régiments d'artillerie de corps, ainsi que les brigadiers armuriers du train des équipages militaires, accompagnent leurs corps respectifs en campagne.

Les chefs armuriers des autres corps restent au dépôt à la disposition du Ministre ; ils peuvent être nommés, pour la durée de la guerre, à un emploi de leur grade dans un corps de nouvelle formation ou de l'armée territoriale, ou bien encore être employés au service de l'armement dans une place forte. A moins d'ordres contraires, ils reprennent après la guerre les fonctions qu'ils occupaient au moment de la mobilisation.

Outils, matières et pièces d'armes.

Art. 336. Les chefs armuriers des corps de l'armée active qui suivent leurs corps en campagne ont à leur charge la fourniture, l'entretien et le remplacement des outils, instruments vérificateurs et matières diverses autres que les pièces d'armes qui entrent dans le chargement de la *caisse d'outils et de pièces d'armes* emportée par le corps ; ils peuvent employer à cet usage les outils et instruments dont ils se servent habituellement en temps de paix. Ces armuriers sont, en outre, responsables, en temps de paix, du bon entretien de la caisse et des pièces d'armes qu'elle renferme (art. 358).

Quand la portion principale du corps est, en temps de paix, séparée du dépôt, et qu'elle reçoit l'ordre de départ, les outils, instruments ou matières du chef armurier qui n'entrent point dans le chargement de la caisse sont, s'ils ne peuvent être expédiés à la portion centrale, remis en dépôt à la portion centrale d'un autre corps stationnée dans la même garnison ou à un établissement d'artillerie. Après la campagne, ils sont repris par le chef armurier qui en est propriétaire ; les frais de transport sont, s'il y a lieu, à la charge de l'Etat. Ces dispositions sont applicables à l'outillage qui se trouve dans les détachements du corps.

---

(1) Les chefs armuriers des régiments territoriaux sont maintenus au dépôt et le caporal armurier de ces régiments marche avec la partie mobile.

Le chef armurier est remplacé au dépôt par un second caporal armurier dans les corps qui, faute de ressources, ne peuvent être pourvus d'un sous-officier. (Dép. du 13 octobre 1894.)

Les chefs armuriers nommés, pour la durée de la guerre, dans les corps de nouvelle formation ou dans les corps de l'armée territoriale, n'ont pas à fournir les outils et matières contenus dans la caisse. Au moment de la mobilisation, ils reçoivent des conseils d'administration de ces corps une *caisse d'outils et de pièces d'armes* complètement chargée; mais le remplacement et la réparation des outils et instruments et le remplacement des matières autres que les pièces d'armes sont à leur compte, sauf le cas de force majeure.

Le chef armurier d'un corps de l'armée active nommé, pour la durée de la guerre, à un emploi de son grade dans un autre corps ou dans une place forte, doit laisser son outillage au corps qu'il quitte momentanément; mais, quand, après la guerre, il reprend son premier emploi, il est indemnisé par le conseil d'administration des pertes, dégradations, ou usures survenues depuis son départ à ses outils et instruments, sauf recours dudit conseil contre l'armurier auquel l'outillage a été confié pendant l'absence du chef armurier titulaire. Il est fait, à ce sujet, avant que ce dernier armurier quitte le corps, un inventaire détaillé et estimatif des outils et matières qui appartiennent à l'armurier et qu'il a laissés au corps; un nouvel inventaire comparatif est également fait à son retour au corps. Les minutes des inventaires restent entre les mains du conseil d'administration, lequel en délivre copie certifiée conforme aux armuriers intéressés.

Emplois devenus vacants dans le cours d'une campagne.

Art. 337. Lorsque, dans le cours d'une campagne, un emploi de chef armurier devient vacant, le corps s'adresse au commandement pour obtenir la nomination d'un nouveau titulaire.

Si, dans le corps d'armée, il se trouve des ouvriers armuriers munis du certificat de capacité au grade de chef armurier (art. 42), le commandant du corps d'armée peut désigner l'un d'eux pour remplir, *pendant la durée de la guerre*, l'emploi devenu vacant; dans le cas contraire, il est pourvu à la vacance par le commandant en chef du corps d'armée avec les ressources des corps sous ses ordres. L'ouvrier ainsi désigné touche les allocations attribuées aux chefs armuriers de deuxième classe, et il porte les insignes de ce grade. Après la guerre, si sa nomination n'est pas confirmée par le Ministre, il rentre à son premier corps et reprend son ancien grade; dans ce cas, ses fonctions cessent du jour de la remise du service au nouveau titulaire.

Si, dans le corps d'armée ou l'armée, il ne se trouve aucun ouvrier muni du certificat de capacité au grade de chef armurier, la demande du corps est transmise au Ministre, qui pourvoit aussitôt que possible à la vacance.

Propositions pour l'avancement.

Art. 338. En campagne, les propositions pour l'avancement visées à l'article 22 n'ont lieu que d'après les ordres du général commandant le corps d'armée.

Les mémoires de proposition sont adressés par les corps au commandant de l'artillerie du corps d'armée ; cet officier général fait examiner, au point de vue professionnel, les candidats par des officiers désignés à cet effet ; il soumet ensuite les propositions au général commandant le corps d'armée, en y joignant le résultat de l'examen et son avis personnel. Les propositions sont alors, s'il y a lieu, transmises au général en chef de l'armée, qui leur donne la suite qu'elles comportent.

Retraite.

Art. 339. Les droits à la retraite pour les chefs armuriers sont suspendus pendant toute la durée de la guerre.

Visite dans les détachements.

Art. 340. Les articles 25 et 26 n'ont pas d'application en temps de guerre.

Réparations des armes d'un autre corps.

Art. 341. En campagne, le chef armurier est habituellement chargé de réparer les armes des troupes auxquelles le corps dont il fait partie fournit les pièces d'armes (art. 361) ; cette disposition peut être modifiée, suivant les circonstances, par les généraux commandant les troupes.

Ouvriers armuriers.

Caporaux ou brigadiers armuriers.

Art. 342. En cas de mobilisation, les caporaux ou brigadiers armuriers restent au dépôt, sauf dans le cas spécifié aux articles 137 et 138.

Les caporaux ou brigadiers armuriers entretiennent, au compte du chef armurier, les armes du dépôt ; les caporaux armuriers des régiments d'infanterie entretiennent, en outre, les armes du quatrième bataillon, lorsque cette fraction du corps est stationnée à proximité de la portion centrale.

Ouvriers armuriers.

Art. 343. Les ouvriers armuriers qui doivent suivre leur corps en campagne sont désignés par le chef de corps ; ils sont choisis parmi les plus capables.

Leur nombre est fixé, pour les différents corps, ainsi qu'il suit :

Régiments d'infanterie, de zouaves, de tirailleurs algériens, étrangers (1 par bataillon)	3
Bataillons de chasseurs à pied et d'infanterie légère d'Afrique.	1
Régiments de cavalerie	1
Régiments d'artillerie de corps	2
Escadrons du train des équipages militaires	1
4es bataillons des régiments d'infanterie détachés dans une forteresse ou incorporés dans les régiments de marche	1

Les autres ouvriers armuriers restent au dépôt, sous les ordres du caporal ou brigadier armurier.

Ouvriers envoyés en manufacture.

Art. 344. Les ouvriers militaires qui se trouvent en manufacture lors de la mobilisation rejoignent sans délai leurs corps respectifs.

CHAPITRE II.

ARMEMENT DES CORPS. — RECETTES ET VERSEMENTS D'ARMES.

Mise en service de l'armement de réserve en cas de mobilisation.

Art. 345. Lors de la réception de l'ordre de mobilisation, l'armement de réserve du corps est immédiatement versé au service courant.

Si l'armement de réserve est déposé dans les magasins de l'artillerie, le directeur, sur l'invitation que lui adresse le conseil d'administration, fait, sans délai, délivrer les armes au fur et à mesure des besoins du corps.

Les armes des corps de l'armée territoriale sont délivrées, dans les mêmes formes, aux troupes auxquelles elles sont affectées, par le corps de l'armée active ou l'établissement qui en est détenteur.

Cas où l'armement total du corps est insuffisant.

Art. 346. Si l'armement total du corps est insuffisant pour armer tous les hommes appelés sous les drapeaux, le supplément d'armes nécessaire est demandé dans la forme prescrite (art. 58).

Demandes d'armes dans le cours d'une campagne.

Art. 347. Les demandes d'armes faites par les corps dans le cours d'une campagne sont adressées, par la voie hiérarchique, au commandant du corps d'armée, lequel prend, s'il y a lieu, les mesures nécessaires pour faire effectuer les délivrances par l'artillerie.

Versements à l'artillerie au moment du départ.

Art. 348. Les corps mobilisés qui, lors de la mobilisation, sont séparés de leur dépôt, versent à l'artillerie, sans autorisation préalable et sur simple état établi à cet effet par le conseil d'administration éventuel, toutes les armes et tous les objets divers comptant à leur armement (tels que : armes et accessoires d'armes de théorie, d'expérience, etc. ; pièces d'armes, caisses d'armes, etc.), qui ne doivent pas être emportés en campagne.

Le prix des pièces d'armes neuves versées par le corps lui est remboursé d'après les règles prescrites (art. 158).

Versements d'armes en campagne à l'artillerie ou à un autre corps.

Art. 349. Les armes qui, par suite des pertes, sont en excédent de l'effectif, les armes qui ne peuvent être réparées par l'armurier (art. 352), les armes ramassées sur le champ de bataille, trouvées sur les déserteurs (1), etc., sont, sur l'ordre du général commandant la brigade, versées à l'artillerie de la division ou au parc du corps d'armée.

Les versements d'armes d'un corps à un autre ne peuvent avoir lieu que sur l'ordre du général commandant la division si les deux corps font partie de la même division, ou du général commandant le corps d'armée dans le cas contraire.

En campagne, les versements d'armes à l'artillerie ou à un autre corps ne donnent lieu à aucune imputation pour les dégradations constatées.

Remise du corps sur le pied de paix.

Art. 350. Lorsque le corps est remis sur le pied de paix, le conseil d'administration répartit de nouveau les armes entre le service courant et le service de réserve.

Si le corps doit conserver son armement de réserve, les armes qui y sont classées sont réparées, puis réintégrées en magasin.

---

(1) Les prisonniers de guerre sont immédiatement désarmés après leur capture. Leurs armes et leurs munitions sont versées au service de l'artillerie. (Art. 9 du règlement du 21 mars 1893, *B. O.*, p. 216.)

La reprise du régime de l'abonnement, tant pour les armes du service courant que pour celles de la réserve, a lieu conformément aux articles 364 et 366.

Si l'armement de réserve doit être remis à l'artillerie, les armes sont versées sans avoir été réparées; ce versement ne donne lieu à aucune imputation, sauf pour les pertes d'armes, pour lesquelles on se conforme à ce qui est prescrit (art. 97 et 98). Toutes les dégradations constatées lors de la visite à l'établissement réceptionnaire sont réparées au compte de l'Etat.

Les armes des corps de l'armée territoriale sont de même réintégrées, sans imputation (sauf pour les pertes d'armes, s'il y a lieu), dans les magasins des corps de l'armée active ou des établissements de l'artillerie désignés pour les recevoir; les corps de l'armée active se conforment, pour les armes qui leur sont versées par un corps de l'armée territoriale, à ce qui est prescrit ci-dessus pour leur propre armement de réserve.

CHAPITRE III.

CONSERVATION DES ARMES DANS LES CORPS.

Mutations. — Détachements. — Hommes entrant aux ambulances.

Art. 351. En campagne, les détachements ou hommes isolés faisant mutation soit à l'intérieur du corps, entre les compagnies des bataillons actifs ou entre le dépôt et les bataillons actifs, soit d'un corps à un autre corps, emportent toujours leurs armes, à moins que la mutation n'entraîne un changement dans l'espèce d'armement dont ils sont pourvus.

Les hommes entrant aux ambulances ou aux hôpitaux emportent leurs armes quand les circonstances le permettent (1); elles y sont conservées dans un magasin spécial, et sont rendues aux hommes quand ils sortent de l'ambulance ou de l'hôpital pour rentrer à leur corps.

Les armes des hommes décédés ou envoyés en congé de convalescence sont versées au magasin ou au parc d'artillerie le plus voisin, par les soins du comptable de la formation sanitaire (2), qui informe du versement les corps intéressés.

---

(1) Ils n'emportent jamais les munitions. (Art. 73 de l'instr. du 6 décembre 1889, *B. O.*, p. 1267.)

Durant les vingt-quatre heures qui suivent le combat, les armes sont nettoyées et graissées par les brancardiers. Celles des décédés et des hommes gravement atteints désignés par le médecin-chef sont versées au service de l'artillerie. Les armes conservées dans les ambulances et hôpitaux reçoivent la destination assignée par le commandement. (Art. 36 du règlement du 31 octobre 1892 sur le service de santé en campagne.)

(2) Art. 73 de l'instruction du 6 décembre 1889.

Armes perdues ou hors d'état d'être réparées (1).

Art. 352. Les articles 97 et 98 restent en vigueur en temps de guerre.

Les armes hors d'état d'être réparées (art. 101), ainsi que celles qui ne peuvent être remises en état de servir à l'aide des ressources fournies par la caisse du chef armurier, sont, aussitôt que possible, versées à l'artillerie.

Le remplacement des armes perdues et de celles désignées à l'alinéa précédent est ordonné, lorsqu'il est nécessaire, par le général commandant le corps d'armée; il a lieu, dans ce cas, aussitôt que possible, par les soins du parc du corps d'armée.

Instructions sur les armes et les munitions.

Art. 353. Les articles 104 à 108 ne peuvent, en campagne, être appliqués dans toutes leurs prescriptions; il appartient néanmoins au chef de corps de veiller à ce que les soldats insuffisamment instruits reçoivent, quand les circonstances le permettent, le complément d'instruction dont ils ont besoin.

Entretien des armes par les hommes.

Art. 354. Lorsque la troupe est à proximité de l'ennemi, le nettoyage des armes à feu a lieu sans les démonter de toutes pièces.

On nettoie le canon du fusil, sans l'enlever de la monture, en y passant successivement un linge mouillé, puis un linge sec, et enfin un linge gras, comme il est indiqué dans l'Instruction sur les armes et munitions en service.

Pour l'entretien de la platine du revolver, on doit généralement se contenter d'enlever les plaques de recouvrement; les pièces de la platine ne sont démontées que sur l'ordre d'un officier, et seulement quand cela est absolument nécessaire pour le nettoyage de l'arme.

Revues de l'armement par les officiers et par le chef armurier.

Art. 355. Les officiers des compagnies doivent passer fréquemment la visite des armes; ces visites sont surtout nécessaires après de longues marches et à la suite d'un combat. En général, elles ont lieu sans séparer le canon de la monture.

---

(1) Les procès-verbaux de perte ou de détérioration sont approuvés par le général commandant le corps d'armée, qui autorise, en même temps, le remplacement des armes perdues ou de celles hors d'état d'être réparées. (Art. 73 de l'instr. du 6 décembre 1889.)

Le chef armurier ou, à son défaut, un ouvrier armurier assiste, autant que possible, à ces visites d'armes.

Les articles 114 à 117 ne sont pas applicables aux troupes en campagne.

Réparations.

Art. 356. Les réparations reconnues nécessaires doivent être exécutées aussitôt que possible, en commençant toujours par les armes dont les dégradations ont rendu le fonctionnement défectueux ou impossible.

Imputation des réparations. — Bulletins de réparations.

Art. 357 (1). En temps de guerre et dans les circonstances indiquées par l'article 333, toutes les réparations des armes sont au compte de l'Etat.

Elles sont exécutées comme en temps de paix, d'après des bulletins nominatifs (modèle X) délivrés par le commandant de compagnie.

Les armes réparées sont visitées par le lieutenant d'armement. Quand les réparations sont reconnues bien faites, le lieutenant d'armement vise les bulletins.

Les bulletins sont envoyés aussitôt que possible au bureau spécial de comptabilité qui est chargé de les enregistrer sur le carnet d'enregistrement (modèle XI) et sur le registre (modèle XII, art. 135).

Caisses d'outils et de pièces d'armes (2).

Art. 358. Pour l'exécution des réparations en campagne, les corps désignés au premier alinéa de l'article 335, ainsi que les bataillons détachés hors de France, emportent une caisse dite *caisse d'outils et de pièces d'armes du chef armurier*, contenant les outils, matières et pièces d'armes nécessaires. Il existe deux modèles de caisses : la caisse d'outils et de pièces d'armes modèle 1878 pour les régiments d'infanterie et les bataillons de chasseurs, et la caisse d'outils et de pièces d'armes modèle 1882 pour les régiments de cavalerie et d'artillerie et les bataillons d'infanterie détachés hors de France.

La caisse est délivrée vide au corps de l'armée active ; les pièces d'armes sont fournies par le conseil d'administration, les outils et

---

(1) Nouvelle rédaction. (Note du 3 février 1889, *B. O.*, p. 122, et art. 73 de l'instruction du 6 décembre 1889, *B. O.*, p. 1267.)

(2) Chargement de la caisse modèle 1878 en pièces d'armes modèle 1886 M. 893. (Note du 30 janvier 1894, *B. O.*, p. 40.)

matières diverses par le chef armurier ; la caisse doit contenir en tout temps son chargement complet en pièces d'armes ; les outils peuvent n'y être déposés qu'au moment de la mobilisation.

Les caisses destinées aux corps de l'armée territoriale (ou aux corps de nouvelle formation) sont, à l'avance, complètement chargées par les soins de l'artillerie et conservées en dépôt par les corps de l'armée active ou les établissements détenteurs de l'armement des corps auxquels elles sont affectées. Lors de la mobilisation, les caisses sont délivrées à ces corps, sans dépenses en deniers, en même temps que leur armement. Après la guerre, elles sont versées à l'artillerie ; les pièces d'armes qui ont été employées et dont, par suite, la valeur a été portée dans le prix des réparations exécutées, ainsi que celles qui ont été perdues, sont, à moins de cas de force majeure, imputées au corps ; il en est de même pour les outils et matières diverses ; le montant de la dépense est payé sur les fonds généraux de la caisse du corps, sauf recours du conseil d'administration, au profit de ladite caisse, contre le chef armurier auquel a été confié l'outillage pendant la guerre.

En temps de paix, les caisses délivrées à un corps de l'armée active, soit à titre définitif, soit à titre de dépôt, sont, ainsi que leur contenu, entretenues par le chef armurier dudit corps, sans qu'il ait droit à indemnité, sauf en ce qui concerne les réparations qui nécessitent le remplacement de parties de la caisse, lesquelles lui sont payées sur facture, en tant du moins que les dégradations ne proviennent pas de sa faute.

Réparations des armes du dépôt et des détachements à l'intérieur ou aux armées.

Art. 359. *A l'intérieur*, les armes du dépôt sont entretenues, au compte du chef armurier, par le caporal ou brigadier armurier, auquel il doit laisser l'outillage nécessaire ; il en est de même dans les régiments d'infanterie pour les armes du quatrième bataillon quand il est stationné à proximité du dépôt.

Aux armées, les obligations du chef armurier, relativement aux armes des détachements, sont limitées à celles des fractions du corps qui font partie du même corps d'armée (ou de la même division de cavalerie) que la portion à laquelle il est attaché.

Les autres fractions du corps se conforment, suivant le cas, à ce qui est prescrit (art. 139 et 331) pour les réparations des corps n'ayant point d'armurier titulaire.

Réapprovisionnement des corps en pièces d'armes.

Art. 360. Les corps de troupe se réapprovisionnent en pièces d'armes au parc du corps d'armée ; ils se conforment, à cet égard, aux prescriptions de l'article 143 ; en cas de besoin, un bon provisoire tient lieu de pièces comptables régulières, contre lesquelles il est ultérieurement changé.

Les régiments de cavalerie qui font partie d'une division de cavalerie indépendante se réapprovisionnent près du parc du corps d'armée le plus voisin.

Réparations des armes des corps qui n'ont point d'armurier. — Fournitures des pièces d'armes.

Art. 361. Les réparations des armes des corps qui n'ont pas d'armurier sont faites par les armuriers des corps qui doivent leur fournir les pièces d'armes.

Les pièces d'armes nécessaires aux corps ou détachements qui n'emportent pas avec eux de *caisse d'armurier* leur sont fournies par d'autres corps, ainsi qu'il est indiqué ci-après :

1° Dans un corps d'armée : au bataillon du génie (moins les sapeurs-conducteurs), par le bataillon de chasseurs ; — à toutes les troupes de l'artillerie, aux sapeurs-conducteurs du génie, à la gendarmerie, par le régiment d'artillerie de corps ; — aux troupes d'administration, aux chasseurs forestiers, aux douaniers, par le régiment d'artillerie du corps (pour les pièces de sabre d'adjudant, par le bataillon de chasseurs) ;

2° Dans une division de cavalerie indépendante : aux batteries à cheval et aux troupes d'administration attachées à la division, par le 1er régiment de cavalerie légère (dans l'ordre des numéros).

Ces mesures d'ordre général peuvent être modifiées, suivant les circonstances, par les généraux commandant les corps d'armée ou les divisions.

Pièces d'armes remplacées, hors de service.

Art. 362. Les pièces d'armes remplacées pendant le cours d'une campagne ne sont conservées par le corps que si elles peuvent encore être utilisées comme matières, pour divers travaux autres que les réparations des armes ; dans le cas contraire, elles sont versées à l'artillerie sans autorisation préalable, ou, si ce versement n'est pas possible, abandonnées après avoir été complètement mises hors de service.

Régime de clerc à maître applicable à tous les corps mobilisés (1).

Art. 363. Le régime de clerc à maître est applicable, sans exception, à tous les corps mobilisés, y compris leur dépôt et leurs fractions détachées à l'intérieur ou hors du territoire.

---

(1) Voir le renvoi 1 de la page 67.

Pour l'application de ce régime, on se conforme à ce qui est prescrit (art. 174 à 180), sauf les modifications suivantes :

En temps de guerre et dans tous les corps mobilisés, les réparations des armes sont faites exclusivement au compte de l'Etat.

Les mémoires trimestriels (art. 174) sont remplacés par des mémoires mensuels établis dans la même forme.

La prime stipulée par les articles 175, 176 et 177 est portée uniformément à 25 p. 100.

Le régime de clerc à maître entre en vigueur du jour de la réception de l'ordre de mobilisation ; à partir de cette époque, toutes les réparations sont exécutées au compte de l'Etat, sans qu'il y ait lieu de passer la visite stipulée à l'article 172 ; toutefois, le montant des réparations imputées à l'abonnement et portées sur des bulletins établis à une date antérieure, dont l'exécution n'a pu encore avoir lieu, est retenu à l'armurier par le conseil d'administration.

Reprise du régime de l'abonnement (1).

Art. 364. Lors de la remise du corps sur le pied de paix, le conseil d'administration fait la répartition des armes entre le service courant et le service de la réserve et, s'il y a lieu, les versements spécifiés à l'article 350.

Les armes que le corps conserve en charge, soit qu'elles appartiennent à son propre armement, soit qu'elles proviennent d'un corps de l'armée territoriale, sont soumises à une visite détaillée en présence du sous-intendant militaire chargé de la surveillance administrative du corps ; ce fonctionnaire dresse, conformément à l'article 181, un procès-verbal (modèle XVIII), avec cette différence cependant que toutes les réparations nécessaires pour remettre l'armement en bon état de service, étant en totalité imputables à l'Etat, doivent être portées sur le procès-verbal.

On se conforme, du reste, pour les armes hors d'état d'être réparées ou dont les dégradations paraissent de nature à ne pouvoir être réparées par l'armurier, à ce qui est prescrit (art. 181).

La reprise du régime de l'abonnement a lieu d'après les règles établies (art. 182).

Corps qui conservent le régime de clerc à maître en temps de paix.

Art. 365. Les corps qui conservent le régime de clerc à maître en temps de paix se conforment néanmoins, lors de leur remise sur le pied de paix, aux indications de l'article 364.

Les réparations portées au procès-verbal sont exécutées avec bonification de la prime stipulée, suivant le cas (art. 175 ou 177).

---

(1) Voir le renvoi 1 de la page 67.

Les modifications apportées en temps de guerre au régime de clerc à maître (art. 363) cessent d'être en vigueur à partir de l'établissement du procès-verbal.

Exécution des réparations portées au procès-verbal modèle XVIII.

Art. 366. Les réparations portées au procès-verbal sont exécutées sans retard.

Les corps doivent veiller avec le plus grand soin à ce que les imputations faites aux hommes après l'établissement dudit procès-verbal ne fassent pas double emploi avec les réparations exécutées au compte de l'Etat.

CHAPITRE IV.

MUNITIONS (1).

Délivrance de l'approvisionnement de mobilisation.

Art. 367. Au reçu de l'ordre de mobilisation, les cartouches de mobilisation sont versées au service courant. Elles sont délivrées sans délai, par les établissements d'artillerie ou les corps qui les ont dans leurs magasins, aux corps ou détachements auxquels elles sont affectées.

Les cartouches sont immédiatement distribuées aux hommes, auxquels on retire les cartouches de sac et de cartouchières ou de sûreté.

Versement à l'artillerie avant le départ.

Art. 368. Lorsque les bataillons actifs ou d'autres fractions du corps sont séparés du dépôt, ils font immédiatement les versements prescrits par les articles 229 et 231 ; ils versent en outre toutes les munitions (d'exercice, d'expériences, de sac et de cartouchières, de sûreté, poudre, etc.) et objets divers y relatifs qu'ils n'emportent pas en campagne.

Ces versements ont lieu sans autorisation préalable, sur simple état établi par le conseil d'administration éventuel.

S'il ne se trouve pas de magasin d'artillerie dans la place ou à proximité, le corps peut être autorisé par le général commandant la brigade à faire les versements précités au dépôt d'un autre

(1) Voir les articles 89 et suivants du règlement du 28 mai 1895, *B. O.*, page 701, sur le service des armées en campagne, au sujet du remplacement des munitions.

corps; cette autorisation doit, autant que possible, être demandée à l'avance.

Situation de munitions à établir aux armées.

Art. 369. — Les corps adressent tous les quinze jours au commandant d'artillerie de la division (ou du parc pour les corps non endivisionnés) une situation exacte de leurs munitions (modèle XXXV), comprenant séparément les munitions portées par les hommes et celles contenues dans les caissons de bataillon et les caisses blanches n° 3 portées par les fourgons à bagages, et faisant ressortir les consommations, l'existant et le nécessaire au complet de l'effectif.

Une situation semblable doit, en outre, accompagner chaque demande de munitions (art. 373).

Versements des étuis vides, débris de cuivre, etc.

Art. 370. Les prescriptions des articles 229, 230 et 231 ne sont pas, en général, applicables aux munitions consommées dans le cours d'une campagne.

Néanmoins, dans les places fortes et dans les sièges, les commandants des troupes doivent prendre les mesures nécessaires pour faire recueillir le plus grand nombre possible des étuis provenant de cartouches consommées; ces étuis sont versés à l'artillerie. En tout cas, en temps de guerre, la perte des étuis de cartouches tirées ne donne jamais lieu à imputation.

Cartouches consommées pour l'instruction.

Art. 371. En campagne, les corps ne peuvent consommer de cartouches pour l'instruction que sur une autorisation spéciale du général commandant le corps d'armée, fixant, dans chaque cas, la quantité de munitions à brûler.

Visite des munitions entre les mains des hommes.

Art. 372. Les officiers de compagnie doivent, par des visites fréquentes, s'assurer que les hommes ont toutes les quantités réglementaires de cartouches et que ces munitions sont en bon état de service. Les hommes sont responsables de leurs munitions.

Si des cartouches paraissent avariées, il en est fait mention dans la situation adressée à l'artillerie. L'artillerie les fait remplacer aussitôt que possible.

Réapprovisionnements des corps en munitions.

Art. 373. En campagne, le réapprovisionnement des corps en munitions a lieu conformément aux instructions en vigueur pour le temps de guerre. (Voir l'Instruction du 9 décembre 1893 sur le remplacement des munitions en campagne.)

Remise du corps sur le pied de paix.

Art. 374. Lorsque le corps est remis sur le pied de paix, toutes les cartouches qu'il rapporte, ainsi que celles qui peuvent lui être versées par des troupes de l'armée territoriale, sont classées aux munitions d'exercice et, par suite, portées en déduction de celles qu'il doit recevoir pour son instruction.

L'approvisionnement de mobilisation est tout entier reconstitué avec de nouvelles cartouches, par les soins de l'artillerie.

Etat récapitulatif des consommations de munitions.

Art. 375. Dans le premier mois qui suit sa rentrée dans la garnison, le corps adresse au général commandant le corps d'armée un rapport faisant connaître les quantités de munitions consommées par le corps entier dans les différents combats auxquels il a pris part dans le cours de la campagne.

Ce rapport est transmis au Ministre (3e *Direction, Artillerie;* 2e *Bureau, Matériel*).

CHAPITRE V.

VISITE DES ARMES ET DES MUNITIONS PAR DES OFFICIERS D'ARTILLERIE.

Prescriptions y relatives.

Art. 376. Les prescriptions contenues dans le titre V et relatives à la visite de l'armement des corps cessent d'être en vigueur en temps de guerre.

Néanmoins, les commandants de corps d'armée, s'ils le jugent nécessaire et lorsque les circonstances le permettent, peuvent faire passer par des capitaines d'artillerie la visite des armes et des munitions d'un ou de plusieurs corps de troupe. Dans ce cas, le général commandant le corps d'armée prescrit les mesures à prendre pour cette visite.

TITRE VII.

CHAPITRE UNIQUE.

Instruction technique sur l'entretien et la réparation des armes.

Art. 377. Une instruction technique spéciale faisant suite au présent règlement comprend la nomenclature des armes et des munitions en service, les prescriptions relatives à leur entretien et à leurs réparations dans les corps et les bases de l'armement des corps de troupe (1).

Abrogation des dispositions contraires au règlement.

Art. 378. Toutes les dispositions contraires au présent règlement sont et demeurent abrogées.

Paris, le 30 août 1884.

Le Ministre de la guerre,
Signé : E. Campenon.

(1) Voir l'annexe nº III, p. 229, donnant les principales dispositions de cette instruction.

MODÈLES.

(1)

Nota. — Le modèle V a été supprimé par note du 13 janvier 1889. (*B. O.*, p. 64.)

Le modèle XIV a été supprimé par l'*erratum* 1er semestre 1885. (*J. M.*, p. 520.)

Le modèle XXIV est sans objet par application des dispositions de la décision du 23 décembre 1888. (*B. O.*, p. 1376.)

---

(1) Tous les imprimés et registres du présent règlement sont en vente chez l'éditeur militaire Henri Charles Lavauzelle.

MINISTÈRE
DE LA GUERRE.

3e DIRECTION.
ARTILLERIE
et
ÉQUIPAGES MILITAIRES.

1er BUREAU.
Personnel.

(1) Indiquer le corps.
(2) Si le candidat a déjà travaillé dans une des manufactures nationales d'armes, indiquer laquelle.

Art. 39 du Règlement.

MODÈLE I.

INSPECTION GÉNÉRALE DE 18 .
(1)

PROPOSITION

en faveur d'un ouvrier armurier qui demande à être envoyé dans une manufacture d'armes pour compléter son instruction et pour obtenir un certificat d'aptitude à l'emploi de chef armurier.

Nom et prénoms..............
Age..........................
Grade........................
Profession première (2)........

CERTIFICAT D'APTITUDE.

Le capitaine d'artillerie, chargé de la visite de l'armement des corps stationnés dans le e corps d'armée, ayant examiné le sieur
certifie que ce candidat a subi d'une manière satisfaisante les épreuves prescrites par l'article 39 du règlement du 30 août 1884, sur le service de l'armement, et que, par conséquent, il est apte à être envoyé dans une manufacture nationale d'armes à l'effet d'y acquérir, pour compléter son instruction, les connaissances exigées pour l'emploi de chef armurier par l'article 15 dudit règlement.

A , le 18 .

Le Capitaine inspecteur d'armes.

DÉTAIL DES SERVICES EXTRAITS DE LA MATRICULE DU CORPS.

Constitution et santé.......
Conduite et moralité ......
Avis du chef de corps .....
Avis de l'inspecteur général

A , le 18 .

L'Inspecteur général,

Le Chef de corps,

(Format : 0m,36 sur 0m,23.)

° MANUFACTURE
D'ARMES
de

Art. 42 du Règlement.

Modèle II.

(1) Les numéros de mérite doivent être écrits en toutes lettres.

(2) Le numéro de mérite d'ensemble du certificat est déterminé en multipliant par le coefficient 1 chacun des numéros partiels des exercices 2, 5, 6, 8, 18, 20; par le coefficient 2, chacun des numéros partiels des exercices 1, 4, 7, 9, 12, 13, 14, 15, 16, 17; par le coefficient 3, chacun des numéros partiels des exercices 3, 10, 11, 19.

On divise ensuite la somme des produits partiels ainsi obtenus par la somme des coefficients, c'est-à-dire par 38 = 6 + (10 × 2) + (4 × 3); le quotient est le **numéro de mérite d'ensemble du certificat.**

CERTIFICAT DE CAPACITÉ

A L'EMPLOI DE CHEF ARMURIER.

Je, soussigné, d'artillerie, directeur de la manufacture d'armes de , certifie que le sieur , âgé de ans, a accompli les exercices prescrits par l'article 15 du *Règlement* du 30 août 1884, *sur le service de l'armement*, ce qui est dûment constaté par vingt procès-verbaux datés depuis le jusqu'au , et qu'il a obtenu du jury d'examen les numéros de mérite suivants (20 étant le maximum) :

Exercice du	§ 1. Habileté (1)	...		Exercice du	§ 11. Habileté (1)	...
	§ 2. —	...			§ 12. —	...
	§ 3. —	...			§ 13. —	...
	§ 4. —	...			§ 14. —	...
	§ 5. —	...			§ 15. —	...
	§ 6. —	...			§ 16. —	...
	§ 7. —	...			§ 17. —	...
	§ 8. —	...			§ 18. —	...
	§ 9. —	...			§ 19. —	...
	§ 10. —	...			§ 20. —	...

En conséquence, j'ai délivré au sieur le présent certificat de capacité à l'emploi de chef armurier avec le numéro de mérite (1-2) (20 étant le maximum) pour lui servir de ce que de droit.

A , le 18 .

Le d'artillerie, directeur,

(Format : 0m,36 sur 0m,23.)

MINISTÈRE
DE LA GUERRE.

3e DIRECTION.
ARTILLERIE
et
ÉQUIPAGES MILITAIRES

2e BUREAU.
MATÉRIEL.

4e SECTION.
Armes portatives.

A transmettre au Ministre avant le 20 janvier de chaque année.

Art. 50 du Règlement.

MODÈLE III.

RÉGIMENT D

ÉTAT DE SITUATION

de l'armement du e régiment d à l'époque du 31 *décembre* 18 , *indiquant les entrées et les sorties qui ont eu lieu pendant ladite année.*

NOTA. — Toutes les armes *prises en charge par le corps* (armes du service courant, de réserve du corps, de réserve affectées à l'armement de corps de l'armée territoriale, etc.) sont portées aux deuxième et troisième pages de la situation. On doit y comprendre les armes envoyées en manufacture lorsqu'elles doivent être retournées au corps, ainsi que les armes prêtées. Leur nombre est mentionné dans la colonne *Observations*.

Le tableau de la 4e page doit indiquer la répartition et le lieu de dépôt des armes du service courant et du service de réserve affectées aux divers détachements, quelque faible que soit l'importance de ces détachements.

Tous les renseignements relatifs au service de réserve (y compris ceux qui concernent l'armement des régiments territoriaux) sont inscrits à l'encre rouge.

Les armes hors modèle, étrangères ou d'expériences que les corps ou les écoles militaires peuvent avoir en leur possession sont indiquées, pour mémoire, à l'encre bleue.

On utilisera, s'il y a lieu, l'espace vide laissé au-dessous des colonnes destinées aux armes du service de réserve et du régiment territorial, pour inscrire le détail des armes affectées à des services divers que le corps possède en dépôt dans ses magasins. (Errat. 1er sem. 1885, *J. M.*, p. 519.)

(Format : 0m,36 sur 0m,23.)

DATES des ordres et autorités dont ils émanent.	DATES des recettes et des consommations.	DÉTAIL des entrées et des sorties (1).	ARMEMENT DU CORPS (2). Service courant.	ARMEMENT DU CORPS (2). Service de réserve.	ARMEMENT (2) du * régiment territorial d — Service de réserve.	OBSERVATIONS.
L'existant, tant en service que dans les magasins du corps, était au 1er janvier 18		à l'intérieur, de				
		hors du territoire, de......				
		aux totaux, de				
ENTRÉES DE L'ANNÉE.						
		TOTAUX.				
SORTIES DE L'ANNÉE.						
		TOTAUX.				
L'existant au 31 déc. 18 est de						
Dont à l'intérieur		en service.......				
		dans les magasins du corps.......				
		TOTAUX...				
Dont hors du territoire.		en service.......				
		dans les magasins du corps........				
		TOTAUX...				
TOTAUX ÉGAUX à l'existant......						
REPORTS de l'armement de réserve..........................						
TOTAUX GÉNÉRAUX de l'armement du corps, tant en service que dans ses propres magasins (3).						

(1) Détailler, sur une lign séparée, chaque opératio d'entrée ou de sortie, relate les ordres, indiquer les nu méros des corps, les établis sements, etc.

(2) Ouvrir autant de co lonnes qu'il est nécessaire.

Indiquer les modèles d'ar mes, les caisses d'armes, le accessoires, en suivant l'or dre des numéros sommaire et détaillés de la nomencla ture N (artillerie et équipa ges militaires).

Cependant, si le corps pos sède des armes en expé rience, il doit les inscrir dans des colonnes distincte à la suite de son armemen ordinaire.

Dans les armes de théorie on ne doit comprendre qu les différents modèles de l série X.

(3) Le total général ne doi pas comprendre l'armemen des corps de l'armée territo riale, mais seulement l'arme ment propre au corps.

NOTA. — S'il est nécessai ajouter un intercalaire.

Tableau faisant ressortir les quantités d'armes affectées séparément à la portion centrale et aux diverses fractions détachées existant à la date du 31 *décembre* **18** .

DÉSIGNATION DES LIEUX ET PLACES où se trouve l'armement.		DÉSIGNATION de la FRACTION DU CORPS à laquelle l'armement est destiné.	ARMES ET ACCESSOIRES D'ARMES						OBSERVATIONS.
e RÉGIMENT D'INFANTERIE.									
Entre les mains du corps (service courant et service de réserve).	Toulon.......	Portion centrale et dépôt.............							
	Nice.........	e bataillon.........							
	Digne........	e compagnie du e bataillon.........							
TOTAUX en écritures au corps....									
Déposé dans les magasins de l'artillerie.	Toulon.......	Portion centrale et dépôt............							
	Nice.........	e bataillon.........							
TOTAUX GÉNÉRAUX de l'armement du corps..									
e RÉGIMENT TERRITORIAL D'INFANTERIE.									
Déposé dans les magasins du corps	Digne........	e bataillon et dépôt...............							
TOTAUX en écritures au corps...									
Déposé dans les magasins de l'artillerie.	Toulon.......	e bataillon.........							
	Nice.	e bataillon.........							
TOTAUX GÉNÉRAUX de l'armement du e régiment territorial d'infanterie..............									

CERTIFIÉ par nous,

Membres du Conseil d'administration central,

A , le 18

• CORPS D'ARMÉE.

e DIVISION

e BRIGADE

PLACE

ARMEMENT.

Exercice 18 .

Art. 51, 56, 58 et 64 du Règlement.

MODÈLE IV.

e RÉGIMENT D

ÉTAT DE SITUATION

de l'armement indiquant le nombre et l'espèce des armes que le corps demande à (1)

par suite de (2)

(1) Prélever temporairement sur son armement de réserve. Expédier à... pour être ajoutées à l'armement de réserve (ou du service courant) de (indiquer la portion du corps). — Recevoir de l'artillerie au titre du service de réserve. — Verser au titre du service courant, etc.

(2) Indiquer d'une manière détaillée les motifs du mouvement. En particulier, s'il s'agit d'armes à prélever pour les réservistes ou les territoriaux, indiquer le nombre d'hommes des différents grades qui seront à armer.

PORTIONS DE CORPS dont l'armement actuel est à modifier. (Mettre autant de cases qu'il est nécessaire d'après le nombre des portions de corps.)	LIEUX où LES PORTIONS sont stationnées et magasins dans lesquels l'armement de réserve est déposé.		DÉSIGNATION DES ARMES.						OBSERVATIONS.
		SERVICE COURANT.							
		Nécessaire... Existant.....							
		Manquant.... Excédent....							
		Nécessaire... Existant.....							
		Manquant... Excédent....							
		SERVICE DE RÉSERVE.							
		Nécessaire... Existant.....							
		Manquant.... Excédent....							

(Format : $0^m,36$ sur $0^m,23$.)

D'où il résulte que le corps doit

NATURE DES OPÉRATIONS.	ARMES COMPRISES DANS CHAQUE OPÉRATION.		OBSERVATIONS.
	Nombre.	Modèles.	
Prélever sur son armement de réserve, pour les réservistes..			
ou			
Recevoir de l'artillerie au titre du service courant...........			
ou			
Expédier à la e compagnie détachée à , pour être ajouté à son armement de réserve dans les magasins de l'artillerie de la place de etc., etc....................			

Certifié exact par nous, membres du Conseil d'administration.

A , le 18 .

Vu et { approuvé : transmis :

Le Général commandant la brigade,

Vu et { approuvé : transmis :

Le Général commandant le corps d'armée,

e CORPS D'ARMÉE.

—

e DIVISION.

d

—

e BRIGADE

d

—

PLACE

d

—

MOIS

d

—

ARMEMENT.

VERSEMENTS D'ARMES

du e régiment d

au e régiment d

(1) Indiquer les circonstances qui ont motivé l'opération.

(2) Indiquer l'autorité qui a ordonné le versement et la date de l'ordre.

(3) Sous le régime de clerc à maître.

Art. 77, 78 et 79 du Règlement.

MODÈLE VI.

PROCÈS-VERBAL

constatant les réparations à exécuter aux armes versées par le e régiment d au e régiment d par suite de (1)

et sur l'ordre de (2)

L'an mil huit cent , le nous, sous-intendant militaire, employé à la résidence de , sur l'invitation qui nous a été faite par le Conseil d'administration du e régiment d d'assister à la remise des armes que ledit corps doit faire au e régiment d , en exécution de l'ordre du Ministre de la guerre, en date d 18 , nous sommes rendu à , et après avoir fait procéder à la visite des armes, en présence des membres délégués des Conseils d'administration des deux corps intéressés, avons constaté les réparations imputables à la masse d'habillement et d'entretien et à l'abonnement (*ou à l'Etat sous le régime de clerc à maître*), lesquelles ont été évaluées d'après le tarif en vigueur, et sont consignées ci-après :

NUMÉROS des armes.	NOMS des HOMMES.	GRADES	DÉTAIL DES RÉPARATIONS AU COMPTE		MONTANT AU COMPTE		OBSERVATIONS.
			de la masse d'habillement.	de l'abonnement (ou de l'Etat) (3).	de la masse d'habillement.	de l'abonnement (ou de l'Etat) (3)	
			A reporter..				

(Format, $0^m,36$ sur $0^m,23$.)

NUMÉROS des armes.	NOMS des HOMMES.	GRADES	DÉTAIL DES RÉPARATIONS AU COMPTE de la masse d'habillement.	de l'abonnement (ou de l'Etat)	MONTANT AU COMPTE de la masse d'habillement.	de l'abonnement (ou de l'Etat)	OBSERVATIONS.
				Report..........			
				TOTAUX..........	(*a*)	(*b*)	
				TOTAL du montant des réparations.....	(*c*)		

(1) Total (*c*) des montants (*a*) et (*b*).

(2) Total (*c*) des montants (*a*) et (*b*) si le corps livrancier est sous le régime de l'abonnement.

Total (*a*) seulement s'il est sous le régime de clerc à maître.

En conséquence, constatons que le montant des réparations que le ᵉ régiment d (*corps destinataire*) est autorisé à faire exécuter au compte de l'Etat, et qui sont détaillées ci-dessus, s'élève à la somme de (*en toutes lettres*) (1) , et que le montant des réparations imputables au ᵉ régiment d (*corps livrancier*) s'élève à la somme de (*en toutes lettres*) (2) , qui devra être versée dans les caisses du Trésor, conformément à l'état des sommes imputées qui a été dressé à cet effet.

En foi de quoi, nous avons rapporté le présent procès-verbal.

Fait à , le 18 .

Le Sous-Intendant militaire chargé de la surveillance administrative du corps,

(DÉCLARATION DE VERSEMENT AU TRÉSOR.)

Format : 0m,315 sur 0m,205.
Cadre de justification : 0m,300 sur 0m,190.

(MODÈLE VII ANCIEN).

MODÈLE No 24.
Annexé au décret du 14 janvier 1889.

Désigner le corps. {

CONTROLE GÉNÉRAL DES ARMES.

Le contrôle général des armes est destiné à recevoir l'inscription de toutes les armes composant la dotation du corps, à l'exception des armes en expérience. Il est tenu à la portion centrale pour le corps entier.

Les armes y sont inscrites par espèces, dans l'ordre suivant :

Fusils, carabines de cavalerie, carabines de gendarmerie, mousquetons, revolvers, sabres-baïonnettes isolés (série Z), épées de sous-officier, sabres d'adjudant, sabres de cavalerie de réserve, sabres de dragon, sabres de cavalerie légère, cuirasses. Pour chaque espèce d'armes, on suit l'ordre des lettres de série et des numéros.

On se conforme, pour les inscriptions à faire sur le contrôle, aux indications portées en tête des colonnes.

Si l'arme n'est pas mise en service, la colonne 3 reste en blanc ou reçoit un R à l'encre rouge, suivant que l'arme appartient au service courant ou à la réserve de guerre.

L'armement d'un régiment territorial est porté sur un contrôle spécial établi au titre du régiment territorial. (§ 20 de l'annexe no 2 du règlement du 14 janvier 1889.)

Quand une arme est réintégrée au magasin, la réintégration est indiquée par la radiation du numéro matricule (col. 3 et 8) et de la lettre indicatrice (col. 4 et 9).

La lettre de série de l'arme est inscrite en haut de la page, au-dessous de l'indication de l'espèce et du modèle.

Si l'armement de réserve est dans les magasins de l'artillerie, indiquer ci-dessous quels sont ces magasins. (Nota porté sur l'ancien modèle VII du règlement du 30 août 1884.)

(1) Indiquer l'arme

(1).

SÉRIE.

Numéro de l'arme. 1	Date de la réception par le corps. 2	Numéro matricule de l'homme détenteur de l'arme. 3	Lettre de la compagnie ou *n°* de l'*escadron* ou de la batterie. 4	CAUSE ET DATE de la perte de l'arme pour le corps. 5	Numéro de l'arme. 6	Date de la réception par le corps. 7	Numéro matricule de l'homme détenteur de l'arme. 8	Lettre de la compagnie ou *n°* de l'escadron ou de la batterie. 9	CAUSE ET DATE de la perte de l'arme pour le corps. 10

° CORPS D'ARMÉE.

° DIVISION.

PLACE d

MOIS

d 18 .

N° au répertoire du sous-intendant militaire.

Art. 127 du Règlement.

MODÈLE VIII.

SERVICE DE L'ARTILLERIE.

° RÉGIMENT d

PROCÈS-VERBAL.

Détérioration par cas de force majeure.

L'an mil huit cent quatre-vingt- , le , nous, sous-intendant militaire chargé de la surveillance administrative du ° régiment d constatons, sur le rapport du capitaine commandant l , visé par le Conseil d'administration dudit corps, que les objets ci-après désignés ont été détériorés dans les circonstances suivantes (1) :

(1) Indiquer d'une manière détaillée l'événement de force majeure qui a causé la détérioration.

DÉSIGNATION DES ARMES.	DÉTAIL DES RÉPARATIONS	PRIX.	DÉTENTEURS.
FUSILS MOD. 1874.		fr. c.	
N° F 32500.	Remplacer le bois..........	6 10	Au caporal Morin, 2e Cie, 4e Bon, N° matle, 1711.
N° G 2004.	Fournir un fourreau neuf complet d'épée-baïonnette......	2 80	Au soldat Pierre, 1re Cie, 2e Bon, N° matle 2712.
	TOTAL.......	8 90	

(Format : 0,36 sur 0,23.)

DÉSIGNATION DES ARMES.	DÉTAIL DES RÉPARATIONS	PRIX.	DÉTENTEURS.

En conséquence, nous autorisons (ou proposons d'autoriser) le Conseil d'administration du e régiment d à comprendre dans ses comptes-finances (fonds de l'armement) le montant des réparations détaillées ci-dessus s'élevant à la somme de *huit francs quatre-vingt-dix centimes.*

A , le 18 .

Le Sous-Intendant militaire,

(1) Si le procès-verbal doit être soumis à l'approbation du Ministre de la guerre, l'intendant militaire formule ses observations et propositions ou ajoute simplement : « Approuvé les conclusions du sous-intendant militaire et transmis à M. le Ministre de la guerre. »

N° Approuvé (1) :

A , le 18 .

L'Intendant militaire du e corps d'armée,

Approuvé :

A Paris, le 18 .

Le Ministre de la guerre,

MASSE D'HABILLEMENT
ET D'ENTRETIEN.

e TRIMESTRE 189 .

Art. 98, 100 et 264
du Règlement.

MODÈLE IX.

e RÉGIMENT d

e

e

BULLETIN D'IMPUTATION

de la valeur du matériel perdu ou mis hors de service par la faute d homme qui en étai détenteur .

Numéros matricules	NOMS.	GRADES.	NOMBRE ET DÉSIGNATION des armes, accessoires d'armes, etc.	NUMÉRO DES ARMES.	MOTIFS de L'IMPUTATION (1).	PRIX INTÉGRAL DE L'ARME (1).	MONTANT des IMPUTATIONS par homme.	OBSERVATIONS.
1	2	3	4	5	6	7	8	9
Somme à verser au Trésor................								

(1) Dans le cas où une arme est mise hors d'état d'être réparée, indiquer col. 6, les dégradations qui rendent l'arme irréparable, et, col. 7, porter, au lieu du prix intégral de l'arme, les prix des remplacements de pièces perdues ou dégradées, à moins que la somme de ces remplacements ne soit supérieure au prix intégral de l'arme (col. 7).

Certifié par nous le présent bulletin pour servir à l'imputation à la masse d'habillement de la somme de *(en toutes lettres)*.

A , le 18 .

Le Capitaine commandant,

Le Lieutenant d'armement,

Approuvé :

Le Major,

Vérifié :

Le Sous-Intendant militaire,

(Format : 0m,36 sur 0m,23.)

ARMEMENT.

N° (1)

Art. 123 du Règlement.

NOTA. — Sous le régime de l'abonnement, les réparations au compte de l'État (cas de force majeure, défauts de fabrication) doivent faire l'objet de bulletins distincts, sur lesquels on mentionne la date du procès-verbal du sous-intendant, ou l'ordre ministériel qui a autorisé le corps à porter la dépense au compte de l'État.

MODÈLE X.

RÉGIMENT d

BULLETIN

des réparations à exécuter aux armes par le chef armurier.

Numéro au contrôle annuel.	NOMS DES HOMMES.	DÉSIGNATION DES ARMES. Espèce et modèle.	DÉSIGNATION DES ARMES. Numéro.	DÉTAIL DES RÉPARATIONS (2).	IMPUTATION de la réparation (3).	PRIX des RÉPARATIONS au compte de l'État.	PRIX des RÉPARATIONS au compte de l'abonnement.	PRIX des RÉPARATIONS au compte de la masse d'hab. (fonds partic.).	MONTANT AU COMPTE de chaque homme.
							fr. c.	fr. c.	fr. c.
1711	Mathurin...	Fusil Mod. 1874....	G 25113	Enlever les bavures à l'entrée de la chambre..................	m i	»	»	0 10	0 25
				Moyen nettoyage de la culasse mobile.....................	m i	»	»	0 15	
				Ressouder et réparer la hausse complète..................	a b	»	0 65	»	
1927	Jacob......	Revolver Mod. 1873.	F 227	Remplacer un ressort de gâchette cassé.......................	a b	»	0 60	»	
				Retremper le grand ressort.....	a b	»	0 10	»	
432	Hénin, s. m.	Sabre d'adjudant Mod. 1845.......	112	Redresser une branche de la garde	m i	»	»	0 10	0 10
		Revolver Mod. 1873.	G 4504	Remplacer le percuteur........	a b	»	0 55	»	
				TOTAUX (4)........................		»	1 90	0 35	0 35

A , le 18 .

Le Capitaine commandant,

VU :

Le Lieutenant d'armement,

Le lieutenant d'armement certifie que les réparations ci-dessus ont été convenablement exécutées par le chef armurier.

A , le 18 .

Le Lieutenant d'armement,

(1) Numéro d'ordre trimestriel à inscrire par le lieutenant d'armement.

(2) Une ligne par réparation.

(3) Mettre dans cette colonne les lettres *m i* ou *a b* ou *c*, suivant que la réparation est imputable à l'homme (masse d'habillement), à l'abonnement ou à l'État; cette colonne doit toujours être remplie par le capitaine commandant.

(4) Les deux derniers totaux doivent être égaux.

Format.... { Largeur : $0^m,23$ à $0^m,25$.
Hauteur variable suivant le nombre d'hommes à inscrire.

Art. 134 du Règlement.

Modèle XI.

° RÉGIMENT D

Indiquer ici la portion du corps.

CARNET

pour servir à l'enregistrement des bulletins de réparations des armes.

Le présent carnet, contenant feuillets, a été coté et parafé par nous, sous-intendant militaire, pour servir à l'enregistrement des bulletins de réparations des armes du corps.

A , le 18 .

Le Sous-Intendant militaire,

(A tenir par chaque portion du corps s'administrant isolément.)

(Format, 0m,315 sur 0m,205).

ANNÉE 18 .

NUMÉRO de série tri-mestrielle du bulletin.	DATE du visa du lieutenant d'armement avant l'exécution des réparations.	LETTRE (ou numéro) de la compagnie (escadron ou batterie).	NOM du chef armurier qui a exécuté les réparations.	DATE du visa du lieutenant d'armement après l'exécution des réparations.	MONTANT AU COMPTE de la masse d'habillement.	MONTANT AU COMPTE de l'abonnement.	MONTANT AU COMPTE de l'État.	MONTANT TOTAL des bulletins.	MONTANT DU PRIX des pièces d'armes employées.
1	2	3	4	5	6	7	8	9	10
					fr. c.	fr. c.	fr. c.	fr. c.	fr. c.
		4e TRIMESTRE.							
Totaux pour le 4e trimestre..........									
Totaux pour les trois premiers trimestres									
Totaux généraux pour l'année.......									

Art. 135 du Règlement.

MODÈLE XII.

° RÉGIMENT D

Indiquer ici la portion du corps.

REGISTRE

pour servir aux relevés numériques des réparations exécutées sur les armes en service.

(A tenir par chaque portion du corps s'administrant isolément.)

(Format : 0m36 sur 0m,23.)

ANNÉE 18 .

NOMBRE D'ARMES CLASSÉES AU SERVICE COURANT A LA DATE DU 1er JANVIER 18 .

	PORTION centrale. a	FRACTIONS détachées. b	CORPS entier. c		PORTION centrale. a	FRACTIONS détachées. b	CORPS entier. c
Armes à feu.				Armes blanches			

NATURE des RÉPARATIONS.	NOMBRE DE FOIS QUE LA RÉPARATION A ÉTÉ EXÉCUTÉE pendant le 1er trimestre	le 2e trimestre.	le 3e trimestre.	le 4e trimestre.	l'année entière.	POUR CENT annuel par rapport au nombre d'armes du service courant	NOMBRE DE FOIS QUE LA RÉPARATION a été exécutée pendant l'année entière. dans l'ensemble des portions détachées.	dans le corps entier.	POUR CENT général par rapport au nombre d'armes du service courant dans le corps entier.
1	2	3	4	5	6	7	8	9	10
1° FUSILS. — CARABINES. — MOUSQUETONS.									
2° REVOLVER.									
3° ARMES BLANCHES.									

NOTA. — Les colonnes *a*, *c*, 8, 9, 10 n'existent que sur le registre de la portion centrale du corps.

Le *pour cent* de la colonne 7 est fait par rapport au nombre d'armes du service courant affectées à la portion du corps dans laquelle est tenu le registre. Celui de la colonne 10 est fait par rapport au nombre total d'armes en service courant dans le corps entier.

Art. 144 du Règlement.

e CORPS D'ARMÉE.

—

PLACE

d

—

ARMEMENT

—

MOIS

de 18 .

MODÈLE XIII.

e RÉGIMENT D

Indiquer ici la portion du corps.

ÉTAT

des pièces d'armes de rechange demandées à la manufacture d'armes de ,
le 18 .

DÉSIGNATION DES PIÈCES D'ARMES et d'accessoires d'armes (1).	QUANTITÉS DEMANDÉES POUR								OBSERVATIONS.
	Modèle 1874.	Modèle 1866-1874.	Modèle 1874.	Modèle 1866-1874.	REVOLVERS modèle 1873.	REVOLVERS d'officier modèle 1874.	SABRES modèle	SABRES modèle	(1) L'état de fabrication des pièces d'armes livrées aux corps par les manufactures est indiqué par le tarif. Désigner exactement les pièces d'armes, conformément aux dénominations adoptées. Les pièces d'armes nécessaires pour l'exécution des réparations qui ne peuvent être faites qu'en manufacture ne devront pas être demandées.

Certifié par le lieutenant d'armement, quant à l'exactitude de la désignation des modèles et de l'état des pièces demandées.

Le Lieutenant d'armement,

Vu et vérifié :

Les Membres du Conseil d'administration,

Reçu le présent état de demande
le 18 .

Le Directeur de la manufacture d

(Format : 0m,36 sur 0m,23.)

° CORPS D'ARMÉE.

—

PLACE

d

—

° TRIMESTRE 18 .

—

N° au Journal des recettes et dépenses.

Art. 166 du Règlement.

MODÈLE XV.

SERVICE DE L'ARTILLERIE ET DES ÉQUIPAGES MILITAIRES.

° RÉGIMENT D

CHAPITRE. — PARTIE. — ARTICLE.

(1) MÉMOIRE.

(2) *Doit le Conseil d'administration du ° régiment d à M. , chef armurier au corps, pour le payement des réparations et fournitures dont le détail suit :*

(1) Ou *quittance.*
(2) Ou *reçu de* (en cas de quittance).

NATURE DES DÉPENSES.	QUANTITÉS.	PRIX du TARIF.	MONTANT au compte de L'ÉTAT.	OBSERVATIONS
MONTANT TOTAL de la dépense au compte de l'Etat......				

NOTA. — Pour les quittances, n'indiquer que le lieu et la date du payement et supprimer le reçu.

Certifié véritable le présent Mémoire montant à la somme de (*en toutes lettres*).

A , le 18 .

(*Signature du chef armurier.*)

Les membres du Conseil d'administration certifient l'exécution des travaux et fournitures détaillés ci-dessus, et autorisent le trésorier à en payer le montant, s'élevant à la somme de (*en toutes lettres*).

VÉRIFIÉ :
Le Major,

A , le 18 .

Reçu la somme de (*en toutes lettres*), montant du présent Mémoire.

A , le 18 .

(*Signature du chef armurier.*)

VU :
Le Sous-Intendant militaire,

e CORPS D'ARMÉE.

—

PLACE

d

—

ARMEMENT

—

MOIS

d 18.

Passage du régime de l'abonnement au régime de clerc à maître.

—

Art. 172 du Règlement.

Modèle XVI.

e RÉGIMENT D

PROCÈS-VERBAL.

L'an mil huit cent , le , nous, , sous-intendant militaire, employé à la résidence d , sur l'invitation qui nous a été faite par le Conseil d'administration du e régiment d de constater l'état des armes qui, par suite de (1)

et en vertu de l'ordre ministériel en date du (2) doivent, à partir de ce jour, être entretenues sous le régime de clerc à maître, nous sommes rendu à , et avons reconnu qu'il y a lieu d'imputer ainsi qu'il suit les réparations nécessaires aux armes et dont le détail, consigné au procès-verbal, a été exactement reproduit d'après les bulletins de réparation établis à la visite des armes, faite en notre présence.

NUMÉRO matricule	NOMS des HOMMES.	DÉSIGNATION DES ARMES.		DÉTAIL des RÉPARATIONS.	IMPUTATION de LA RÉPARATION (3)	PRIX des RÉPARATIONS au compte.		OBSERVATIONS.
		Espèce et modèle.	Numéro.			de l'abonnement.	de la masse d'habillement.	
Totaux								

(Format : 0m,36 sur 0m,23.)

(1) Indiquer les circonstances qui motivent le changement de régime.

(2) Ordre de départ.

(3) En regard de chaque réparation, mettre les lettres *a b* ou *m t*, suivant que la réparation est imputable à l'armurier ou à l'homme.

En conséquence, nous constatons que le montant de la retenue à exercer sur le compte du chef armurier s'élève à la somme de (*en toutes lettres*) , qui sera immédiatement versée au Trésor.

En foi de quoi, nous avons rapporté le procès-verbal que les membres du Conseil ont signé avec nous.

A , le 18 .

Les Membres du Conseil d'administration,

Le Sous-Intendant militaire,

DÉCLARATION DE VERSEMENT AU TRÉSOR.

e CORPS D'ARMÉE

—

PLACE
d

—

e TRIMESTRE 18 .

—

No au journal des recettes et dépenses.

Art. 174 du Règlement.

—

Régime de clerc à maître.

MODÈLE XVII.

SERVICE DE L'ARTILLERIE
ET DES ÉQUIPAGES MILITAIRES.

e RÉGIMENT d

CHAPITRE.— PARTIE.— ARTICLE.

(1) MÉMOIRE.

(2) DOIT *le Conseil d'administration du e régiment d à M. chef armurier du corps, pour payement des frais d'entretien et de réparation, et des armes perdues pendant le e trimestre 18 .*

(2) Ou *quittance.*
(1) Ou *reçu du* (en cas de quittance).

DÉSIGNATION de L'ESPÈCE D'ARMES auxquelles les réparations se rapportent.	DÉTAIL DES RÉPARATIONS au compte de l'État.	QUANTITÉS.	PRIX DU TARIF ou de l'unité.	MONTANT des réparations ou des fournitures.	TOTAL au compte de l'État.
			fr. c.	fr. c.	fr. c.
				305 85	305 85
MONTANT des réparations au compte des hommes				210 25	
TOTAL....................				516 10	
Prime de 10 p. 100 allouée à l'armurier sur la totalité des réparations effectuées..................................					51 61
TOTAL au compte de l'État................					357 46

Certifié véritable le présent mémoire montant à la somme de trois cent cinquante-sept francs quarante-six centimes.

A , le 18 .

(*Signature du chef armurier*).

Les membres du Conseil d'administration certifient l'exécution des travaux et fournitures détaillés ci-dessus et autorisent le trésorier à en payer le montant s'élevant à la somme de trois cent cinquante-sept francs quarante-six centimes.

A , le 18 .

NOTA. — Pour les quittances, n'indiquer que le lieu et la date du payement et supprimer le reçu.

Reçu la somme de trois cent cinquante-sept francs quarante-six centimes, montant du présent mémoire.

A , le 18 .

(*Signature du chef armurier.*)

Vérifié :

Le Major,

Vu :

Le Sous-Intendant militaire,

CORPS D'ARMÉE.

—

PLACE

d

—

ARMEMENT.

—

MOIS

d

Art. 53, 55 et 181 du Règlement.

MODÈLE XVIII.

e RÉGIMENT d

Réintégration d'armes à la suite d'une période d'instruction de réservistes ou de territoriaux.

Passage du régime de clerc à maître au régime de l'abonnement.

—

(1) Indiquer les circonstances qui motivent la visite ainsi que l'ordre et l'article du règlement qui sont mis à exécution.

(2) Indiquer en toutes lettres les quantités d'armes et d'accessoires de chaque modèle.

NOTA.— Les dégradations aux armes à envoyer en manufacture ou non susceptibles d'être réparées sont consignées à l'encre rouge.

PROCÈS-VERBAL.

L'an mil huit cent , le , nous, , Sous-Intendant militaire, employé à la résidence d , sur l'invitation qui nous a été faite par le Conseil d'administration du e régiment d , d'avoir à constater les réparations qui doivent être exécutées au compte de l'Etat, aux armes dudit corps par suite de (1)

nous sommes rendu à et avons fait procéder en notre présence à la visite desdites armes, d'où il résulte ce qui suit :

1o Les armes qui nous ont été présentées sont au nombre de (2)

2o Les réparations détaillées ci-dessous doivent être faites au compte de l'Etat, par le chef armurier du corps :

NUMÉRO du bataillon.	LETTRE (ou NUMÉRO) de la compagnie.	DÉSIGNATION DES ARMES.		DÉTAIL DES RÉPARATIONS au compte de l'État.	PRIX du TARIF.	MONTANT au compte de l'Etat.	OBSERVATIONS.
		Espèce et modèle.	Numéro.				
				A REPORTER.................			

(Format : 0m,36 sur 0m,23.)

NUMÉRO du bataillon.	LETTRE (ou NUMÉRO) de la compagnie.	DÉSIGNATION DES ARMES. Espèce et modèle.	DÉSIGNATION DES ARMES. Numéro.	DÉTAIL DES RÉPARATIONS au compte de l'État.	PRIX du TARIF.	MONTANT au compte de l'État.	OBSERVATIONS.
REPORT......................							
TOTAL......................							

En conséquence, le montant des réparations à effectuer au compte de l'Etat par le chef armurier du corps s'élève à la somme de (*en toutes lettres*)

En foi de quoi, nous avons rapporté le présent procès-verbal que les membres du Conseil ont signé avec nous.

A , le 18 .

Le Sous-Intendant militaire

Les Membres du Conseil d'administration,

MINISTÈRE
DE LA GUERRE.

° DIRECTION.

° BUREAU.

NOTA. — Classer les pièces de dépense dans l'ordre chronologique des dates de paiement.

(MODÈLE XIX).

EXERCICE 189 .

Chapitre . — ° Partie. — Article .

SERVICE D

(Corps)

MODÈLE N° 1.
Annexé au décret
du 14 janvier 1889.

FORMAT DU PAPIER : Haut., 0m,36 ; Larg., 0m,23.

Déposé cejourd'hui et inscrit immédiatement sous le n° au registre spécial des pièces de comptabilité.
A , le

Le Sous-Intendant militaire,

RELEVÉ des dépenses faites par le corps pendant le ° trimestre 189 .

PIÈCES JUSTIFICATIVES					NOMS ET QUALITÉS des créanciers.	DÉTAIL PAR NATURE DE DÉPENSES.	MONTANT TOTAL DE LA DÉPENSE.
NUMÉROS D'ORDRE			NOMBRE.	NATURE.			
au présent relevé.	de la dépense (deniers).	de l'entrée (matières).					

Certifié véritable le présent relevé montant à la somme de
conformément au détail qui précède et aux pièces justificatives au nombre de

A , le 189 .

(1) *Le*

(2) **Vérifié** :

Le Sous-Intendant militaire,

(1) Les Membres du Conseil d'administration *ou* L (désigner le grade) commandant.
(2) Annuler cette mention si l'ordonnancement doit être fait par le Sous-Intendant militaire.
(3) Annuler cette mention si l'ordonnancement doit être fait par le Ministre.

	Fr. c.
Le relevé s'élève à..	
(A ajouter ou à déduire.)	
Partant, le relevé doit être arrêté à......	

Vérifié et **arrêté** par nous, intendant militaire, le présent relevé à la somme de

(3) laquelle a été ordonnancée ce jour en un mandat, sous le nº

A , le 189 .

MINISTÈRE
DE LA GUERRE.

3e DIRECTION.

ARTILLERIE
et
ÉQUIPAGES MILITAIRES

2e BUREAU.
Matériel.

6e SECTION.
Comptabilité-Finances.

Armes portatives.

Art. 187 et 191 du Règlement.

MODÈLE XX.

NOMENCLATURE

des pièces à produire à l'appui du relevé mensuel des dépenses de l'armement.

(Annexe no 1 du règlement du 14 janvier 1889.)

SERVICES DONNANT LIEU à des avances.	NATURE DES DÉPENSES.	PIÈCES A PRODUIRE A L'APPUI DES RELEVÉS.
Artillerie et équipages militaires.	Arme perdue par la faute de l'homme et retrouvée.	Copie ou extrait de la décision ministérielle qui autorise le corps à porter le prix de l'arme dans le relevé annuel, avec la déclaration de versement au Trésor de la valeur de l'arme.
	Frais de transport d'outils et de pièces d'armes.	Mémoire de l'armurier.
	Réparations par cas de force majeure.	Procès-verbal établi par le sous-intendant militaire et mémoire ou quittance de l'armurier.
	Réparations par suite d'usure (régime de clerc à maître).	Mémoires trimestriels.
	Frais de caisse et d'emballage des pièces d'armes reçues des manufactures de l'Etat.	Quittances délivrées par les expéditeurs.
	Modification du prix des pièces d'armes possédées par les corps.	Procès-verbal établi par le sous-intendant militaire.
	Pièces neuves versées à l'artillerie.	Récépissé du service de l'artillerie présentant le montant de la valeur des pièces d'armes versées et copie des autorisations ministérielles.
	Gratification.	Copie ou extrait de la décision ministérielle et état émargé de la partie prenante.
	Réparations par suite du passage du régime de l'abonnement à celui de clerc à maître.	Procès-verbal établi par le sous-intendant militaire revêtu de la déclaration de versement au Trésor de la valeur des réparations.

SERVICES DONNANT LIEU à des avances.	NATURE DES DÉPENSES.	PIÈCES A PRODUIRE A L'APPUI DES RELEVÉS.
Artillerie et équipages militaires. (*Suite.*)	Réparations par suite du passage du régime de clerc à maître à celui de l'abonnement.	Copie ou extrait de la décision ministérielle et mémoire ou quittance de l'armurier.
	Nettoyage des étuis métalliques.	Opération supprimée. (Lettre collect. du 2 août 1885, et décis. du 23 décembre 1888, *B. O.*, p. 100 et 1376.)
	Dépenses imprévues.	Décision ministérielle qui a autorisé la dépense et mémoire ou quittance du créancier.
	Allocations fixes pour réparations à la suite des périodes d'instruction des réservistes.	Situation de l'effectif. (Note du 17 mars 1889, *B. O.*, p. 595.)
	Réparations à la suite des périodes d'instruction des réservistes.	Mémoire des réparations exécutées.
	Réparations à la suite des périodes d'instruction des territoriaux.	*Idem.*
	Réparations d'armes reçues d'un autre corps sous le régime de l'abonnement.	Procès-verbal de versement établi par le sous-intendant et revêtu de la déclaration de versement au Trésor.
	Numérotage et marquage des armes.	Mémoire ou quittance de l'armurier.

e CORPS D'ARMÉE.

—

e DIVISION
d

—

PLACE
d

—

MUNITIONS.

A tenir dans chaque corps ou portion de corps s'administrant isolément.

MODÈLE XXI.

e RÉGIMENT d
e

Art. 209 du Règlement.

Format : 0m,380 sur 0m,24.

CARNET DE MUNITIONS.

Le présent registre, contenant feuillets, a été coté et parafé par nous, Sous-Intendant militaire, pour servir de carnet de munitions à dater du

A , le 189

Le Sous-Intendant militaire,

° Trimestre 18 .

CARNET DE MUNITIONS (CARTOUCHES).

ENTRÉES.

DATES.	DÉTAIL.	CARTOUCHES À BALLE.	CARTOUCHES sans balle.	PROVENANCE, numéro du mois et année du chargement.	OBSERVATIONS. — (Provenance, trimestre et année de fabrication des étuis. Espèce, provenance, numéro et année du lot de poudre.)
1er janvier.	Il existe en magasin.........				
15 février.	Reçu de l'artillerie				
Idem.	*Idem*............				
	TOTAUX...				
	Consommation :				
31 mars.	Reste en magasin				

SORTIES.

DATES.	DÉTAIL.	CARTOUCHES À BALLE.	CARTOUCHES sans balle.	PROVENANCE, numéro du mois et année du chargement.	OBSERVATIONS. — (Provenance, trimestre et année de fabrication des étuis. Espèce, provenance, numéro et année du lot de poudre.)
					RÉCAPITULATION. — Il reste en magasin au 1° Cartouches modèle 1874, non vernies : Néant. 2° Cartouches modèle 1874, vernies : 6,000 chargées en 1879. 3° Cartouches modèle 1879, vernies : 6,000 chargées en 1880. 12,000 chargées en 1881.

° Trimestre 18 .

CARNET DE MUNITIONS (MUNITIONS

ENTRÉES.

DATES	DÉTAIL.	MATIÈRES pour LE TIR RÉDUIT.					MATIÈRES PROVENANT DU TIR.					CAISSES, BARILS ET OBJETS DIVERS.						OBSERVATIONS.
							Etuis de cartouches											
		Etuis	Poudre F.	Amorces.	Couvre-amorces.		Modèle	Modèle	Débris de cuivre.	Plomb.		Pinces à désamorcer.	Caisses blanches n° 3.		Boîtes à amorces.			

NON CONFECTIONNÉES ET OBJETS DIVERS).

SORTIES.

DATES.	DÉTAIL.	MATIÈRES pour LE TIR RÉDUIT.					MATIÈRES PROVENANT DU TIR.					CAISSES, BARILS ET OBJETS DIVERS.						OBSERVATIONS.
							Etuis de cartouches											
		Etuis	Poudre F.	Amorces.	Couvre-amorces.		Modèle	Modèle	Débris de cuivre.	Plomb.		Pinces à désamorcer.	Caisses blanches n° 3.		Boîtes à amorces.			

MINISTÈRE
DE LA GUERRE

3e DIRECTION.

ARTILLERIE
et
ÉQUIPAGES MILITAIRES

2e Bureau.
Matériel.

3e SECTION.
Poudres et cartouches

A transmettre au Ministre avant le 20 janvier de chaque année.

Art. 210 du Règlement.

MODÈLE XXII.

• RÉGIMENT D

ÉTAT DE SITUATION

au 31 décembre 18 des munitions et objets divers y relatifs pris en charge par le corps.

Portion du corps hors du territoire (1), dont les munitions ne sont pas comprises sur la situation générale du corps.. } . . . .

MUNITIONS DE MOBILISATION

AFFECTÉES AU CORPS
ET CONSERVÉES DANS LES MAGASINS DE L'ARTILLERIE,

Existant au 31 décembre 18 .

DÉSIGNATION DES PLACES D'ARTILLERIE où sont conservées les munitions.	CARTOUCHES A BALLE POUR FUSIL, CARABINE OU MOUSQUETON		CARTOUCHES A BALLE de revolver.	OBSERVATIONS.
	en caisses blanches.	dans (2) caissons de bataillon.		
TOTAUX............				

(1) En ce qui concerne les munitions, l'Algérie est considérée comme intérieur.

(2) Indiquer le nombre de caissons.

(3) Indiquer les portions du corps auxquelles sont destinées les cartouches.

(Format : 0m,36 sur 0m,23)

Exercice 18 .

MUNITIONS PRISES EN CHARGE PAR LE CORPS.

DÉTAILS.	SERVICE COURANT. Munitions d'exercice (a). Cartouches à balle modèle			Cartouches sans balle modèle		Matières pour le tir réduit (b). Étuis de cartouches mod[le]	Poudre.	Amorces.	Contre-amorces		Matières provenant du tir. Étuis de cartouches modèle		Débris de cuivre.	Plomb (b)		Caisses, barils, etc., objets divers. Pinces à désamorcer.	Caisses blanches n° 2.		Boîtes à amorces.					SERVICE DE RÉSERVE. Munitions du corps. Cartouches de mobilisation modèle						Munitions du ° rég. territorial de. Cartouches de mobilisation modèle						OBSERVATIONS.
1	2	3	4	5	6	7	8	9	10	11	12	13	14	15	16	17	18	19	20	21	22	23	24	25	26	27	28	29	30	31	32	33	34	35	36	37
	N°s	N°s	N°s	N°s	N°s	N°s	kil.	N°s	N°s	kil.	N°s	N°s	kil.	kil.		N°s	N°s		N°s					N°s	N°s	N°s				N°s	N°s	N°s				
L'existant au 1er janvier 18 était de..........																																				a) Les cartouches pour le chargement du sac ou pour la sûreté et les cartouches d'exercice ne forment, pour chaque modèle, qu'un article unique, mais en observations on fait ressortir les quantités sur l'existant au 31 décembre, affectées aux cartouches de sac ou de sûreté, ainsi qu'il est indiqué ci-dessus. (b) Le plomb délivré pour la confection des cartouches de tir réduit est inscrit dans la colonne 15. (c) Col. 2, 3 et 4 : Dont pour le service de sûreté (ou pour le chargement du sac) : .. cartouches modèle ; .. cartouches de revolver.
RECETTES DE L'ANNÉE.																																				
Reçu des magasins de l'artillerie............																																				
Reçu d'autres corps.....																																				
Provenant de virement de munitions (mouvements intérieurs).....																																				
Provenant du tir des cartouches)..............																																				
....																																				
TOTAUX........																																				
CONSOMMATION DE L'ANNÉE.																																				
Versé dans les magasins de l'artillerie.........																																				
Versé à d'autres corps..																																				
Versé à la portion détachée hors du territoire.																																				
Passé par virement aux munitions d ...																																				
Perdu..............																																				
Consommé dans les exercices à feu............																																				
Cartouches de revolver délivrées aux officiers à titre gratuit.....																																				
Cartouches de revolver délivrées aux officiers à charge de remboursement..																																				
TOTAUX........																																				
L'existant (c) au 31 décembre 18 est de....																																				
Dont..... à la portion centrale à..																																				
Dont..... aux bataillons actifs à																																				
Dont.....																																				

ALLOCATIONS DE MUNITIONS

AUXQUELLES LE CORPS AVAIT DROIT POUR L'ANNÉE 18 .

NATURE des EXERCICES.	HOMMES ayant droit AUX ALLOCATIONS.		ALLOCATION annuelle par homme. — CARTOUCHES			Cartouches à balle.		Cartouches sans balle.		CARTOUCHES de TIR RÉDUIT.	Matières allouées à raison par 100 cartouches, de			
	NOMBRE.	ARMEMENT.	à balle.	sans balle.	de tir réduit.	p' fusil, carabine ou mousqueton.	pour revolver.	p' fusil, carabine ou mousqueton.	pour revolver.	NOMBRE. F_1.	0 k,043 poudre F_1.	0 k,950 plomb.	102 amorces.	102 couvre-amorces.
1	2	3	4	5	6	7	8	9	10	11	12	13	14	15
						Nres	Nres	Nres	Nres		kil.	kil.	Nres	Nres
Exercices de tir de l'armée active..........		Fusil.												
		Revolver.												
Exercices de tir des réservistes..........		Fusil.												
		Revolver.												
Exercices de tir des territoriaux.........		Fusil.												
		Revolver.												
Grandes manœuvres..........		Fusil.												
		Revolver.												
Exercices extraordinaires (ordre du).														
TOTAUX............						—	—	—	—	—	—	—	—	—
Quantités de cartouches consommées... (figurant d'autre part à la 2e page)....														
DIFFÉRENCE (a) *en moins* pour les allocations............						—	—	—	—	—	—	—	—	—

(a) ou *en plus*.

Certifié par nous,
Membres du Conseil d'administration central,
A , le 18

Vu :
Le Sous-Intendant militaire,
chargé de la surveillance administrative du corps,

Art. 212 du Règlement.

MODÈLE XXIII.

ETAT

DE DEMANDE DE MUNITIONS D'EXERCICE.

• CORPS D'ARMÉE.

PLACE

d

MUNITIONS.

Mois d 18 .

L'état de demande de munitions est établi séparément par chaque portion de corps s'administrant isolément.

Art. 212 du Règlement.

MODÈLE XXIII.

• RÉGIMENT d

Indiquer la portion du corps.

ÉTAT DE DEMANDE DE MUNITIONS D'EXERCICE.

NUMÉROS DES ARTICLES.	NATURE des EXERCICES.	HOMMES AYANT DROIT aux allocations pendant l'année 18 .		ALLOCATIONS ANNUELLES par homme.			QUANTITÉS.									OBSERVATIONS.
							CARTOUCHES à balle.		CARTOUCHES sans balle.		CARTOUCHES de tir réduit.					
												Matières allouées à raison de 100 cartouches de				
		Armement.	Nombre.	Cartouches à balle.	Cartouches sans balle.	Cartouches de tir réduit.					Nombre.	poudre.	plomb.	amorces.	couvre-amorces.	
1	2	3	4	5	6	7	8	9	10	11	12	13	14	15	16	
1	Exercices de tir de l'armée active.	Fusil....										kilogr.	kilogr.	nomb.	nomb.	
2		Revolver														
3		....														
4	Exercices de tir des réservistes.	Fusil....														
5		Revolver														
6		....														
7	Exercices de tir des hommes de l'armée territoriale.	Fusil....														
8		Revolver														
9		....														
10	Exercices de tir extra-ordinaires.	Fusil....														
11		....														
12	(Ordre du .)	....														
	(*a*) TOTAUX des allocations.........															

											OBSERVATIONS
	Il existait au 1er janvier 18										
	Dont, entre les mains des hommes pour le chargement du sac (ou pour la sûreté)................										
1	*Restait* à cette époque comme existant disponible.										
	REÇU DEPUIS CETTE ÉPOQUE :										
2	Des magasins de l'artillerie										
3	D'autres corps										
4	D'autres portions de corps										
5	....										
6	Plomb recueilli après les tirs (col. 14.).........										
	(*b*) TOTAUX......................										
	CONSOMMÉ DEPUIS CETTE ÉPOQUE.										
1	Versé dans les magasins de l'artillerie										
2	Versé à d'autres corps										
3	....										
4	Pertes.....................................										
5	Cartouches à balle de revolver délivrées à officiers. à titre gratuit (allocation annuelle)										
6	à charge de remboursement (1)..										
7	....										
8	Consommé dans les divers exercices à feu.....										
	(*c*) TOTAUX										
	(*d*) RESTANT disponible au corps.........										
	Reports des consommations dans les exercices à feu (art. 8).................................										
	(*e*) TOTAUX (à retrancher des *totaux* (*a*)...										
	(*f*) QUANTITÉS restant à recevoir										
	Sur lesquelles le corps demande à prendre										

(*d*) Différence entre les totaux (*b*) et les totaux (*c*).

(*e*) Somme des restants (*d*) et des quantités de l'art. 8 des consommations.

(*f*) Différence entre les totaux (*a*) et les totaux (*e*).

(1) Sur lesquelles N ont été précédemment remboursés, suivant récépissés nos , remis à M. le directeur d'artillerie d ; reste à rembourser la valeur de N...... cartouches remises aux officiers depuis la dernière délivrance de munitions par l'artillerie.

CERTIFIÉ le présent État, tant de l'effectif en hommes que de la situation en munitions.

A , le 18

Les Membres du Conseil d'administration,

APPROUVÉ :

Le Général commandant la • brigade d

(Format : 0m 36 sur 0m,23.)

e CORPS D'ARMÉE.

—

e DIVISION

d

—

PLACE

d

—

MUNITIONS.

A tenir dans chaque corps ou portion de corps s'administrant isolément.

Art. 261 du Règlement.

MODÈLE XXV.

e REGIMENT D

CARNET

pour servir à l'enregistrement des accidents de tir, imputables aux cartouches, survenus pendant les exercices du corps.

A , le 18

Le

commandant l

(Format, $0^m,26$ sur $0^m,22$.)

CARTOUCHES MODÈLE 18 .

DATE de la séance de tir.	MARQUES DES PAQUETS dans lesquels étaient contenues les cartouches qui ont raté (1).	NOMBRE DE CARTOUCHES TIRÉES par atelier et par lot.	NOMBRE ET CAUSE DES RATÉS ABSOLUS.												NOMBRE TOTAL des ratés par atelier de chargement.	NOMBRE pour 1.000 cartouches tirées (2).	RUPTURES transversales des étuis au bourrelet ou à moins de 5 millimètres du bourrelet.		AUTRES accidents de tir et observations. (3)
			Sans poudre.	Poudre avariée.	Sans amorce ni couvre-amorce.	Sans amorce sous le couvre-amorce.	Sans fulminate dans l'amorce.	Fulminate avarié.	Sans évents.	Enclume défoncée.	Causes diverses.			Cause inconnue.			Marques poinçonnées sur le culot de l'étui.	Nombre d'étuis par provenance et trimestre de fabrication.	
Totaux à reporter																			

(1) Indiquer l'atelier et l'année de chargement, le numéro annuel du lot de cartouches ou (pour les cartouches fabriquées avant le 1er décembre 1880) le mois dont le numéro est inscrit avant le millésime de l'année ; en outre, si le raté est dû à un défaut de l'étui (absence d'évents, enclume défoncée, etc.), indiquer la provenance et le trimestre de fabrication des étuis (voir les marques des paquets de cartouches, art. 109 et 110 de l'instruction sur les armes en service du 30 août 1884).

(2) Le pour mille n'est calculé que pour la récapitulation trimestrielle.

(3) En cas de rupture d'étuis, indiquer s'il y a eu fuite de gaz ayant incommodé ou blessé le tireur.

e CORPS D'ARMÉE.

e DIVISION.

e Trimestre 189 .

A adresser au Ministre en simple expédition avant le 15 du premier mois de chaque trimestre. (3e direction, 2e bureau, matériel.)

Art. 263 du Règlement.

Format : 0m,36 sur 0m,23.

MODÈLE XXVI (1).

e RÉGIMENT D

TIR DES CARTOUCHES POUR ARMES PORTATIVES.

QUANTITÉ DE PLOMB RECUEILLI.

Période du au

IMPERFECTIONS CONSTATÉES	CARTOUCHES à balle modèle 1879 ou modèle 1879-1883.	à balle modèle 1886.	à balle pour revolver modèle 1873.	sans balle modèle 1874.	à blanc pour fusil modèle 1886.	sans balle pour revolver modèle 1873.
Nombre de cartouches tirées....						
Nombre de ratés observés.......						
Nombre de ruptures transversales complètes avec détachement de la bague..						
Nombre de ruptures complètes ou partielles au culot....						
Nombre des difficultés d'extraction ayant nécessité l'emploi de la baguette.						

OBSERVATIONS.

On mentionnera les marques des paquets et des étuis pour lesquels des ruptures ou des franchissements sont signalés. En cas de ruptures au culot, on indiquera si ces ruptures ont occasionné des accidents plus ou moins graves pour le tireur.

(1) Modifié, dépêche du 22 octobre 1890, n° 12-3

QUANTITÉS DE PLOMB RECUEILLI APRÈS LE TIR.

	TRIMESTRE 18				REPORT d premier trimestre de l'année.	TOTAUX pour les premiers trimestres de l'année.
	BALLES			POIDS total.		
Nombre de balles tirées..............						
Poids de l'unité (kilog.)						
Poids des balles tirées (kilog.)...........						
Poids du plomb recueilli (kilog.)...........						
Quotient du poids du plomb recueilli par le poids des balles tirées....................						

OBSERVATIONS.

Certifié par nous,

Membres du Conseil d'administration du

A , *le* 18 .

INSPECTION
GÉNÉRALE
de 188 .

e CORPS D'ARMÉE.

PLACE
de

MODÈLE XXVII.

e RÉGIMENT d

e BATAILLON.

COMPAGNIE (ESCADRON OU BATTERIE).

Art. 114 et 294 du Règlement.

CONTROLE NOMINATIF

pour servir à la visite des armes de ladite compagnie (escadron ou batterie).

NUMÉROS		NOMS des HOMMES.	GRADES.	(*)				DÉTAIL DES RÉPARATIONS au compte (**)			OBSERVATIONS.
du registre matricule.	des armes.			Bons.	à réparer par le chef armurier	à réparer en manufacture.	hors d'état d'être réparés.	du soldat.	de l'abonnement. (***)	de l'État. (****)	
		TOTAL GÉNÉRAL....									
		TOTAUX.......		(*****)							

(*) Indiquer le modèle et l'espèce des armes présentées à la visite.

(**) Les noms doivent être suffisamment espacés pour qu'on puisse écrire distinctement dans ces colonnes, vis-à-vis le nom de chaque homme, les réparations relatives à son arme et à ses accessoires d'armes (pour les armes à feu).

(***) Sous le régime de clerc à maître, supprimer cette colonne.

(****) Pour défaut de fabrication seulement, lorsque le corps est sous le régime de l'abonnement.

(*****) Les armes de théorie sont totalisées séparément.

(Format : $0^m,44$ sur $0^m,28$.)

CERTIFIÉ par le capitaine commandant la compagnie (l'escadron ou la batterie), quant à l'effectif.

A , le 188 .

Le Capitaine commandant,

VÉRIFIÉ ET ARRÊTÉ par le Capitaine inspecteur d'armes et par le lieutenant d'armement.

Le Lieutenant d'armement,

Le Capitaine d'artillerie, inspecteur d'armes,

INSPECTION GÉNÉRALE du 18 .

e CORPS D'ARMÉE.

PLACE d

VISITE DE L'ARMEMENT DES CORPS.

MODÈLE XXVIII.

e RÉGIMENT d

Indiquer, s'il y a lieu, la portion du corps.

Art. 322 et 330 du Règlement.

PROCÈS-VERBAL

de la visite des armes du e régiment d à la revue de M. le général inspecteur général d

L'an mil huit cent , le et jours suivants, nous, capitaine au corps de l'artillerie, assisté de M. , contrôleur d'armes, en présence de M. , d'armement du corps, avons, en conséquence des ordres de M. le Ministre de la guerre en date du , passé la visite des armes dudit corps, dont il résulte ce qui suit :

Les armes qui nous ont été présentées doivent, d'après les visites auxquelles elles ont été soumises, être classées de la manière suivante :

ARMEMENT DU SERVICE COURANT.							ARMEMENT DE RÉSERVE.						
ESPÈCES des armes.	QUANTITÉS D'ARMES.						ESPÈCE des armes.	QUANTITÉS D'ARMES.					
	présentées à la visite.	bonnes.	à réparer par le chef armurier.	à réparer dans une manufacture d'armes	hors d'état d'être réparées.	non visitées.		présentées à la visite.	bonnes.	à réparer par le chef armurier.	à réparer dans une manufacture d'armes	hors d'état d'être réparées.	non visitées.

La visite de l'armement a, en outre, donné lieu à l'établissement des états mentionnés ci-après et annexés au présent procès-verbal, savoir :

	Nombre d'expéditions.
1° Etat des armes à envoyer en manufacture pour y être réparées (Mod. XXIX)........	2
2° Etat des armes jugées hors d'état d'être réparées (Mod. XXX)	2
3° Etat des pièces d'armes réformées pour défauts de fabrication (Mod. XXXI)........	Néant.
4° Etat des pièces d'armes défectueuses envoyées au corps (Mod. XXXII)..............	Néant.
5° Etat des pièces d'armes remplacées au corps (Mod. XXXIII).......................	1
6° Rapport sur la visite des munitions (Mod. XXXIV)................................	1
7°	
TOTAL..............................	

(Format : $0^m,36$ sur $0^m,23$.)

OBSERVATIONS.

(Elles doivent être inscrites sur le registre des procès-verbaux du corps.)

I. — ARMEMENT DU SERVICE COURANT.

a. VISITES DE DÉTAIL. — La visite de détail, faite conformément aux prescriptions des articles 301 et 302, a porté sur :

Indiquer le nombre et l'espèce des armes ..... { ....

et a donné lieu aux observations ci-après :

b. VÉRIFICATIONS SPÉCIALES. — Les vérifications spéciales ont donné les résultats suivants :

(1)

CALIBRE DE L'AME DU CANON.

Nombre de (1).	Vérifiés....................	
	dont le calibre du canon est compris entre....	11mm,0 et au-dessous.
		11 0 et 11mm,1.....
		11 1 et 11 2.....
		11 2 et 11 3.....
		11 3 et au-dessus.

DIAMÈTRE DE L'ENTRÉE DE LA CHAMBRE.

Nombre de (1).	Vérifiés........................	
	dans lesquels le diamètre à l'entrée de la chambre est compris entre......	13mm,9 et 14mm,0.....
		14 0 et 14 1.....
		14 1 et au-dessus.

VÉRIFICATIONS DIVERSES

Nombre de (1)..	vérifiés..	
	présentant les dimensions de rebut de	la boîte de culasse...........
		la tête mobile.................
	présentant un surécartement de la fente de boîte de culasse..........................	

REVOLVERS.

CALIBRE DE L'AME DU CANON.

Nombre de revolvers.	Vérifiés....................	
	dont le calibre du canon est compris entre....	11mm,0 et au dessous.
		11 0 et 11mm, 1....
		11 1 et 11 2....
		11 2 et 11 3....
		11 3 et au-dessus.

DIMENSIONS DE LA FEUILLURE ET DES CHAMBRES.

Nombre de revolvers	vérifiés......................
	dont la feuillure est de 1mm,6.
	dont les chambres ne reçoivent pas le vérificateur maximum.

DIMENSION DE LA SAILLIE DU PERCUTEUR.

Nombre de revolvers	vérifiés......................
	dont la saillie du percuteur est inférieure à 2mm,5..........

AUTRES VÉRIFICATIONS. —

(1) Fusil ou mousqueton

II. ARMEMENT DE RÉSERVE.

(Indiquer ici tous les résultats et observations relatifs à la visite des armes de réserve prise en charge par le corps. Si le corps n'a pas en charge son armement de réserve, il y a lieu d'indiquer dans quel magasin cet armement se trouve déposé.)

Nous avons de plus reconnu que le montant de l'abonnement pendant l'année écoulée, du 1er janvier au 31 décembre, a été, pour les armes entretenues au *taux ordinaire*, de. fr. c.

Pour les armes entretenues au *taux réduit*, de........ } fr. c.

Que les réparations faites au compte de l'abonnement se sont élevées à..................................

Que les réparations faites au compte des hommes se sont élevées à.. } fr. c.

Que les réparations au compte de l'Etat, pour les armes du service courant, se sont élevées à.................

Que les réparations au compte de l'Etat, pour les armes des réservistes et des territoriaux, se sont élevées à.....

Que le prix des pièces d'armes tirées des manufactures et qui ont été remises au chef armurier a été de......................

Fait et clos à , le 18

Le d'armement,

Le Capitaine inspecteur d'armes,

Vu :

Les membres du Conseil d'administration,

AVIS SUR LA CAPACITÉ ET LE ZÈLE DU LIEUTENANT D'ARMEMENT ET DU CHEF ARMURIER.

OBSERVATIONS DIVERSES.

A , le 189 .

Le Capitaine inspecteur d'armes,

OBSERVATIONS DU CHEF DE CORPS.

A , le 189 .

Le commandant le

INSPECTION GÉNÉRALE de 189 .

PLACE de

VISITE DE L'ARMEMENT DES CORPS.

A transmettre au Ministre en double expédition.

MODÈLE XXIX (1).

° RÉGIMENT.

Indiquer la portion du corps.

Art. 129 et 306 du Règlement.

(1) Modifié. — Note du 29 juin 1886, *J. M.*, p. 807.

ÉTAT

des armes à envoyer en manufacture, les réparations n'étant pas de nature à pouvoir être exécutées par le chef armurier du corps.

NUMÉRO (ou lettre) du bataillon. 1	NUMÉRO (ou lettre) de la compagnie. 2	DÉSIGNATION DES ARMES. Espèce et modèle. 3	DÉSIGNATION DES ARMES. Numéro. 4	MOTIFS DE L'ENVOI EN MANUFACTURE. 5	OBSERVATIONS. 6
2	G.	Fusil Mᵉ.	H 17104.	Tuber le canon .... C.	
2	H.	*Idem*....	K 1915.	Remplacer une boîte de culasse .... E.	Criquée, défaut de trempe.
3	J.	*Idem*....	M 2155.	Remplacer une culasse sans hausse ni boîte.. E.	Éclaté, pailleux.
»	»	»	»	Remplacer un bois...... E.	Brisé par l'éclatement du canon.
1	E.	Rev. Mˡᵉ.	F 32101.	Remplacer une bouterolle du barillet........... C.	

En résumé, le présent état comprend les quantités d'armes ci-contre, savoir (*b*)......... { Trois fusils Mˡᵉ... Un revolver Mˡᵉ... ....

A , le 189 .

Le Lieutenant d'armement,

Le Capitaine inspecteur d'armes,

Vu :

Les Membres du Conseil d'administration,

Col. 5. — Porter non-seulement les réparations qui ne peuvent être exécutées qu'en manufacture, mais, en outre, *celles qui* sont connexes des premières ou qui ont été rendues nécessaires par suite du même accident.

Col. 6. — Sous le régime de l'abonnement, indiquer les procès-verbaux de force majeure ou les défauts de fabrication qui mettent la réparation à la charge de l'État.

Sous le régime de clerc à maître, on ne porte au compte du corps que les imputations aux masses individuelles.

(*b*) En toutes lettres.

(Format : 0ᵐ,36, sur 0ᵐ,23.)

INSPECTION
GÉNÉRALE
de 188 .

PLACE
d

VISITE DE L'ARMEMENT DES CORPS.

A transmettre au Ministre en double expédition.

Art. 307 du Règlement.

MODÈLE XXX.

° RÉGIMENT d

(a) ÉTAT

des armes jugées hors d'état d'être réparées à verser à l'artillerie.

N° du bataillon. 1	Lettre ou numéro de la compagnie. 2	DÉSIGNATION DES ARMES. Espèce et modèle. 3	Numéro 4	CAUSES qui mettent l'arme hors d'état d'être réparée et autres dégradations constatées. 5	DÉTAIL des DÉGRADATIONS à imputer au corps. 6	MONTANT des sommes à imputer au corps. 7	OBSERVATIONS. 8
						fr. c.	
2	E.	Fusil Mle	G 1557	Canon et boîte brisés au taraudage, bois cassé (1)....	»	»	(1) Procès-verbal de force majeure du 28 juin 18 .
1	B.	Sabre d'adjudant Mle	127	Lame trop mince, fourreau usé.....	Lame (6f50c) et fourreau (6f85)	13 35	
					TOTAL...	13 35	

(a) Col. 6 et 7. — Sous le régime de l'abonnement, porter au compte du corps indistinctement tous les remplacements imputables soit à l'abonnement, soit aux hommes, ainsi que les autres dégradations constatées.
Sous le régime de clerc à maître, ne porter que les remplacements mis à la charge de la masse d'habillement, d'après les bulletins d'imputation (mod. IX) qui ont dû être établis par les capitaines commandants.
Col. 8. — Indiquer, s'il y a lieu, les procès-verbaux de force majeure établis, les défauts de fabrication, etc., qui mettent les dégradations à la charge de l'État.
(b) Répéter en toutes lettres les quantités d'armes qui figurent dans la col. 3.
(c) Total de la col. 7, en toutes lettres. Si ce total est nul, mettre le mot *Néant* en caractères apparents.

(Format : 0m,36 sur 0m,23.)

Certifié le présent état comprenant les quantités d'armes ci-après (b) :

Un fusil Mle.
Un sabre d'adjudant Mle.

pour les dégradations desquels il doit être imputé au ° régiment d , la somme de (c) treize francs trente-cinq centimes.

A , le 18 .

Le Lieutenant d'armement,

Le Capitaine inspecteur d'armes,

VU :

Les Membres du Conseil d'administration,

INSPECTION
GÉNÉRALE
de 18 .

—

PLACE
d

—

VISITE DE L'ARMEMENT
DES CORPS.

Art. 308
du Règlement.

MODÈLE XXXI.

e RÉGIMENT D

ÉTAT

des pièces d'armes réformées pour défaut de fabrication, dont le remplacement est à la charge de l'Etat.

NUMÉRO du bataillon.	LETTRE OU NUMÉRO de la compagnie.	DÉSIGNATION DES ARMES. ESPÈCE et modèle.	NUMÉRO	PIÈCES D'ARMES réformées (a).	QUANTITÉS.	MONTANT des remplacements au compte de l'Etat.	MOTIFS DES RÉFORMES et observations.
						fr. c.	
1	E.	Fusil modèle	G 35104	Chien.......	1	2 35	Criqué, pailleux.
2	H.	*Idem*,...........	G 2522	Cylindre	1	3 35	*Idem.*
4	J.	Sabre-baïonnette modèle........	Z 1711	Lame.	1	3 50	Brisée, défaut de trempe.
				TOTAL........		9 20	

(a) Ne pas porter les remplacements qui doivent être exécutés en manufacture ; ces remplacements sont inscrits sur l'état modèle XXIX.
(b) Répéter en toutes lettres le total de l'état.

En conséquence, le montant du prix du remplacement des pièces réformées pour défaut de fabrication s'élève à la somme de (b) neuf francs vingt centimes, que l'on propose de mettre à la charge de l'Etat.

A , le 18 .

Le Lieutenant d'armement,

Le Capitaine inspecteur d'armes,

Vu :
Les Membres du Conseil d'administration,

(Format, 0m,36 sur 0m,23.)

INSPECTION
GÉNÉRALE
18

—

PLACE
d

—

VISITE DE L'ARMEMENT
DES CORPS.

A transmettre au Ministre en double expédition.

Art. 316
du Règlement.

MODÈLE XXXII.

e RÉGIMENT D

ÉTAT

des pièces d'armes de rechange défectueuses envoyées au corps.

DATES DE L'ARRIVÉE des pièces au corps.	MANUFACTURE ou DIRECTION D'ARTILLERIE qui a livré les pièces.	ESPÈCE et MODÈLE DES ARMES auxquelles les pièces sont destinées.	DÉSIGNATION DES PIÈCES non recevables.	QUANTITÉS.	MOTIFS DE LA RÉFORME et observations.
30 juin 1880.....	Saint-Etienne....	Fusil, M^{le} 1874..	Bois........	2	Gerçures.
8 janvier 1881...	Châtellerault	Sabre d'adjudant. M^{le} 1845......	Lame.......	1	Criquée.

(1) Répéter en toutes lettres la quantité des diverses espèces de pièces d'armes provenant de chacune des manufactures.

Certifié le présent état comprenant : (1)

Deux bois, pour fusil modèle 1874....... } provenant de la manufacture de Saint-Etienne.
Une lame de sabre d'adjudant, modèle 1845. } provenant de la manufacture de Châtellerault.

A , le 18 .

Le Lieutenant d'armement,

Le Capitaine inspecteur d'armes,

VU :
Les Membres du Conseil d'administration,

(Format : 0^m,36 sur 0^m,23.)

INSPECTION GÉNÉRALE.
de 18 .

e CORPS D'ARMÉE.

PLACE
d

VISITE DE L'ARMEMENT DES CORPS.

Art. 315 du Règlement.

MODÈLE XXXIII.

e RÉGIMENT D

ÉTAT

des pièces d'armes remplacées par suite des réparations faites au corps et qui doivent être versées à la direction d'artillerie d

NOMENCLATURE des PIÈCES D'ARMES.	QUANTITÉS (Par espèce et par modèle d'armes).				NOMBRE DE PIÈCES			OBSERVATIONS.
	(*)	(*)	(*)	(*)	remplacées depuis la dernière inspection. (**)	PERDUES.	A VERSER.	

(*) Indiquer l'espèce et le modèle des armes auxquelles appartiennent les pièces d'armes à verser.

(**) Toutes les pièces remplacées par le corps depuis la dernière inspection doivent figurer dans cette colonne, qu'elles existent ou non en magasin. Les différences résultant de causes autres que les *pertes* sont signalées dans la colonne *observations*.

Tous les bois remplacés y figurent également avec cette annotation : *laissés au corps pour y être utilisés.*

Lorsque les bracelets ou la cuvette des fourreaux de sabres réformés sont encore de service, les chefs armuriers sont autorisés à les retirer des fourreaux et à les utiliser dans les réparations sans qu'ils aient à en payer le remboursement; les fourreaux sont alors versés *nus*.

(Format : 0m,36 sur 0m,23.)

A , le 18

Le Lieutenant d'armement,

Vu, bon à verser les quantités de pièces d'armes remplacées désignées ci-dessus, lesquelles seront reçues au poids par la direction d'artillerie d

Le Capitaine inspecteur d'armes,

Vu :

Les Membres du Conseil d'administration,

INSPECTION GÉNÉRALE de 18 .

Art. 329 du Règlement.

MODÈLE XXXIV.

e CORPS D'ARMÉE.

c RÉGIMENT D

PLACE d

RAPPORT SUR LA VISITE DES MUNITIONS.

VISITE DE L'ARMEMENT DES CORPS.

RELEVÉ

des principaux accidents de tir, imputables aux cartouches, qui se sont produits depuis la visite de l'année précédente.

1° RATÉS DE CARTOUCHES.

CARTOUCHES À BALLE MODÈLE 1874.																CARTOUCHES À BALLE DE REVOLVER modèle 1873.		
			NOMBRE ET CAUSES DES RATÉS ABSOLUS.															
						Ruptures transversales.												
MARQUES DES PAQUETS dans lesquels étaient contenues les cartouches qui ont raté.	MARQUES poinçonnées sur le culot de l'étui.	NOMBRE de cartouches tirées.	Longs feux.	Ratés provenant des cartouches.	Désamorçage.	partielles. à moins de 5mm du bourrelet	complètes du bourrelet	A plus de 5m/m du bourrelet.		Franchissement d'extracteur.	Ayant nécessité l'emploi de la baguette.					MARQUES DES PAQUETS dans lesquels étaient contenues les cartouches qui ont raté.	NOMBRE de cartouches tirées.	NOMBRE de ratés absolus par atelier de chargement.
TOTAUX...																Totaux		
Pour cent par rapport au nombre de cartouches tirées..																Pour cent par rapport au nombre de cartouches tirées......		

2° RUPTURES OU FENTES AU CULOT OU À MOINS DE 5 MILLIMÈTRES DU CULOT DE L'ÉTUI.

MARQUES POINÇONNÉES sur le culot de l'étui.	NOMBRE DE RUPTURES OU DE FENTES				OBSERVATIONS.
	CIRCULAIRES		LONGITUDINALES.	TOTAL par provenance et trimestre	
	partielles.	totales.			
TOTAUX.......					

(Format, 0m,36 sur 0m,23.)

AUTRES ACCIDENTS DE TIR ET OBSERVATIONS.

Consigner ici les observations qui sont relatives aux ratés et aux ruptures d'étuis et qui n'ont pu trouver place dans les tableaux ci-dessus.

Signaler, en outre, les accidents de tir autres que les précédents qui, par leur fréquence, paraîtraient devoir faire l'objet d'une mention spéciale.

2° *Conservation des munitions entre les mains des hommes et dans les magasins du corps.*

Consigner ici toutes les observations relatives à l'entretien et à la conservation des cartouches de sûreté, d'exercice et de mobilisation, ainsi que celles concernant l'état des dépôts de munitions du corps.

3° *Proposition de remplacement des munitions reconnues défectueuses.*

Indiquer avec soin le nombre et le modèle des cartouches dont le remplacement est proposé, la nature des avaries ou des défectuosités de ces munitions, l'atelier et l'époque de fabrication des étuis, l'atelier et l'époque du chargement, la date de leur livraison au corps et l'établissement d'artillerie qui les a délivrés, enfin la catégorie à laquelle ces munitions appartiennent (mobilisation, sûreté ou exercices).

4° *Nettoyage des étuis provenant de cartouches ayant été tirées. Observations diverses.*

Fait le 18 .

Le Lieutenant d'armement,

Le Capitaine inspecteur d'armes,

Vu :

Les Membres du Conseil d'administration.

e ARMÉE.
—
e CORPS D'ARMÉE.
—
e DIVISION
d
—
e BRIGADE
d
—
MOIS
d 18 .

MODÈLE XXXV.

e RÉGIMENT D

Indiquer, s'il y a lieu, la portion du corps.

Art. 369 et 373 du Règlement.

ÉTAT
de situation des munitions.

	EFFECTIF présent en hommes (ou nombre de caissons ou de caisses).	Nombre de cartouches que chaque homme doit porter ou que doit renfermer le caisson ou la caisse.	QUANTITÉS DE CARTOUCHES — POUR ARMES MODÈLE — portées par les hommes.	dans les caissons de bataillon. — Nombre de cartouches.	dans les caissons de bataillon. — Nombre de trousses.	dans les caisses n° 3 de fourgons à bagages. — Nombre de cartouches.	dans les caisses n° 3 de fourgons à bagages. — Nombre de trousses.	pour revolver modèle 1873.	OBSERVATIONS.
Hommes armés du fusil.									
Hommes armés du revolver..................									
Caissons de bataillons modèle 1858 (*a*).......									
Caisses blanches n° 3 des fourgons à bagages...									
(*b*) *Nécessaire* au complet de l'effectif présent....................									
Il existait à la date du 18 .									
Il a été reçu depuis : de l'artillerie de la division, le 18									
(*c*) TOTAUX.............									
Il a été consommé : au combat du 18									
(*d*) TOTAUX............									
(*e*) Il reste à la date du 18 .									
(*f*) *Manquant* au complet de l'effectif									

(*) Les cartouches contenues dans les caissons doivent former un nombre entier de trousses de 168 cartouches.
(*e*) Différence des totaux (*b*) et (*c*).
(*f*) Différence des totaux (*b*) et (*c*).
Indiquer, s'il est nécessaire, les portions du corps qui n'ont pas leur approvisionnement au complet, ainsi que leur emplacement.

A , le 18 .

Le Colonel commandant le e régiment d

(Format : 0m,21 sur 0m,33.)

e CORPS D'ARMÉE.

Dépêche ministérielle du 7 juin 1880, n° 21.737.

ETAT de liquidation des dépenses d'armement faites par les corps de troupe du e corps d'armée pendant l'exercice 189 .

INDICATION DES CORPS DE TROUPE.	Montant par relevé des dépenses d'armement.	TOTAL par corps de troupe.	OBSERVATIONS.
	TOTAL..........		

L'intendant militaire directeur du service de l'intendance du e corps d'armée, après examen des motifs exposés et des pièces justificatives des créances portées sur le présent état, liquide à la somme de : (*en toutes lettres*)

le montant desdites créances.

A , le 189 .

ANNEXES.

Numéros		Pages.
I.	Instruction du 6 septembre 1887 pour l'application du tarif des prix des réparations	211
II.	Bases de l'armement des officiers généraux, des officiers sans troupe et des employés militaires	218
	Idem des corps	224
III.	Extrait de l'instruction du 30 août 1884	229
IV.	Tarif fixant le maximum du poids et du cube à allouer aux corps de troupe pour le transport des armes	243
V.	Sociétés de tir et de gymnastique	244
VI.	Exécution des exercices de tir dans les établissements d'instruction primaire ou secondaire	263
VII.	Délivrance de fusils modèle 1874 de manœuvre, sans épée-baïonnette, aux sociétés d'instruction militaire préparatoire	267
VIII.	Armement des officiers de réserve et de l'armée territoriale	268
IX.	Aiguisage des sabres au moment de la mobilisation	270
X.	Extrait du règlement du 14 janvier 1889 sur l'administration et la comptabilité des corps de troupe	272
XI.	Extrait du règlement du 9 septembre 1888 et de l'instruction du 23 décembre même année sur la comptabilité des matières	277
XII.	Répertoire des décisions traitant de questions relatives à l'armement	288

[illegible]

I

Instruction du 6 septembre 1887 (*B. O.*, p. 217 p. s.) pour l'application du tarif des prix des réparations (1)

Armes modèle 1874 et modèle 1866-74, fusil modèle 1884, fusil modèle 1885 et modèle 1875-85, fusil modèle 1886, carabine de cavalerie et de cuirassier modèle 1890, mousqueton d'artillerie modèle 1892, carabine de gendarmerie modèle 1890, revolver modèle 1873, modèle 1892, armes blanches. — Tarif provisoire des prix des réparations.

Régime d'entretien des armes.

Art. 1er. Les armes sont entretenues, dans les corps de troupe, sous le régime de clerc à maître, conformément aux dispositions des articles 174 et suivants du règlement du 30 août 1884 sur le service de l'armement. En conséquence, les prix des réparations et des remplacements portés au présent tarif, ainsi que les dépenses d'entretien des armes en magasin, seront payés aux chefs armuriers avec bonification des primes de 10, 20 ou 25 p. 100, suivant le cas, qui sont allouées à ces employés par les articles 175, 177 et 363 du règlement précité. Toutefois, en ce qui concerne les armes du service de réserve réintégrées dans les magasins des corps après les périodes d'instruction des hommes de la réserve et de l'armée territoriale, la réparation de ces armes continuera à donner lieu à une allocation fixe de 0 fr. 40 (2) par homme, qui sera payée aux chefs armuriers *sans bonification de prime.*

Exécution des réparations.

Art. 2. Les prix portés au présent tarif, pour une réparation ou un remplacement, comprennent toujours ceux des opérations connexes auxquelles a donné lieu cette réparation ou ce remplacement ; son inscription sur le bulletin de réparations ou sur le livret de l'homme ne doit donc donner lieu qu'à un article unique.

Exemple : Remplacer un pied de hausse comprend : démonter l'arme et la hausse, dessouder l'ancien pied de hausse, fournir un nouveau pied, ajuster toutes les pièces de la hausse sur le nouveau pied, souder la hausse sur le canon, nettoyer intérieurement et extérieurement le canon maculé par l'opération de la soudure, ainsi que les pièces de la hausse, bleuir celles-ci s'il y a lieu, bronzer le pied et les parties blanchies du canon, graisser ou huiler la hausse et toute l'arme.

De même, le remplacement des pièces qui doivent être trempées à la volée ou en paquet comprend toujours la trempe de ces pièces.

Enfin, la réparation d'une pièce comprend toujours sa mise en état

(1) *Tarif des prix des réparations* (5e édition mise à jour et complétée par toutes les feuilles rectificatives parues). Prix 1 fr. 50. — Henri Charles-Lavauzelle, éditeur.

(2) Allocation fixée par la note du 17 mars 1889, *B. O.*, p. 595.

de service ainsi qu'un léger nettoyage de la pièce et le graissage de toute l'arme.

Les remplacements et les réparations qui ne doivent être exécutés que dans une manufacture d'armes de l'Etat sont indiqués par les lettres MA (manufacture). Les armes à réparer sont, dans ce cas, et à moins d'ordres contraires du Ministre, versées par le corps à titre définitif; mais la réparation n'en est pas moins payée par qui de droit.

Toute réparation non indiquée au présent tarif est interdite aux chefs armuriers. Il leur est interdit également de faire des réparations sans nécessité bien démontrée et de remplacer prématurément les pièces d'armes. Les capitaines inspecteurs d'armes s'assureront, par tous les moyens en leur pouvoir, que les chefs armuriers se tiennent, à cet égard, dans les limites fixées par le règlement et par l'instruction du 30 août 1884.

Imputation des dépenses.

Art. 3. Conformément au règlement du 30 août 1884, sont à la charge de l'Etat, sous le régime de clerc à maître :

Les réparations et remplacements de pièces qui sont le résultat de l'usure naturelle de l'arme dans toutes les circonstances du service ;

Les réparations et remplacements nécessités par un défaut de fabrication ou un cas de force majeure dûment constaté ;

Les dépenses d'entretien des armes en magasin.

Sont à la charge de la masse d'habillement et d'entretien :

Les réparations et remplacements rendus nécessaires par suite de la négligence, de la maladresse ou de la mauvaise volonté des détenteurs des armes, sauf pour les armes de théorie, dont les dégradations causées par maladresse sont réparées au compte de l'Etat.

Sont à la charge du chef armurier :

Les réparations et remplacements qui proviennent du fait de réparations antérieures mal exécutées, ou d'un défaut d'entretien des armes en magasin;

Les réparations aux armes réintégrées par les hommes de la réserve et de l'armée territoriale, après les périodes d'instruction (le chef armurier est rémunéré au moyen de l'allocation de 0 fr. 40 stipulée à l'article 1er).

Sont à la charge du chef de corps ou du conseil d'administration :

Les réparations nécessitées par une infraction aux règlements, prescrite ou simplement tolérée dans le corps.

Conformément aux prescriptions de l'article 174 du règlement précité, les sous-intendants militaires devront s'assurer que les dépenses de réparation et d'entretien des armes portées au compte de l'Etat sur les mémoires trimestriels modèle 17 rentrent bien dans les catégories indiquées ci-dessus et ne comprennent aucune somme qui devrait réglementairement être imputée au corps.

Paiement de la moins-value causée par les réparations.

Art. 4. L'Etat, en prenant à sa charge le remplacement des pièces réformées pour usure dans le service, a dû se prémunir contre les cas d'usure prématurée qui se produisent par suite de réparations exécutées antérieurement. En ce qui concerne notamment les canons remplacés pour agrandissement de calibre, l'expérience a démontré que cet agrandissement est presque toujours la conséquence de réparations faites à l'intérieur de l'âme et causées par un entretien défectueux du canon. A chaque réparation de ce genre correspond une certaine augmentation du calibre, et, par suite, une moins-value qui est généralement imputable au détenteur de l'arme, et qui ne doit pas tomber à la charge de l'Etat. Aussi les prix de ces réparations sont-ils majorés, dans le présent tarif, d'une somme représentative de la moins-value dont il s'agit, somme qui doit être versée au Trésor, pour faire retour au budget de l'artillerie, pour toutes les réparations de cette espèce qui ne sont pas à la charge de l'Etat. La même disposition existe pour les réparations au tranchant et à la pointe des lames de sabre; elle pourra être généralisée et étendue à toutes les pièces d'armes, si l'expérience le fait paraître nécessaire pour empêcher l'abus des réparations, auquel l'application du régime de clerc à maître est susceptible de donner lieu.

Pour les réparations exécutées en manufacture, la somme payée à l'Etat pour moins-value est versée au Trésor en même temps que le prix de la réparation proprement dite; pour les réparations faites dans les corps, les versements pour moins-value ont lieu par trimestre, d'après un relevé établi par l'officier d'armement et vérifié par le sous-intendant militaire.

Fournitures des pièces d'armes.

Art. 5. A l'intérieur, les pièces d'armes de rechange sont fournies aux corps par les manufactures, sauf le cas spécifié ci-après. Le présent tarif indique l'état de fabrication dans lequel elles sont livrées, et le prix auquel elles sont payées par les corps.

Les pièces pour fusil modèle 1874 et modèle 1866-1874 sont fournies par les trois manufactures, savoir : par la manufacture de Châtellerault, aux corps stationnés dans le gouvernement militaire de Paris et dans les 3e, 4e, 5e, 9e, 10e et 11e corps d'armée; par la manufacture de Saint-Etienne, aux corps stationnés dans les 1er, 2e, 6e et 7e corps d'armée, gouvernement militaire de Lyon, 13e, 14e et 15e corps d'armée; par la manufacture de Tulle, aux corps stationnés dans les 8e, 12e, 16e, 17e et 18e corps d'armée.

Pour les carabines de cavalerie et les carabines de gendarmerie, ainsi que pour les baïonnettes quadrangulaires, les pièces d'armes sont fournies exclusivement par la manufacture de Saint-Etienne.

Pour les mousquetons, les pièces d'armes sont fournies par deux manufactures, savoir : par la manufacture de Châtellerault, aux corps stationnés dans le gouvernement militaire de Paris, les 1er, 2e, 3e, 4e, 5e, 6e, 7e, 9e, 10e et 11e corps d'armée; par la manufacture de Tulle, aux corps stationnés dans le gouvernement militaire de Lyon, les 8e, 12e, 13e, 14e, 15e, 16e, 17e et 18e corps d'armée.

Pour les fusils modèle 1884, les pièces d'armes sont fournies par les manufactures de Saint-Etienne et de Châtellerault.

Pour les fusils modèle 1885, les pièces d'armes, primitivement fournies par les trois manufactures, le sont exclusivement, depuis le mois de juin 1887, par la manufacture de Tulle.

Pour les fusils modèle 1886, les trois manufactures fournissent les pièces d'armes aux corps, conformément à la répartition indiquée pour les armes modèle 1874.

Pour les revolvers, les pièces sont fournies par la manufacture de Saint-Etienne.

Pour les armes blanches, par celle de Châtellerault.

Pour les carabines de gendarmerie modèle 1890, carabines de cavalerie modèle 1890, mousquetons d'artillerie modèle 1892, les pièces sont fournies :

Par la manufacture d'armes de Saint-Etienne aux corps stationnés dans les 1re, 2e, 6e, 7e, 13e, 14e et 15e régions;

Par la manufacture d'armes de Châtellerault aux autres corps stationnés à l'intérieur;

Par les directions d'Alger, Constantine, Oran et Tunis aux corps d'Algérie et de Tunisie (tarifs des 15 avril 1891, 16 mars 1892 et 1er février 1893, *B. O.*, p. 373, 360 et 83, P. S.).

Les pièces d'armes pour carabines de cuirassier modèle 1890 sont fournies exclusivement par la manufacture d'armes de Châtellerault (15 avril 1891).

En cas d'insuffisance des ressources des manufactures en pièces d'armes d'un certain modèle, ces pièces sont fournies aux corps par les directions ou les écoles d'artillerie.

En Algérie et en Tunisie, les corps s'approvisionnent de pièces d'armes aux directions d'Alger, d'Oran, de Constantine et de Tunis.

Demandes de pièce d'armes (1).

Art. 6. Les demandes de pièces d'armes doivent être établies par les corps de troupe au commencement de chaque année et limitées au strict nécessaire pour les besoins probables de l'année courante. Pour les pièces du modèle 1884 spécialement, on établira les demandes de façon que l'approvisionnement en pièces d'armes pour les réparations courantes ne soit jamais supérieur à celui qui existe dans la caisse d'outils et de pièces d'armes du chef armurier.

Les manufactures feront droit aux demandes des corps dans les limites de leurs ressources; si ces ressources sont insuffisantes, les réductions à faire seront inscrites à l'encre rouge, par les soins du directeur de la manufacture, sur l'expédition de l'état de demande qui,

---

(1) Les corps de troupe qui, aux termes des dispositions en vigueur (instr. du 6 septembre 1887 pour l'application du tarif des réparations aux armes portatives et feuilles additionnelles à ce tarif), doivent s'approvisionner près des manufactures d'armes en pièces et accessoires d'armes pour les réparations et les remplacements, devront se conformer aux dispositions suivantes à partir du 1er janvier 1894 et jusqu'à nouvel ordre :

Les conseils d'administration adresseront directement au directeur de la manufacture d'armes les demandes concernant les pièces et accessoires d'armes qui doivent leur être fournis par cet établissement; ces demandes seront établies en double expédition. Une des expéditions sera renvoyée au corps après avoir été modifiée, s'il y a lieu, par les soins du directeur de la manufacture.

Après réception de cet état, le corps versera au Trésor le montant des pièces d'armes à délivrer, et fera parvenir au directeur de la manufacture d'armes le récépissé et une déclaration constatant le versement. (Art. 198 du règlement du 30 août 1884 sur le service de l'armement, et art. 2 de la note minist. du 3 janvier 1887.) Le récépissé mentionnera que la somme fait retour au budget de l'artillerie. (Note du 30 décembre 1893, *B. O.*, p. 230, et du 13 juillet 1895, *B. O.*, p. 25)

Mêmes dispositions en ce qui concerne les manufactures d'armes de Tulle et de Châtellerault. (Notes des 3 janvier 1887 et 19 juillet 1895, *B. O.*, p. 29 et 25.)

d'après l'article 144 du règlement du 30 août 1884, doit être renvoyée au corps. Les pièces que la manufacture ne pourra pas fournir devront alors être demandées à l'établissement d'artillerie le plus voisin (direction ou école), qui, à son tour, fera droit à cette demande dans la limite de ses moyens.

Lorsque les corps ne pourront se procurer les pièces d'armes nécessaires à l'exécution de certaines réparations, ces réparations ne seront pas exécutées. Les armes seront mises de côté après avoir été soigneusement graissées, et conservées jusqu'à la prochaine visite du capitaine inspecteur d'armes ; il sera délivré au détenteur une autre arme prélevée sur des lots disponibles ou de réserve du corps. Néanmoins, si le nombre des armes ainsi mises de côté devenait assez considérable pour qu'il en résultât des difficultés pour la mobilisation, le corps devra demander au Ministre qu'elles soient immédiatement versées à l'artillerie et remplacées par des armes de service. Autant que possible, on évitera de demander ce versement lorsque le nombre des armes non susceptibles d'être réparées au corps sera notablement inférieur au chargement d'une caisse d'armes. (Même rédaction : notes des 3 janvier 1887, 30 décembre 1893 et 13 juillet 1895. *B. O.*, p. 29, 230 et 25.)

Paiement des pièces d'armes.

Art. 7. Le prix des pièces pour fusil modèle 1884 et celui des pièces de modèle quelconque délivrées par les manufactures et par les directions ou écoles d'artillerie, sera versé au Trésor pour faire retour au budget de l'artillerie, conformément aux dispositions des articles 143 et 198 du règlement. Toutefois, les pièces constatant le versement au Trésor ne seront adressées au directeur de la manufacture ou au directeur de l'artillerie qu'après réception de l'état de demande renvoyé, avec ou sans modifications, par cet officier supérieur. (Même rédaction : note du 3 janvier 1887.)

Instruments vérificateurs et outils spéciaux.

Art. 8. L'exécution des réparations portées au présent tarif exige l'emploi d'instruments vérificateurs et d'outils spéciaux dont la liste est annexée aux instructions ministérielles sur les différents modèles d'armes et que les chefs armuriers doivent se procurer à leurs frais dans une manufacture de l'Etat (art. 28 du règlement). Un certain nombre de ces vérificateurs, et notamment ceux qui sont relatifs à la mesure du calibre de l'âme ou du logement des différentes parties de la cartouche, ont une importance particulière, et il est nécessaire de pouvoir compter en tout temps sur l'exactitude de leurs dimensions ; ces instruments seront, par suite, soumis désormais à des vérifications périodiques.

Les vérifications auront lieu en manufacture ; les instruments y seront visités, rectifiés s'il y a lieu et au besoin remplacés, puis renvoyés aux corps expéditeurs. Les frais d'expédition seront à la charge de l'Etat, ainsi que les frais de visite et de rectification des vérificateurs ; quant aux remplacements, ils seront également à la charge de l'Etat s'ils sont le résultat de l'usure naturelle des pièces ; mais, s'ils sont nécessités par des dégradations évidemment imputables à la négligence ou à la maladresse du chef armurier, ils seront à la charge de cet employé. (1)

Les envois auront lieu tous les deux ans à des époques variables déterminées par le Ministre pour les corps de chaque région. Ils comprendront obligatoirement, pour tous les modèles d'armes, les pièces suivantes :

Cylindres vérificateurs de l'âme du canon;
Cartouche maxima;
Vérificateurs totaux et partiels de la chambre;
Vérificateurs du diamètre de l'entrée de la chambre;
Vérificateurs de la feuillure.

Les chefs armuriers pourront joindre à cet envoi les autres instruments vérificateurs que, pour un motif quelconque, ils jugeront utile de soumettre à la vérification.

Quant aux outils spéciaux provenant d'une manufacture de l'Etat, les chefs armuriers doivent également les faire réparer ou remplacer en manufacture à une époque quelconque, lorsqu'ils ne sont plus dans de bonnes conditions de service. L'expédition a lieu comme pour les instruments vérificateurs, aux frais de l'Etat, mais la réparation ou le remplacement des outils est toujours à la charge du chef armurier.

Les capitaines inspecteurs d'armes se font présenter les outils spéciaux et s'assurent que les chefs armuriers ont fait le nécessaire pour les maintenir en bon état.

Armes perdues (1).

Art. 9. Le remplacement des armes perdues se fait d'après les indications suivantes :

Si un fusil avec épée-baïonnette est perdu, on donne à l'homme un autre fusil avec épée-baïonnette. Le numéro et la lettre de série de ce nouveau fusil sont inscrits sur son livret en remplacement de ceux du fusil perdu.

Si le fusil seul est perdu, on retire à l'homme son épée-baïonnette, qui est réintégrée au magasin, et on lui donne un autre fusil avec épée-baïonnette. Le numéro et la lettre de série de ce nouveau fusil sont inscrits sur son livret en remplacement de ceux du fusil perdu.

Si l'épée seule est perdue, elle est remplacée par une épée-baïonnette prise parmi les pièces de rechange existant au magasin du corps, et à laquelle on donne le numéro et la lettre de série du fusil sur lequel elle devra être ajustée. L'ajustage et le numérotage sont exécutés par le chef armurier, sans rétribution.

L'imputation et le paiement du prix des armes perdues sont faits conformément aux articles 97 et suivants du règlement du 30 août 1884.

---

(1) Voir page 45, renvoi 2.

II.

A. — Bases de l'armement des officiers généraux, des officiers sans troupe et des employés militaires.

II.

A. — Bases de l'armement des officiers généraux, des officiers sans troupe et des employés militaires.

(Description du 12 avril 1892.)

DÉSIGNATION DES OFFICIERS ET EMPLOYÉS.	ARMEMENT.	ARTICLES de la DESCRIPTION.
ÉTAT-MAJOR GÉNÉRAL.		
Maréchaux de France et officiers généraux en activité et en disponibilité.	Epée du modèle général à ciselure. Revolver du modèle général. Sabre.	Art. 55. Art. 56. Art. 57.
Officiers généraux du cadre de réserve.	Même armement.	Art. 58.
CORPS DU CONTRÔLE DE L'ADMINISTRATION DE L'ARMÉE.		
Contrôleurs en activité et en disponibilité.	Epée du modèle général à ciselure.	Art. 68.
SERVICE D'ÉTAT-MAJOR.		
Officiers brevetés ou non brevetés, hors cadre, et attachés militaires à l'étranger.	Celui de l'arme ou de la subdivision d'arme dont l'officier fait partie. Les officiers provenant des cuirassiers ne portent pas la cuirasse.	Art. 70.
Officiers brevetés ou non brevetés, détachés, et officiers d'ordonnance.	Celui des officiers montés du corps auquel appartient l'officier.	Art. 71.
Officiers brevetés servant dans leur arme.	Celui de l'arme.	Art. 72.
ÉTAT-MAJOR PARTICULIER DE L'ARTILLERIE.		
Officiers d'artillerie.	Semblable à celui des officiers des régiments.	Art. 75.
Gardes d'artillerie. Contrôleurs d'armes.	Epée du modèle général sans ciselure. Revolver du modèle général.	Art. 90. Art. 91.
Ouvriers d'état. Chefs armuriers. Gardiens de batterie.	Epée du modèle des sous-officiers du génie avec fourreau métallique à un bracelet.	Art. 102. Art. 103. Art. 104.
ÉTAT-MAJOR PARTICULIER DU GÉNIE.		
Officiers du génie.	Semblable à celui des officiers des régiments.	Art. 105.
Adjoints du génie.	Epée du modèle général sans ciselure. Revolver du modèle général.	Art. 121, 122.
Ouvriers d'état. Portiers-consignes.	Epée du modèle des sous-officiers du génie avec fourreau métallique à un bracelet.	Art. 132. Art. 142.
Caserniers.	Non armés.	Art. 147.
CORPS DE L'INTENDANCE MILITAIRE.		
Fonctionnaires de l'intendance en activité et en disponibilité. Intendants généraux et intendants militaires du cadre de réserve.	Epée du modèle général à ciselure. Revolver du modèle général.	Art. 171. Art. 172.
CORPS DE SANTÉ MILITAIRE.		
Inspecteur général et inspecteurs en activité, en disponibilité et du cadre de réserve. Médecins et pharmaciens principaux et majors de 1re classe.	Epée du modèle général à ciselure. Revolver du modèle général.	Art. 197. Art. 198.
Médecins et pharmaciens-majors de 2e classe et aide-majors. Médecins et pharmaciens-aides stagiaires.	Epée du modèle général sans ciselure. Revolver du modèle général.	Art. 197. Art. 198. Art. 199.
Médecins et pharmaciens auxiliaires.	Sabre d'adjudant ou sabre de cavalerie légère. Revolver.	Renvoi 1 du chapitre VII de la description.
SERVICE DE LA JUSTICE MILITAIRE.		
§ 1er. — *Tribunaux militaires.*		
Officiers en non-activité, en réforme pour infirmités ou en retraite, attachés aux tribunaux militaires en qualité de commissaires du gouvernement, rapporteurs ou substituts :		
Officiers supérieurs.	Epée du modèle général à ciselure.	Art. 211.

DÉSIGNATION DES OFFICIERS ET EMPLOYÉS.	ARMEMENT.	ARTICLES de la DESCRIPTION.
Greffiers (officiers d'administration) :		
Principaux.	Epée des officiers supérieurs.	Art. 212.
Autres grades.	Epée des officiers inférieurs.	
Commis-greffiers (adjudants sous-officiers).	Sabre du modèle des adjudants d'infanterie.	Art. 222.
	Un revolver (en campagne).	
Huissiers appariteurs.	Sabre d'adjudant modèle 1845.	Art. 233.
§ 2. — *Etablissements pénitentiaires et prisons militaires.*		
Officiers d'administration.	Epée du modèle général sans ciselure.	Art. 234.
Adjudants sous-officiers.	Sabre du modèle des adjudants d'infanterie.	Art. 235.
Sergents-majors, sergents fourriers et sergents.	Revolver du modèle général.	Art. 236.
OFFICIERS DES SERVICES DU RECRUTEMENT ET DE LA MOBILISATION.		
Officiers supérieurs et capitaines.	Armement des mêmes officiers de l'infanterie.	Art. 237.
Lieutenants et sous-lieutenants.	Armement des officiers du corps auquel ils appartiennent.	Art. 237.
OFFICIERS DU SERVICE DES REMONTES.		
Officiers hors cadre.	Armement des officiers de dragons.	Art. 238.
Officiers détachés.	Armement des officiers du corps auquel ils appartiennent.	Art. 238.
CORPS DES VÉTÉRINAIRES MILITAIRES.		
Vétérinaires de tous grades.	Sabre semblable à celui des officiers de cavalerie.	Art. 257.
	Revolver du modèle général.	Art. 256.

CORPS DES ARCHIVISTES DES BUREAUX D'ÉTAT-MAJOR.		
Tous les grades.	Epée du modèle général sans ciselure.	Art. 269.
	Revolver du modèle général.	Art. 270.
CORPS DES OFFICIERS D'ADMINISTRATION.		
Service de l'intendance.		
Service de santé.		
Principaux.	Epée du modèle général à ciselure.	Art. 286.
Autres grades.	Epée du modèle général sans ciselure.	Art. 288.
	Revolver du modèle général.	Art. 287.
OFFICIERS DES AFFAIRES INDIGÈNES EN ALGÉRIE.		
Officiers hors cadre.	Même armement que celui des officiers de l'arme ou de la subdivision d'arme à laquelle ils appartiennent.	Art. 289.
Officiers détachés.	Armement des officiers du corps auquel ils appartiennent.	Art. 289.
CORPS DES INTERPRÈTES MILITAIRES.		
Interprètes militaires :		
Tous les grades.	Epée du modèle général à ciselure.	Art. 306.
	Sabre d'officier de cavalerie légère. (Se porte avec le dolman seulement.)	Art. 308.
	Revolver du modèle général.	Art. 307.
Interprètes auxiliaires.	Sabre d'officier de cavalerie légère.	
	Revolver du modèle général.	Art. 318.
SERVICE MILITAIRE DES CHEMINS DE FER.		
Agents supérieurs.		
Commandants de section et chefs de service.	Epée du modèle général à ciselure.	Art. 329.
	Revolver du modèle général.	Art. 330.
Sous-chefs de service et autres employés.	Epée du modèle général sans ciselure.	Art. 329.
	Revolver du modèle général.	Art. 330.
Agents secondaires.	Sabre-baïonnette modèle 1866, série Z.	Art. 342.
	Revolver du modèle général.	Art. 341.

DÉSIGNATION DES OFFICIERS ET EMPLOYÉS.	ARMEMENT.	ARTICLES de la DESCRIPTION.
SERVICE DE LA TÉLÉGRAPHIE MILITAIRE.		
Fonctionnaires.	Sabre du modèle attribué aux officiers d'artillerie. Revolver du modèle général.	Art. 361. Art. 360.
Télégraphistes.	Sabre des adjudants d'infanterie. Revolver du modèle général.	Art. 375. Art. 374.
Chefs d'équipe, maîtres ouvriers et ouvriers.	Sabre d'infanterie modèle 1866, série Z. Revolver du modèle général.	Art. 388. Art. 387.
SERVICE DE LA TRÉSORERIE ET DES POSTES AUX ARMÉES.		
Agents.	Epée du modèle général à ciselure.	Art. 406.
Sous-agents.	Sans armement.	Art. 407.
Officiers et assimilés et employés militaires de réserve (1).	Même armement que celui des officiers et assimilés du corps ou du service dont ils font partie.	Art. 413.
Officiers et assimilés et employés militaires de l'armée territoriale (1).		Art. 414.

(1) Les officiers qui ne sont pas pourvus à leurs frais d'armes réglementaires peuvent, sur leur demande, recevoir, à titre de prêt, des armes des modèles indiqués ci-après, savoir :

Officiers d'infanterie, sabre modèle 1845 :

Officiers de cavalerie, d'artillerie, de gendarmerie, du train des équipages militaires, fonctionnaires de l'intendance, médecins, pharmaciens, vétérinaires, officiers des douanes et des chasseurs forestiers, interprètes militaires, fonctionnaires des télégraphes, sabre de cavalerie modèle 1882 ;

Officiers du génie, officiers d'administration, gardes d'artillerie, adjoints du génie, contrôleurs d'armes, archivistes d'état-major, épée de sous-officiers modèle 1884.

Jusqu'à nouvel ordre, il ne sera délivré aucun revolver à titre de prêt.

La marche à suivre pour l'établissement des demandes d'armes est indiquée par la note ministérielle du 12 février 1890 (*B. O.*, p. 292). (Voir p. 267).

B. — Bases de l'armement des corps.

B. — Bases de l'armement des corps.

(Tableau A annexé à l'instruction du 30 août 1884.)

DÉSIGNATION des CORPS.	GRADES.	ARMEMENT.
Infanterie (tous les corps).	Officiers.	Sabre d'officier d'infanterie modèle 1882. Revolver d'officier modèle 1892.
Infanterie de ligne, chasseurs à pied, zouaves, tirailleurs algériens, sapeurs-pompiers de Paris (1), infanterie légère d'Afrique, légion étrangère	Adjudants, sergents-majors, tambour-major, sergent-major clairon, sergents-majors vaguemestres, sergents-majors chefs du service des réapprovisionnements de munitions et sous-chef de musique.	Sabre d'adjudant modèle 1845. Revolver modèle 1873.
	Sergents, caporaux, clairons et soldats (*a*).	Fusil modèle 1874 ou modèle 1866-1874 ou modèle 1886.
	Musiciens, maîtres-ouvriers.	Sabre-baïonnette modèle 1866 (série Z).
	Tambours (*b*).	Sabre-baïonnette modèle 1866 (série Z). Revolver modèle 1873.
Fusiliers de discipline......	Sergents-majors.	Sabre d'adjudant modèle 1845. Revolver modèle 1873.
	Sergents, caporaux-fourriers.	Sabre-baïonnette modèle 1866 (série Z). Revolver modèle 1873.
	Caporaux.	Fusil modèle 1874 ou 1866-1874. Revolver modèle 1873.
	Clairons et fusiliers.	Fusil modèle 1874 ou 1866-1874.
	Tambours.	Sabre-baïonnette modèle 1866 (série Z). Revolver modèle 1873.
Cavalerie légère (y compris les cavaliers de remonte) (*c*)	Officiers.	Sabre d'officier de cavalerie modèle 1883. Revolver d'officier modèle 1892.
	Sous-officiers, trompettes, bourreliers et maréchaux ferrants et aides.	Sabre de cavalerie légère modèle 1882 ou modèle 1822 transformé. Revolver modèle 1873.
	Brigadiers (*d*) et cavaliers.	Carabine modèle 1890. Sabre de cavalerie légère modèle 1882 ou modèle 1822 transformé.
	Sapeurs.	Sabre et revolver. (Note du 14 janvier 1887. *B. O.*, p. 98.)
Dragons	Officiers.	Sabre d'officier de cavalerie modèle 1883. Revolver d'officier modèle 1892.
	Sous-officiers, trompettes, bourreliers et maréchaux ferrants.	Sabre de dragon modèle 1882 ou modèle 1854 transformé. Revolver modèle 1873.
	Brigadiers (*d*) et cavaliers.	Carabine modèle 1890. Sabre de dragon modèle 1882 ou modèle 1822 transformé.
	Sapeurs.	Sabre et revolver. (Note du 14 janvier 1887, *B. O.*, p. 98.)
Cuirassiers	Officiers.	Cuirasse d'officier modèle 1855. Sabre d'officier de cavalerie modèle 1883. Revolver d'officier modèle 1892.
	Troupe.	Cuirasse de cuirassier modèle 1855. Sabre de cavalerie de réserve modèle 1882 ou modèle 1854 transformé. Carabine de cuirassier modèle 1890.
	Sapeurs.	Sabre et revolver. (Note du 14 janvier 1887.)
Génie. Officiers supérieurs.		Epée d'officier supérieur du génie modèle 1855. Revolver d'officier modèle 1892.
Génie. Compagnies de sapeurs-mineurs et compagnies de chemins de fer....	Officiers.	Epée d'officier du génie modèle 1855. Revolver d'officier modèle 1892.
	Adjudants et sous-chefs de musique.	Epée de sous-officier modèle 1884. Revolver modèle 1873.
	Sergents-majors.	Epée de sous-officier modèle 1857. Revolver modèle 1873.
	Sergents.	Epée de sous-officier modèle 1857 (*e*). Fusil modèle 1886.
	Caporaux et soldats (*d*).	Fusil modèle 1886.
	Tambours.	Sabre-baïonnette modèle 1866 (série Z). Revolver modèle 1873.

(1) Bases rappelées, pour les sapeurs-pompiers, par la décision du 8 janvier 1895, *B. O.*, p. 107.)

(*a*) Les sergents chargés du service des réapprovisionnements de munitions, les conducteurs de caissons de munitions, les soldats pourvoyeurs de munitions, les conducteurs de chevaux de main et ordonnances d'officiers supérieurs ou assimilés reçoivent, en temps de paix, un revolver modèle 1873 et un sabre-baïonnette (série Z) ; en campagne, leur armement se compose seulement du revolver. Les conducteurs de chevaux haut-le-pied et de voitures régimentaires sont armés du fusil en tout temps. Les conducteurs des caissons de bataillon ont le fusil en temps de paix et l'échangent, en campagne, contre le revolver. Les conducteurs de voitures médicales ou de mulets chargés de cantines d'ambulance ne portent, en campagne, que le sabre-baïonnette. (Décis. du 17 janvier 1895 et note du 28 septembre même année. (*B. O*, n° 2 et page 107.)

(*b*) Y compris les caporaux tambours.

(*c*) Dans les régiments de spahis, le sabre de cavalerie légère modèle 1822 remplace le sabre de cavalerie légère modèle 1882 ou modèle 1822 transformé. Les hommes à envoyer dans les annexes de remonte ne doivent emporter que leur sabre. (Dép. du 13 mars 1891, n° 1099.)

Les brigadiers-fourriers, les hommes et les sapeurs (note du 15 mars 1888, *B. O*, page 205) sont armés comme les sous-officiers.

Les conducteurs de fourgons et le conducteur de la forge n'ont que le revolver en campagne. Les ordonnances du colonel et du lieutenant-colonel n'ont que la carabine. (Décis. du 17 janvier 1895. *B. O.*)

Le brigadier chargé de l'infirmerie des hommes, l'infirmier porte-sacoches, les conducteurs de voitures médicales et de transport de blessés ne sont pas armés en campagne. (Décis. du 17 janvier 1895 et note du 11 novembre 1890, *B. O.*, p. 310.)

(*d*) Les conducteurs de chevaux de main et ordonnance des officiers supérieurs ou assimilés reçoivent, en temps de paix, un revolver modèle 1873 et un sabre-baïonnette (série Z) ; en campagne, leur armement se compose seulement du revolver. Les conducteurs de chevaux haut-le-pied et de voitures régimentaires sont armés du fusil en tout temps.

(*e*) Les sergents du génie n'emportent pas cette épée en campagne.

DÉSIGNATION des CORPS.		GRADES.	ARMEMENT.
Génie (*suite*).	Compagnies de sapeurs-conducteurs..........	Officiers.	Sabre d'officier de cavalerie légère modèle 1822. Revolver modèle 1892.
		Sous-officiers, brigadiers, trompettes et maréchaux ferrants.	Sabre de cavalerie légère modèle 1822. Revolver modèle 1873.
		Sapeurs-conducteurs.	
	Musiciens.		Epée de sous-officier modèle 1857.
Artillerie (1).	Tous les corps.	Officiers.	Sabre d'officier de cavalerie légère modèle 1822. Revolver d'officier modèle 1892.
	Régiments de corps et divisionnaires.	Sous-officiers, brigadiers, trompettes et hommes montés.	Sabre de cavalerie légère modèle 1822. Revolver modèle 1873.
		Hommes non montés.	Mousqueton modèle 1892.
	Bataillons de forteresse.	Adjudants et maréchaux des logis chefs.	Sabre de cavalerie légère modèle 1822. Revolver modèle 1873.
		Maréchaux des logis et brigadiers fourriers.	Sabre de cavalerie légère modèle 1822 (*f*). Mousqueton modèle 1892.
		Brigadiers et soldats.	Mousqueton modèle 1892.
	Compagnies d'ouvriers et d'artificiers (2)......	Adjudants et maréchaux des logis chefs.	Sabre de cavalerie légère modèle 1822. Revolver modèle 1873.
		Maréchaux des logis et brigadiers fourriers.	Sabre de cavalerie légère modèle 1822 (*f*). Revolver modèle 1873.
		Brigadiers et soldats.	Revolver modèle 1873. Sabre-baïonnette.
	Musiciens.		Sabre de cavalerie légère modèle 1822.
Train des équipages militaires (*g*)..................		Officiers.	Sabre d'officier de cavalerie légère modèle 1822. Revolver d'officier modèle 1892.
		Sous-officiers, brigadiers fourriers, trompettes, maréchaux ferrants et soldats-ordonnances d'officiers sans troupe (*h*).	Sabre de cavalerie légère modèle 1822. Revolver modèle 1873.
		Brigadiers et hommes montés.	Carabine de cavalerie modèle 1874 ou modèle 1866-1874. Sabre de cavalerie légère modèle 1822. (Note du 19 mars 188[illegible], *B. O.*, p. 213.)
		Hommes non montés.	Carabine de gendarmerie modèle 1874 ou modèle 1866-1874.

Sections d'infirmiers, de secrétaires d'état-major et du recrutement, de commis et ouvriers d'administration..................	Elèves.	Epée de sous-officier modèle 1884 à fourreau d'acier.
	Adjudants (3).	Sabre d'adjudant modèle 1845. Revolver modèle 1873.
	Sergents-majors.	
	Sergents, caporaux et soldats.	Carabine de gendarmerie modèle 1874 ou modèle 1866-1874 (*i*).
Gendarmerie...............	Officiers (*j*).	Sabre d'officier de cavalerie légère modèle 1822. Revolver d'officier modèle 1892.
	Adjudants et maréchaux des logis chefs.	Sabre de cavalerie légère modèle 1822 (*l*). Revolver modèle 1873.
	Maréchaux des logis, brigadiers (*k*) et gendarmes montés.	Carabine avec baïonnette modèle 1890 (*l*). Sabre de cavalerie légère modèle 1822 (*l*). Revolver modèle 1873.
	Maréchaux des logis, brigadiers (*k*) et gendarmes non montés.	Carabine de gendarmerie modèle 1890 (*l*). Revolver modèle 1873.
Tirailleurs sahariens (4)....	Caporaux et soldats.	Fusil modèle 1886 avec épée-baïonnette.
	Adjudants et sergents-majors.	Revolver. Sabre d'adjudant.
Spahis sahariens (4)........	Brigadiers et soldats.	Carabine modèle 1890. Sabre de spahis.
	Sous-officiers.	Revolver.

(*f*) Ces sous-officiers ne portent le sabre modèle 1822 qu'en dehors des prises d'armes.

(*g*) Dans les dépôts de remonte mobile formés en cas de mobilisation, les sous-officiers, ainsi que le brigadier-fourrier, conservent le sabre et le revolver; les brigadiers et cavaliers, y compris le maître-maréchal, ont le revolver modèle 1873 seul.

(*h*) En campagne, les soldats-ordonnances des officiers sans troupe n'emportent pas de sabre. (Voir note du 28 septembre 1893, *B. O.*, p. 197.)

(*i*) Les infirmiers d'exploitation seuls reçoivent la carabine de gendarmerie ; ceux de visite n'ont que le sabre-baïonnette modèle 1866 (série Z) ; si la puissance contre laquelle on opère n'a pas signé la convention de Genève, les infirmiers militaires sont armés et équipés comme les ouvriers d'administration. (Décis. du 17 janvier 1895.)

(*j*) En tenue de ville, les officiers portent l'épée ; dans la garde républicaine et la gendarmerie mobile, les officiers non montés et les capitaines montés des compagnies d'infanterie de l'arme n'ont pas le sabre modèle 1822 ; ils portent exclusivement l'épée dans le service et hors le service.

(*k*) En tenue de ville, les sous-officiers et brigadiers portent l'épée. Cette épée est propriété de l'homme et ne fait pas partie de l'armement.

(*l*) Dans la garde républicaine, les adjudants et maréchaux des logis chefs non montés n'ont pas le sabre modèle 1822 : ils portent l'épée dans le service ; les maréchaux des logis, les maréchaux des logis fourriers, le brigadier trompette, les trompettes et les maréchaux ferrants n'ont pas de carabine : ils portent l'épée en tenue de ville ; les maréchaux des logis, brigadiers, gardes ou gendarmes non montés ont le fusil en place de la carabine de gendarmerie ; le brigadier tambour et les tambours ont un sabre modèle 1866 (série Z) ; ils portent l'épée en tenue de ville, ainsi que les sous-officiers et brigadiers : le brigadier maître d'armes est pourvu du revolver et de l'épée.

(1) Dans les batteries montées et de montagne, dans les sections de munitions et dans les sections de parc, tant de l'armée active que de l'armée territoriale, le mousqueton est remplacé par le revolver et le sabre-baïonnette. (Décis. du 9 juin 1886, *J. M.*, page 708.)

(2) Même décision : le mousqueton a été remplacé par le revolver et le sabre-baïonnette.

(3) Note du 30 mai 1899 (*B. O.*, p. 1531).

(4) Instruction du 27 avril 1895, *B. O.*, p. 475.)

DÉSIGNATION des CORPS.		GRADES.	ARMEMENT.
Douaniers (*m*)	Infanterie	Adjudants et sergents-majors.	Sabre d'adjudant modèle 1845. Revolver modèle 1873.
		Sergents, caporaux et soldats.	Fusil modèle 1886.
	Cavalerie (Algérie)	Sous-officiers et trompettes.	Sabre de cavalerie légère modèle 1882. Revolver modèle 1873.
		Brigadiers et cavaliers.	Carabine de cavalerie modèle 1874 ou modèle 1866-1874. Sabre de cavalerie légère modèle 1822.
Chasseurs forestiers (*m*).	Infanterie	Sergents-majors.	Sabre d'adjudant modèle 1845. Revolver modèle 1873.
		Sergents, caporaux, clairons et soldats.	Fusil modèle 1886.
	Cavalerie (Algérie)	Sous-officiers et trompettes.	Sabre de cavalerie légère modèle 1822. Revolver modèle 1873.
		Brigadiers et cavaliers.	Carabine de cavalerie modèle 1874 ou modèle 1866-1874. Sabre de cavalerie légère modèle 1822.
Sous-officiers rengagés. (Circ. du 31 août 1887 et décis. du 18 janvier 1895, *B. O.* p. 217 et 197.)			Epée.
Vélocipédistes. (Régl. du 5 avril 1895, notes des 11 juillet et 28 septembre même année, *B. O.*, p. 584, 10 et 205.)			Arme courte de 8mm, carabine ou mousqueton, conformément aux tableaux d'approvisionnement. Cette arme est protégée par une gaine de cuir. Conformément aux dispositions de la Convention de Genève, les vélocipédistes des sections d'infirmiers ne sont pas armés. (Note du 28 septembre 1895, *B. O.*, p. 205.)

(*m*) Les officiers de douaniers et de forestiers sont armés respectivement comme les officiers d'infanterie ou comme les officiers de cavalerie légère, suivant qu'ils appartiennent à l'infanterie ou à la cavalerie de leur corps.

III.

Extrait de l'instruction du 30 août 1884.

A. — Numérotage des armes et des accessoires d'armes.

(Art. 12 de l'instruction modifiée par la circulaire du 29 avril 1889, *B. O.*, p. 836.)

Les armes reçoivent en manufacture un numéro matricule, qu'elles conservent pendant toute la durée de leur service. Le mode de numérotage employé est le suivant.

Armes modèle 1874-1884-1885 (*fusils, carabines et mousquetons*). — Le numéro matricule se compose d'une lettre de série (simple ou double) et d'un numéro, inséparables l'un de l'autre, chaque lettre de série correspondant à 100,000 numéros (de 1 à 100,000) d'armes de même espèce (fusil, carabine de cavalerie, carabine de gendarmerie ou mousqueton). Exemple : *A* 25,024, *FG* 2,318.

Les lettres de série des armes sont en *caractères italiques*.

Chacune des trois manufactures a des lettres de série spéciales, savoir :

Pour la manufacture de Châtellerault, les lettres *A*, *B*, *C*, *D*, *E*, et les lettres doubles *AB*, *AC*, *AD*, *AE*, *BC* ;

Pour la manufacture de Saint-Etienne, les lettres *F*, *G*, *H*, *J*, *K*, *L*, *M*, *N*, *P*, *Q* et *FG*, *FH*, *FJ* ;

Pour la manufacture de Tulle, les lettres *R*, *S*, *T*, *RS*, *RT*, *ST*.

Le numéro matricule est appliqué sur le pan latéral gauche du canon et répété sur le grand tenon, sur la boîte de culasse, sur le cylindre, la tête mobile, le chien, la baguette, le bois ; sur la monture et le fourreau de l'épée ou du sabre-baïonnette, sur la baïonnette (carabine de cavalerie avec baïonnette).

Armes modèle 1866-1874. — Le mode de numérotage des armes modèle 1866-1874 est le même que celui des armes modèle 1874; seulement les lettres de série sont en *caractères romains*. En outre, il faut ajouter, aux lettres indiquées précédemment, les lettres D, E, spéciales à l'ancienne manufacture de Mutzig.

Armes modèle 1884. — Le numéro matricule est appliqué sur le pan latéral gauche du canon et répété sur la boîte de culasse (1), sur le renfort du cylindre, sur la joue droite de la crosse, sur la croisière et le fourreau de l'épée-baïonnette.

La boîte de nécessaire est marquée dans les corps au numéro matricule de l'arme.

---

(1) Dans les armes fabriquées à Saint-Etienne, la boîte de culasse ne porte pas de numéro matricule.

Armes modèle 1886. — Le numéro matricule, composé d'une lettre de série (simple ou double) et d'un numéro (de 1 à 100.000), est appliqué sur la génératrice latérale gauche du tonnerre, sur le renfort du levier du cylindre, sur la face inférieure du corps du mécanisme, sur la joue gauche de la crosse, sous le fût (près de la tranche postérieure), sur le quillon de l'épée-baïonnette et sur le bracelet du fourreau.

La lettre de série et le numéro du fusil sont également appliqués, en lettres et en chiffres de $1^{mm},5$ de hauteur, sur l'un des méplats de la tête de baguette, le numéro se lisant de la tête vers la tige.

Carabine de cavalerie, carabine de cuirassier modèle 1890. — Le numéro matricule est appliqué sur la génératrice latérale gauche du tonnerre du canon, sur la face gauche du renfort du levier du cylindre, sur le fond du support d'élévateur, sur la joue gauche de la crosse et sur la tige de la baguette, près de la tête. (Inst. du 27 février 1891.)

Armes modèle 1885. — Le numéro matricule est appliqué sur le pan latéral gauche du canon, et répété sur la culasse mobile, sur le corps de mécanisme, sur la crosse et sur le fût.

Les armes transformées conservent leur ancien numéro matricule.

Revolvers modèle 1873 *et d'officier modèle* 1874. — Le mode du numérotage est le même que celui des armes modèle 1874 ; les lettres de série sont en caractères romains.

Les revolvers étant tous fabriqués à Saint-Etienne, leurs lettres sont : pour les revolvers modèle 1873, F, G, etc. ; pour les revolvers d'officier, la lettre N.

Le numéro matricule est appliqué sur le pan intermédiaire gauche du canon et répété sur le barillet, l'axe du barillet, le chien, la clef de grand ressort, la gâchette, la détente, la barrette, le mentonnet, le pontet et la plaque de recouvrement.

Sabres-baïonnettes modèle 1866, *isolés*. — Tous les sabres-baïonnettes isolés ont, pour lettre de série, la lettre Z en caractère romain, quelle que soit la manufacture dont ils proviennent.

Armes modèle 1874 *et modèle* 1866-1874 *et revolvers de théorie*. — Toutes les armes dites de *théorie* ont, pour lettre de série, la lettre Y en caractère romain, quelle que soit la manufacture dont elles proviennent.

Les fusils modèle 1874 et modèle 1866-1874 de théorie prennent rang dans les mêmes séries, sans distinction du modèle ; il en est de même pour les autres espèces d'armes modèle 1874 et 1866-1874.

Accessoires d'armes à feu. — Les boîtes de nécessaire reçoivent dans les corps le même numéro matricule que les armes auxquelles le nécessaire est affecté. L'effacement des anciens numéros s'opère, s'il y a lieu, en mâtant le métal avec un marteau.

Sabres de troupes à cheval modèle 1845 *et épées de sous-officier*. — Le numéro matricule des sabres et épées ne comporte en général pas de lettre de série ; le numéro matricule est appliqué sur la monture et répété sur le fourreau.

Cuirasses. — Le numéro matricule des cuirasses ne comporte pas de lettre de série ; il est appliqué sur le plastron et répété sur le dos.

B. — Encaissement des armes portatives.

Caisses à tasseaux pour armes à feu.

(Art. 21.)

Les caisses à tasseaux pour armes à feu sont faites en planches brutes de sapin ou de bois blanc.

DIMENSIONS, CHARGEMENT.

DÉSIGNATION des CAISSES.	NOMBRE des armes par caisse.	NOMBRE des couches d'armes.	DIMENSIONS INTÉRIEURES DES CAISSES. Longueur.	Hauteur.	Largeur	NOMBRE de tasseaux entaillés.	de tasseaux non entaillés.	de planchettes.	POIDS DES CAISSES vides.	chargées.
			mètres.	mètres.	mètres.					
Pour fusils modèles 1874 et 1866-1874..	18	3 (1)	1.310	» 500	» 370	10	4	10	50	141 (2)
Pour fusils modèles 1884.............	18	3 (1)	1.310	» 500	» 370	10	4	10	50	»
Pour fusils modèles 1885.............	18	3 (1)	1.310	» 500	» 370	10	4	10	50	»
Pour carabines modèles 1874 et 1866-1874.............	24	4	1.180	» 500	» 380	8	2	10	47	130 (2)
Pour carabines modèle 1890........	20	4	» 960	» 500	» 370	»	»	»	»	»
Pour carabines de gendarmerie modèles 1874 et 1866-1874.............	18	3 (1)	1.180	» 500	» 370	10	4	10	47	130 (2)
Pour carabines avec baïonnette modèles 1874 et 1866-1874.............	18	3 (1)	1.180	» 500	» 370	10	4	10	47	119 (2)
Pour mousquetons modèles 1874 et 1866-1874.........	18	3 (1)	1.000	» 500	» 370	10	4	10	45	122 (2)
Pour revolvers modèle 1873.........	60	3	1.182	» 390	» 270	6	2	»	37	110

(1) Plus une couche de 18 épées-baïonnettes ou sabres-baïonnettes, ou de 18 baïonnette quadrangulaires.

(2) Le poids de la caisse, suivant qu'elle est chargée en armes modèle 1874, modèle 1866-1874 ou modèle 1866, peut varier de quatre kilogrammes pour les fusils ou de un kilogramme pour les carabines et mousquetons.

Armes blanches.

(Art. 23.)

Caisses à tasseaux pour armes blanches.

DIMENSIONS, CHARGEMENT, POIDS.

	NOMBRE		DIMENSIONS INTÉRIEURES DES CAISSES.			Nombre de tasseaux.	POIDS DES CAISSES	
	des armes par caisse.	des couches d'armes	Longueur.	Largeur	Hauteur.		vides.	chargées.
			mèt.	mèt.	mèt.		kil.	kil.
Caisse n° 1. — Pour sabres de cavalerie de réserve modèle 1882, de cavalerie de réserve modèle 1854 transformé et de dragon modèle 1854 transformé.......	40	4	1.360	» 610	» 470	10	40	114 à 130 (1)
Caisse n° 2. — Pour sabres de dragon modèle 1882 et de cavalerie légère modèle 1882 et modèle 1822 transformé	40	4	1.260	» 520	» 420	10	37	107 à 110 (1)
Caisse n° 3. — Pour sabres de cavalerie légère modèle 1822.....	40	4	1.260	» 520	» 420	10	37	120
Caisse pour cuirasses modèle 1855..........	10	1	1.740	» 400	» 520	3 (2)	50	110 à 120 (3)

(1) Suivant le modèle des sabres qui constituent le chargement.
(2) Parallèles aux deux côtés.
(3) Suivant la taille et la largeur des cuirasses.

C. — Entretien des armes en magasin.

(Art. 28.)

Magasins.

Il est mis à la disposition de chaque corps, par les soins du service du génie, deux locaux distincts pour lui servir de magasins d'armes. L'un d'eux est affecté aux armes du *service courant* en excédent de l'effectif ou appartenant aux hommes absents; l'autre est destiné aux armes de *réserve*.

Ces magasins doivent être secs, clairs, bien aérés et d'accès facile ; le magasin de service courant doit, autant que possible, se trouver à proximité de l'atelier du chef armurier. Celui de réserve est, de préférence, placé à un étage inférieur du bâtiment ; éviter de choisir pour cet objet le rez-de-chaussée ou les combles.

Si l'on ne dispose pas de deux locaux distincts, les armes de service courant et les armes de réserve peuvent être placées dans le même magasin, mais elles doivent y former deux lots distincts ; parmi les armes de service courant, les armes des hommes absents doivent être séparées des armes en excédent et porter une *fiche* indiquant le nom, le grade, le numéro matricule et le numéro de la compagnie de l'homme, ainsi que le détail des réparations à exécuter et qui ont été constatées lors du départ de l'arme en magasin.

Les magasins doivent être pourvus de râteliers en nombre suffisant et disposés de telle sorte que la visite des armes soit facile et leur distribution rapide ; les bois qui entrent dans la construction de ces râteliers doivent être très secs ; au besoin, les passer à l'huile bouillante.

La circulaire du 5 juin 1879 (*J. M.*, p. 809) attribue des échelles doubles suivant les besoins ; la fourniture en est effectuée par les soins et à la charge du service du génie.

Dispositions des armes dans les magasins.

Les fusils, carabines ou mousquetons sont placés au râtelier (1) munis de leur épée ou sabre-baïonnette avec le fourreau ; la culasse mobile est ouverte, et le chien tourné à gauche, afin de mettre le ressort à l'abattu.

Pour les fusils modèle 1884-1885, la culasse mobile est fermée, le chien au cran de sûreté, l'auget relevé.

Les revolvers sont suspendus par l'anneau de calotte à des crochets fixés sur des traverses ou sur des planches courant le long des murs.

Lorsque les revolvers sont rentrés en magasin après une période d'instruction effectuée pendant des temps humides, on peut éviter la rouille trop prompte qui se développerait dans certains cas sur la carcasse, par suite de son contact avec les plaquettes incomplètement isolées, en prenant les dispositions suivantes :

Enlever la plaquette gauche et l'attacher au pontet à l'aide d'une ficelle ; ne pas serrer à fond la vis de monture, de façon à tenir écartée la plaquette droite de la poignée de la carcasse ; afin d'accélérer le remontage de l'arme, ne pas engager à fond la vis de plaque de recouvrement.

Ce mode de conservation ne devra toutefois être employé que lorsqu'il n'en résultera aucun embarras pour la mobilisation. (Note du 16 avril 1887, *B. O.*, p. 731.)

Les nécessaires d'armes sont attachés par une ficelle, ou mieux par un crochet en fil de fer, à l'anneau de la grenadière des fusils, cara-

---

(1) Les dépenses résultant du premier établissement des garnitures de porte-canons des râteliers d'armes sont supportées par le budget du génie. Les corps ne doivent jamais en faire l'avance. (*Circ.* des 4 *février* 1878, 5 avril 1880 et note du 12 juin 1886, *J. M.*, p. 37, 139 et 174).

Mais les corps chargés de l'entretien de leurs casernes doivent payer, sur les fonds de la masse de casernement, les frais de remplacement des garnitures en drap de ces porte-canons. (Note du 3 avril 1891, *B. O.*, p. 523.)

bines ou mousquetons, ou à l'anneau de calotte des revolvers auxquels ils sont respectivement affectés.

Les armes à feu en magasin ne reçoivent jamais de bouchon à la bouche du canon.

Les sabres des troupes à cheval, dans leur fourreau, sont sur des râteliers spéciaux, chaque sabre suspendu par l'anneau du bracelet à un crochet, le dard portant dans une légère entaille sur une traverse. On peut aussi les disposer par rangs horizontaux étagés les uns au-dessus des autres sur un râtelier formé d'une série de doubles traverses horizontales supportées à leurs extrémités par deux montants verticaux, les sabres d'un même rang rapprochés sans se toucher, les gardes et les dards alternant sur les faces du râtelier.

Les sabres-baïonnettes sont placés dans des cadres, dressés sur le bout, le tranchant et le dos alternativement vers l'un des petits côtés du cadre; chaque rang formé ensuite de la même manière contre le précédent; les rangs séparés par des liteaux mobiles d'un centimètre environ d'équarrissage; on peut aussi les disposer par couches horizontales, comme il est dit pour les sabres des troupes à cheval.

Les cuirasses, par taille et par largeur dans chaque taille, sont debout en files sur des étagères, les plastrons au premier rang, les dos au second. Les autres rangs formés alternativement de plastrons et de dos, rapprochés sans se toucher, la convexité en dehors.

Entretien et graissage.

Les armes en magasin doivent toujours être maintenues en parfait état d'entretien et de propreté, de manière à pouvoir être mises *à tout moment* entre les mains des troupes; les parties en fer ou en acier doivent toujours être graissées convenablement.

Le graissage complet des armes doit être effectué et payé toutes les fois qu'il est reconnu nécessaire, et il doit, comme les autres réparations, faire l'objet d'un bulletin spécial (modèle X). Comme conséquence de cette disposition, toutes les dépenses d'entretien des armes en magasin sont à la charge du chef armurier. (Circ. du 3 septembre 1889, *B. O.*, p. 523.)

La note du 17 mars 1889 (*B. O.*, p. 595) a fixé le prix à payer aux chefs armuriers :

Armes à feu et cuirasses .	0 fr. 05	Prix de la matière et de la main-d'œuvre, y compris, s'il y a lieu, le nettoyage et le dérouillage.
Autres armes............	0 fr. 02	

La dépêche ministérielle du 4 mai 1891, n° 17347, fait observer qu'en vue de ne pas imposer à l'Etat des frais inutiles et de n'occuper à ces travaux que le nombre d'hommes strictement indispensable, il y a lieu de ne pas effectuer le graissage plus souvent qu'il est nécessaire.

Pour procéder à cette opération de graissage, démonter complètement les armes à feu, enlever avec soin la vieille graisse, surtout dans les logements et sur les filets des vis et de leurs écrous. Quand l'arme est bien propre, la graisser à nouveau; le graissage des armes en magasin doit être un peu plus fort que pour les armes dans les chambres; les parties bronzées sont graissées très légèrement; les pièces en laiton ne sont jamais graissées. (Art. 28.)

D — Graisses et huiles employées pour l'entretien des armes.
(Art. 29.)

Différentes graisses ou huiles employées.

Les graisses et huiles à employer pour le graissage des armes sont :
La *graisse d'armes ;*
La *graisse minérale* Farez et Boulanger, dite *graisse verte;*
L'huile d'olive pure ;
L'huile de pied de bœuf;
L'huile de pétrole raffinée ;
L'huile et la graisse minérales, dites huile et graisse Marbeck (emploi autorisé par décis. minist. du 6 janvier 1886).

Pour obtenir la graisse d'armes, faire fondre sur un feu doux 250 grammes de graisse de mouton, la passer dans un linge un peu clair, y mêler immédiatement 500 grammes d'huile d'olive de bonne qualité et purifiée. On obtient ainsi une espèce de pommade blanche, qu'il faut avoir soin de couvrir pour la préserver de la poussière.

Quand cette graisse est composée de matières de bonne qualité, elle peut se conserver en vase fermé au moins un an sans altération sensible.

Cette graisse peut être employée pour graisser toutes les parties des armes, en fer ou en acier, bronzées ou non, que les armes soient en service ou en magasin.

Il en faut environ :

Pour graisser	100 fusils avec épée-baïonnette....	500	grammes.
	100 sabres-baïonnettes	100	—
	100 revolvers....................	200	—
	100 sabres de cavalerie...........	300	—
	100 cuirasses....................	600	—

Une compagnie d'infanterie de 80 hommes emploie environ un kilogramme de graisse d'armes par mois pour le graissage des fusils avec leur épée-baïonnette.

Graisse verte.

La graisse minérale dite *graisse verte* est employée pour les armes en magasin, notamment pour les armes blanches et les parties extérieures des armes à feu. Elle a l'avantage de ne pas donner naissance au vert-de-gris sur les pièces en laiton.

Elle ne doit pas être employée pour les mécanismes des armes à feu, parce qu'elle est trop épaisse et sujette à se dessécher en formant une espèce de vernis croûteux sur les pièces.

La graisse verte ne doit pas servir au graissage des armes entre les mains des hommes.

Huile d'olive.

L'huile d'olive du commerce est rarement assez pure pour être employée immédiatement au graissage des armes. Il faut, au préalable, la purifier par le procédé suivant :

Dans 1 kilogramme d'huile froide, verser 250 grammes de plomb fondu; les parties aqueuses s'évaporent, et les substances étrangères sont entraînées par le plomb. En répétant deux ou trois fois cette opération, on obtient de l'huile qui ne donne pas de cambouis et conserve bien le fer et l'acier. Employer un vase de métal, afin qu'il ne se casse pas lorsqu'on y verse le plomb, et laisser déposer le liquide après l'opération, en l'exposant au soleil ou à une chaleur artificielle pendant quelques jours.

L'huile d'olive ainsi purifiée est particulièrement propre à graisser les organes délicats des mécanismes et à lubrifier toutes les parties frottantes. Elle convient aussi très bien pour faciliter l'enlèvement de la rouille.

Une compagnie d'infanterie de 80 hommes emploie environ 120 grammes d'huile d'olive par mois pour le graissage des armes. L'huilier du nécessaire contenant environ 1g,6 d'huile, chaque homme, par suite, en consomme à peu près la contenance en un mois.

Huile de pied de bœuf.

L'huile de pied de bœuf se trouve dans le commerce. Elle peut être employée, à défaut de graisse d'armes, au graissage des parois du canon. Elle est particulièrement propre au graissage des filets de vis et du bois de monture. Enfin, l'huile de pied de bœuf est employée pour la trempe des pièces en acier.

Huile de pétrole raffinée.

L'huile de pétrole raffinée convient très bien au graissage des armes en magasin, et notamment des pièces du mécanisme; elle peut être employée avec avantage pour lubrifier les parties frottantes; enfin elle est surtout propre à faciliter le dérouillage des pièces en fer ou en acier et à les débarrasser de la vieille graisse ou du cambouis dont elles pourraient être recouvertes.

L'huile de pétrole ne forme jamais cambouis et n'attaque pas les parties en laiton.

Elle ne convient pas pour graisser les armes entre les mains des soldats à cause de son odeur, et, d'autre part, parce qu'elle est complètement enlevée par la pluie et qu'elle ne peut ainsi protéger l'arme contre la rouille pendant les marches ou manœuvres.

Conformément à la note ministérielle du 21 août 1890 (*B. O.*, p. 87, s.), on peut désormais employer pour l'entretien des armes portatives, en outre de la graisse d'armes, de l'huile d'olive et de l'huile de pied de bœuf, toutes les graisses et huiles minérales qui remplissent les conditions de réception énoncées dans la note.

Ces conditions varient pour les graisses, suivant qu'il s'agit du graissage d'armes en service ou du graissage d'armes en magasin. (Note rectificative nº 6 à l'instr. du 7 septembre 1887.)

E. — Marques apposées sur les cartouches et sur les paquets de cartouches.

Marques apposées sur les étuis de cartouches.
(Art. 109.)

Le culot des étuis modèles 1874 ou 1879 est divisé en quatre secteurs, par deux traits diamétraux perpendiculaires entre eux; dans ces secteurs sont poinçonnées les marques suivantes :

Secteur supérieur. — Etuis fabriqués par l'artillerie, les lettres ART (artillerie); — étuis fournis par l'industrie, les initiales du fournisseur;

Secteur inférieur. — Les lettres indicatrices de l'atelier de fabrication des étuis; et, de plus, les initiales du fournisseur de laiton pour les cartouches modèle 1886.

Secteur de gauche. — Le numéro du trimestre de fabrication;

Secteur de droite. — Les deux derniers chiffres du millésime de fabrication.

Balles de cartouche modèle 1886 *et de carabine modèle* 1890. — Sur le culot, au centre du noyau en plomb durci, les lettres indicatrices de l'atelier de fabrication.

Sur le méplat, une lettre indiquant la provenance du métal de l'enveloppe.

Lorsque l'étui a été réfectionné pour *cartouche à balle,* le culot porte, en outre, un nombre de coups de pointeau égal au nombre des réfections de l'étui pour chargement à balle; le premier coup de pointeau est imprimé dans l'angle gauche du secteur supérieur et les autres se suivent en tournant de gauche à droite.

Si l'étui neuf ou réfectionné est classé pour *cartouche sans balle,* le culot reçoit, comme *marque de classement,* l'impression d'une petite croix (+) dont les branches ont deux millimètres de longueur; en outre, à chaque réfection pour cartouche sans balle, on imprime sur le culot, au lieu d'un coup de pointeau, un petit trait (-) long d'un millimètre et dirigé de la circonférence vers le centre.

Nota. — Les étuis neufs ou réfectionnés pour cartouches de revolver ne reçoivent aucune marque.

Marques imprimées sur les paquets de cartouches.

(Art. 110.)

Les rectangles-enveloppes des paquets de cartouches portent imprimées, à l'encre d'imprimerie, les indications ci-après :

Cartouches à balle pour armes modèle 1874. — Provenance, trimestre et année de fabrication des étuis (1); provenance, numéro et année du lot de poudre; atelier, date et numéro des mois et année du chargement des cartouches; espèce et modèle des cartouches, suivis, si les étuis sont vernis, du mot *vernies;* numéro annuel du lot de cartouches; initiales de l'officier chargé de la confection des cartouches.

Cartouches à balle modèle 1873. — Atelier, numéro des mois et année du chargement des cartouches; espèce et modèle des cartouches; initiales de l'officier chargé de la confection des cartouches.

Cartouches sans balle pour armes modèle 1874 *ou pour revolver modèle* 1873. — Atelier, numéro des mois et année du chargement des cartouches; espèce et modèle des cartouches; le mot *cartouches,* suivi des mots *sans balle;* initiales de l'officier chargé de la confection des cartouches.

---

(1) Si les étuis ont été réfectionnés, on indique après le millésime de fabrication le nombre des réfections par le chiffre correspondant suivi de la lettre R. Exemple : *Etuis R. S.* 2,78, 2 R (Etuis fabriqués à Rennes dans le deuxième trimestre de 1878 et réfectionnés deux fois pour cartouches à balle).

Cartouches modèle 1886. *Cartouches de carabine modèle* 1890. — Les paquets de cartouches portent, sur l'enveloppe extérieure, une vignette donnant les indications suivantes :

Etuis : provenance, date de fabrication;
Balles : provenance;
Poudre : espèce, provenance, numéro et année du lot;
Cartouches : espèce, provenance, date de fabrication, numéro du lot, initiales de l'officier chargé de la confection.

A droite et à gauche de cette vignette, deux bandes rouge vermillon, faisant le tour du paquet, sont destinées à distinguer à première vue, par une marque très apparente, les paquets de cartouches modèle 1886 des paquets de cartouches pour armes modèle 1874.

Nota. — Quand des cartouches sans balle proviennent de la transformation de cartouches à balle dont on a enlevé la balle, on indique sur la vignette l'atelier qui a chargé les cartouches à balle et celui qui les a transformées en cartouches sans balle.

Les vignettes donnant ces indications sont placées sur les rectangles-enveloppes de telle sorte que, le paquet terminé, la marque soit apparente sur le plat du paquet.

Le tableau ci-après indique la *signification* des *abréviations* employées *pour* les marques des étuis ou des paquets de cartouches.

POUDRERIES.		ATELIERS DE FABRICATION DES ÉTUIS DE CARTOUCHES modèle 1874 ou modèle 1879.		ATELIERS DE CHARGEMENT DES CARTOUCHES.	
Angoulême.	A.	Direction d'Alger..	A^{r}.	Direction d'Alger..	A^{r}.
Esquerdes..	E.	Ecole de pyrotechnie de Bourges..	B^{s}.	Direction de Bourges..............	B^{s}.
Le Bouchet.	B.	Direction de Douai.	D.	Direction de Douai.	D.
Le Pont-de-Buis.....	P. B.	Atelier de Puteaux.	P^{x}.	Direction de Rennes..............	R. S.
Le Ripault..	R. P.	Direction de Rennes..............	R. S.	Direction de Toulouse............	T. E.
Toulouse...	T. E.	Atelier de Tarbes..	T. A^{s}.	Place de Valence..	V. E.
Saint-Chamas......	S. C.	Direction de Toulouse............	T. E.	Direction de Vincennes : Place de Vincennes.	VIS.
Saint-Médard.....	S. M.	Place de Valence..	V. E.	Direction de Vincennes : Place du Mt-Valérien.	M^{t}.-V.
Saint-Ponce.	S. P.	Direction de Vincennes..........	VIS.		
Sevran-Livry.......	S. L.	Fournitures de l'industrie privée : Gaupillat, au Bas-Meudon.	G. E. / B. M.		
Vonges.....	V.	Fournitures de l'industrie privée : Gévelot, aux Moulineaux.	G. / M^{x}.		
		Fournitures de l'industrie privée : Manceaux, à Courbevoie.	G. M^{x}. / C^{oie}.		
		Fournitures de l'industrie privée : Millet, à Paris.	A. M. / P. S.		

F. — Encaissement des munitions.

Coffres et caisses employés pour le transport des munitions.

(Art. 111.)

Indications générales.

Les cartouches délivrées aux corps sont encaissées dans des caisses blanches, à l'exception des cartouches à balle pour armes modèle 1874, qui forment le chargement des caissons de bataillon (infanterie et chasseurs à pied) et qui sont conservées en tout temps dans les coffres à munitions modèle 1858 non allongés de ces caissons.

Les caisses blanches employées à la conservation et au transport des cartouches sont :

La caisse blanche n° 3 et la *caisse blanche n° 2*, qui servent pour les cartouches à balle pour armes modèle 1874;

La caisse blanche pour cartouches à balle modèle 1873 ;

La caisse blanche n° 1 et la *caisse blanche pour cartouches sans balle*, employées toutes deux pour les cartouches sans balle modèle 1874 et modèle 1873.

Encaissement des cartouches (1).

(Art. 112.)

Cartouches à balle pour arme modèle *1874*.

Les cartouches à balles pour armes modèle 1874 sont encaissées :

Par paquets réunis en trousses, dans le coffre modèle 1858 non allongé ;

Par paquets réunis en trousses ou *en paquets libres* suivant leur destination, dans les caisses blanches n° 2 et n° 3; néanmoins la caisse n° 2 n'est chargée en trousses qu'à défaut de caisses n° 3.

La trousse de paquets de cartouches à balle pour armes modèle 1874 est formée de quatre rangées superposées de sept paquets chacune. La trousse contient, par suite, 28 paquets, soit 168 cartouches; elle pèse 7^{k},500.

Provisoirement les cartouches modèle 1886 sont encaissées dans la caisse blanche n° 3 modèle 1877, avec caisse intérieure en zinc. Pour éviter toute confusion avec les caisses du même modèle chargées en cartouches pour fusil modèle 1874, les inscriptions des caisses affectées aux cartouches modèle 1886 sont faites en rouge vermillon.

---

(1) Les cartouches à balle modèle 1879-1883 confectionnées à partir du 1er octobre 1884 sont toutes, immédiatement après la fabrication, mises dans des caisses n° 3 ou n° 2 doublées intérieurement en zinc pour en assurer l'étanchéité.

Dimensions intérieures, poids et chargement en cartouches du coffre modèle 1858 non allongé et des caisses blanches.

	COFFRE MODÈLE 1858.			CAISSE BLANCHE				
	CASE		Ensemble.	n° 3.	n° 2.	n° 1.	pour cartouches sans balle.	pour cartouches à balle de revolver.
	droite.	gauche.						
Dimensions intérieures.								
Longueur (mill.).	270	531	804	586	520	730	380	580
Largeur (mill.).	399	399	399	270	265	270	345	275
Hauteur (mill.).	»	»	»	180	180	315	315	170
Poids.								
Coffres ou caisses. Vides (kil.).	»	»	72	11	10	15	14.5	11
Coffres ou caisses. Chargés en cartouches. modèle 1874.. à balle (6).. (kil.).	»	»	350	76	70	»	»	»
Coffres ou caisses. Chargés en cartouches. modèle 1874.. sans balle.. (kil.).	»	»	185	»	»	91	63	»
Coffres ou caisses. Chargés en cartouches. modèle 1873.. à balle..... (kil.).	»	»	»	»	»	»	»	80
Coffres ou caisses. Chargés en cartouches. modèle 1873.. sans balle.. (kil.).	»	»	»	»	»	81	62	»
Coffres ou caisses. Chargés en cartouches. modèle 1886	»	»	»	70	»	»	»	»
Chargement en cartouches.								
Modèle 1874. à balle (6). réunies en trousses (4).	2.016	4.032	6.048 (1)	1.512 (2)	1.344 (3)	»	»	»
Modèle 1874. à balle (6). en paquets libres.....	»	»	»	1.512	1.368	»	»	»
Modèle 1874. sans balle	1.872	3.744	5.616 (5)	»	»	3.960	2.730	»
Modèle 1886.	»	»	»	1.800 (7)	»	»	»	»
De revolver modèle 1873. à balle	»	»	»	»	»	»	»	4.176
De revolver modèle 1873. sans balle	»	»	»	»	»	11.664	8.820	»

(1) En 36 trousses, en plus 12 bissacs. — (2) En 9 trousses. — (3) En 8 trousses. — (4) La trousse de cartouches à balle pour armes modèle 1874 contient 28 paquets de 6 cartouches, soit 168 cartouches ; la trousse de cartouches sans balle contient 26 paquets, soit 156 cartouches. — (5) En 36 trousses, en plus 9 bissacs. — (6) Ou modèle 1879, ou modèle 1879-1883. — (7) 30 trousses de 8 paquets de 8 cartouches.

Ficelle nécessaire au nettoyage des canons de fusil modèle 1886 et des carabines modèle 1890.

Une note ministérielle du 19 novembre 1887 autorise l'achat dans le commerce, par les corps, de la ficelle nécessaire au nettoyage des canons de fusil. La dépense est comprise sur le relevé annuel des dépenses de l'armement.

La ficelle à donner à chaque homme doit avoir 3 mètres; en cas de rupture, elle peut être réparée tant qu'elle n'aura pas moins de 2^m,50, auquel cas celle-ci devra être remplacée.

Chaque fusil du service de réserve est pourvu d'une ficelle en bon état. Quand, après une période d'instruction, les réservistes rendront des ficelles réparées par des nœuds, elles devront être remplacées dans le magasin de réserve par des ficelles neuves. On pourra d'ailleurs les utiliser pour le nettoyage dans les compagnies.

Limites des dépenses pour fourniture et remplacement des ficelles pour les hommes de troupe :

Armée active, réserve et armée territoriale : 3 centimes au maximum par homme et par période d'instruction. (Note du 12 juillet 1895, *B. O.*, p. 22.)

Les ficelles perdues par les hommes des corps doivent, sauf le cas de force majeure, être remplacées aux frais de la masse d'entretien et d'habillement.

Mode de paiement à employer pour la fourniture et le remplacement des ficelles destinées au nettoyage des fusils modèle 1886 et des carabines modèle 1890 dans le cas où ces armes sont déposées dans les magasins de l'artillerie.

Les fusils modèle 1886 et carabines modèle 1890 déposés dans les magasins de l'artillerie doivent être tous munis de ficelles, à l'exception des armes disponibles.

Ces ficelles sont fournies par le service de l'artillerie. Les corps de troupe n'ont donc aucune dépense à faire figurer de ce chef au compte du service de l'armement.

Lorsque des armes prélevées sur l'armement de réserve sont distribuées aux corps de troupe de l'armée active pour l'armement des réservistes, dispensés, etc., ces armes sont délivrées avec les ficelles qui leur sont affectées.

Dans ce cas, les armes doivent être réintégrées par les corps avec pareil nombre de ficelles exemptes de nœuds et en bon état. Le remplacement des ficelles mises hors de service pendant la période d'instruction est assuré par les corps de troupe au moyen de l'allocation de 0 fr. 03 prévue par la note ministérielle du 19 novembre 1887 et les instructions provisoires des 27 février 1891 et 8 juin 1892 sur les carabines de cavalerie, de cuirassier et de gendarmerie modèle 1890.

Les armes appartenant à la dotation de l'armée territoriale ou à l'armement de réserve des corps de troupe actifs, et distribuées aux hommes de l'armée active pour subir l'épreuve de la mise en service temporaire, sont délivrées par l'artillerie et reversées sans ficelles. Ce mouvement ne donne aux corps de troupe aucun droit à une allocation spéciale pour remplacements.

Les corps de troupe de l'armée territoriale reçoivent leurs armes des magasins de l'artillerie, avec les ficelles affectées à ces armes. Les mêmes ficelles sont versées à la fin de la période d'instruction. Le remplacement de celles qui sont usées est effectué par les soins de l'établissement d'artillerie.

Dans le cas où les armes délivrées aux réservistes et territoriaux sont déposées dans les magasins des corps de troupe, il n'est rien changé aux dispositions de la note ministérielle du 19 novembre 1887 et des instructions précitées sur les carabines modèle 1890 en ce qui concerne la fourniture et le remplacement des ficelles. (Dép. minist. du 19 novembre 1892, nº 42,192.)

IV

Tarif fixant le maximum du poids et du cube à allouer aux corps de troupe pour le transport des armes.

(Instr. du 28 mai 1895, *B. O.*, p. 515.)

DÉSIGNATION DES ARMES.	UNITÉ.	Poids maximum des objets mis en caisse.	Cube maximum des objets mis en caisse.	OBSERVATIONS.
		kil.	m. c.	
§ 1er. — *Armes à feu.*				
Fusils modèle 1876 et 1866-74 avec épée-baïonnette	L'unité	7.950	» 019500	
Fusils modèle 1866-74 avec sabre-baïonnette	Id.	8.050	» 019500	
Carabine de cavalerie modèles 1874 et 1866-74	Id.	5.420	» 013800	
Carabine de cavalerie modèles 1874 et 1866-74 avec baïonnette	Id.	6.560	» 017800	
Carabine de gendarmerie modèles 1874 et 1866-74 avec sabre-baïonnette	Id.	7.220	» 017800	
Mousquetons modèles 1874 et 1866-74 avec sabre-baïonnette	Id.	6.780	» 015600	
Fusils modèles 1884 avec épée-baïonnette.	Id.	8.050	» 019500	
Fusils modèles 1885 et 1874-85 avec épée-baïonnette	Id.	8.440	» 019500	
Fusils modèle 1886 avec épée-baïonnette.	Id.	8.050	» 019500	
Revolver modèle 1873	Id.	1.830	» 003500	
Jeu d'accessoires modèle 1874	Id.	» 150	» 000050	
Nécessaires d'armes modèle 1874	Id.	» 145	» 000050	
§ 2. — *Armes blanches.*				
Sabres modèle 1882 de cavalerie de réserve.	Id.	2.850	» 012800	
Sabres modèle 1882 de dragons	Id.	2.750	» 012800	
Sabres modèle 1882 de cavalerie légère	Id.	2.675	» 009500	
Sabres de cavalerie de réserve modèle 1854.	Id.	3.400	» 012800	
Sabres de dragons modèle 1854	Id.	3.350	» 012800	
Sabres de cavalerie de réserve modèle 1854 transformé	Id.	3.250	» 012800	
Sabres de dragons modèle 1854 transformé.	Id.	3.200	» 012800	
Sabres de cavalerie légère modèle 1822	Id.	3.080	» 009500	
Sabres de cavalerie légère modèle 1822 transformé	Id.	2.725	» 009500	
Cuirasses modèle 1855	Id.	12.000	» 049000	

V

Sociétés de tir et de gymnastique.

(Inst. minist. du 29 avril 1892, *B. O.*, p. 509.)

Art. 2. *Sociétés de tir de l'armée territoriale.* — Les sociétés de tir de l'armée territoriale sont instituées sous le patronage des chefs de corps de cette armée, responsables envers l'autorité militaire de l'ordre et de la discipline qui doivent régner dans les réunions de tir.

Leur constitution est autorisée par les généraux commandant les corps d'armée. Ces derniers rendent compte au Ministre (Direction de l'Infanterie, 2e Bureau) des autorisations données.

Les sociétés de tir de l'armée territoriale s'administrent au mieux de leurs intérêts et en dehors de toute ingérence de l'autorité militaire; il leur est fait les avantages suivants :

1° Mise à leur disposition des champs de tir de la garnison, lorsque les circonstances le permettent (1);

2° Prêt du matériel de cibles des régiments de l'armée active, à charge pour elles de subvenir aux frais de réparations;

3° Droit à des prix de tir.

Sociétés de tir mixtes. — Il est fait aux sociétés mixtes les mêmes avantages que ceux spécifiés au présent article en faveur des sociétés de tir de l'armée territoriale.

Rapports annuels de tir.

Art. 6. Les chefs de corps de l'armée territoriale fournissent un rapport annuel sur les sociétés de tir de l'armée territoriale ou mixtes qui relèvent de leur corps.

Ce rapport, conforme au modèle n° 3, doit parvenir au Ministre (Direction de l'Infanterie; 2e Bureau) avant le 15 janvier de chaque année, par l'intermédiaire des généraux commandant les corps d'armée.

Prêts d'armes.

Nombre et modèle des armes.

Art. 8. Les armes qui peuvent être mises, à titre de prêt, à la disposition des sociétés de tir et de gymnastique par l'administration de la guerre sont les suivantes :

1° *Sociétés civiles :*

Armes de tir { Fusils modèle 1874-85 ou 1885;
Fusils modèle 1874 M. 80;
Mousquetons d'artillerie, M. 80.

Fusils dit « de manœuvre » modèle 1874.

(1) Dans le cas particulier où des accidents sont le résultat de négligences ou d'imprudences dûment constatées, la responsabilité incombe naturellement à ceux qui en sont les auteurs. (Circ. du 8 juin 1895, *B. O.*, p. 692.)

Ces dernières armes, fabriquées avec des pièces de rebut, ne pourraient pas être tirées sans danger ; elles sont, en conséquence, disposées de manière à ne recevoir aucune cartouche, mais elles permettent l'exécution de tous les mouvements du maniement d'armes.

Chaque société de tir civile peut recevoir :

5 armes de tir (comprenant, au plus, 3 fusils modèle 1874-85 ou 1885) ;
15 fusils de manœuvres.

Il n'est pas délivré de revolver aux sociétés civiles.

2° *Sociétés de tir de l'armée territoriale et sociétés de tir mixtes :*

Fusils modèle 1874-85 ou 1885 ;
Fusils modèle 1874 M. 80 ;
Mousquetons d'artillerie modèle 1874 M. 80 ;
Revolvers modèle 1873.

Chaque société de ces deux catégories peut recevoir au maximum :

10 fusils modèle 1874-85 ou 85 ;
10 fusils ou mousquetons modèle 1874 M. 80 ;
4 revolvers.

Il n'est jamais délivré de nécessaires d'armes ou jeux d'accessoires à titre de prêt.

Il n'est pas délivré non plus d'équipements militaires aux sociétés de tir, l'administration de la guerre n'ayant à sa disposition aucun crédit qui lui permette d'effectuer ces délivrances.

Marche à suivre pour les demandes d'armes. — Dépôt de garantie. Délivrance.

Art. 9. Toute demande d'armes faite par une société civile de tir ou de gymnastique doit être établie sur papier timbré, conformément au modèle n° 4 annexé à la présente instruction, et remise au préfet du département, qui la transmet, avec son avis, au général commandant le corps d'armée. Cet officier général l'adresse au Ministre (3e Direction ; 2e Bureau), après y avoir également consigné son avis.

Les armes demandées sont, sur l'ordre du Ministre, tenues à la disposition de la société intéressée, par un établissement d'artillerie, moyennant le versement préalable à la Caisse des dépôts et consignations d'un dépôt de garantie fixé à :

8 francs par arme de tir (fusil ou mousqueton) ;
3 francs par fusil de manœuvre.

La société ne doit effectuer ce versement qu'après avoir été avisée que sa demande est accordée. La délivrance des armes est effectuée sur la présentation au directeur de l'établissement livrancier du récépissé constatant le versement du dépôt de garantie et contre la remise d'une déclaration du même versement. La société conserve le récépissé afin de pouvoir le représenter en cas de besoin. Ce récépissé lui est d'ailleurs indispensable pour rentrer en possession de son cautionnement lorsque les armes sont réintégrées.

Les demandes d'armes formées par une société de tir de l'armée territoriale ou une société mixte doivent être établies, conformément au modèle n° 4, sur papier libre, par les chefs de corps présidents de ces sociétés ; elles sont adressées au général commandant le corps d'armée, qui les transmet au Ministre avec son avis. Ces demandes doivent être distinctes pour chacune des sociétés relevant d'un même régiment territorial. Les armes sont délivrées sur l'ordre du Ministre, à titre de prêt et sans dépôt de garantie.

Toute demande d'armes doit mentionner le nombre et le modèle de celles que la société civile, territoriale ou mixte se trouve avoir déjà en sa possession, en vertu d'autorisations antérieures, ainsi que le nombre des membres prenant effectivement part aux exercices.

Echange et réintégration d'armes.

Art. 10. Lorsque les armes mises à la disposition d'une société civile, territoriale ou mixte ne peuvent plus faire un bon service, ou lorsque la société désire faire remplacer certaines des armes de tir entrant dans sa dotation par d'autres d'un modèle différent, la société est autorisée à en demander l'échange. Elle doit, à cet effet, adresser au Ministre par la voie et dans les formes prescrites pour les demandes d'armes, une demande (modèle n° 4) indiquant l'établissement ou le corps de l'armée active qui a délivré les armes. L'échange de celles-ci contre des armes de service a lieu sur un ordre ministériel et n'est effectué par l'établissement ou le corps, auquel l'ordre en est donné, qu'après versement au Trésor ou paiement au chef armurier chargé de l'entretien des armes du régiment territorial (sociétés territoriales ou mixtes) du montant des réparations reconnues nécessaires aux armes à remplacer.

Lorsque, par suite de dissolution ou d'interdiction, une société de tir va cesser de fonctionner, elle doit adresser au Ministre une demande (modèle n° 4) de réintégration des armes mises à sa disposition. Cette demande, établie dans la forme prescrite pour les demandes de délivrance, est transmise par la même voie ; il y est donné suite par un ordre ministériel.

Les armes réintégrées à un titre quelconque sont visitées, et le montant des réparations reconnues nécessaires doit être versé immédiatement au Trésor par la société intéressée ou payé au chef armurier chargé de l'entretien des armes du régiment territorial (sociétés territoriales ou mixtes). Toute arme non représentée doit être remboursée au prix de la nomenclature de l'artillerie.

Dans le cas d'échange d'armes comme dans celui de réintégration définitive, le récépissé constatant le versement au Trésor du montant des imputations est remis au directeur de l'établissement qui a reçu les armes et transmis au Ministre par ses soins, accompagné d'un duplicata des sommes imputées.

Quand il s'agit d'une réintégration définitive, des ordres sont donnés, sur la demande de la société, pour lui faire rembourser le dépôt de garantie qu'elle a constitué.

En cas de mobilisation, les armes mises à la disposition des sociétés de tir de l'armée territoriale et des sociétés de tir mixtes doivent être réintégrées immédiatement et sans nouvel avis, par les soins des chefs de corps présidents de ces sociétés. Les armes prélevées sur l'armement d'un régiment territorial doivent être restituées à cet armement. Toutes les autres sont versées, autant que possible, à l'établissement d'artillerie livrancier, sinon à l'établissement le plus voisin.

Armes prêtées pour un concours.

Art. 11. Lorsque, en vue de l'organisation d'un concours et en prévision de l'affluence des tireurs, une société de tir juge que les armes déjà mises à sa disposition ne sont pas en quantité suffisante, elle peut adresser au général commandant le corps d'armée une demande tendant à faire mettre à sa disposition, à titre temporaire et pour une durée déterminée (un mois au maximum), un certain nombre d'armes supplémentaires qui ne doit pas excéder dix. Cet officier général apprécie la demande et donne, s'il y a lieu, des ordres pour que les armes soient prêtées par un corps de troupe ou, à défaut de corps de troupe pouvant délivrer les armes demandées, par un établissement d'artillerie de la région. La société n'a, dans ce cas, aucun dépôt de garantie à constituer, mais son président doit s'engager par écrit à réintégrer les armes à l'issue du concours et à payer le montant de toutes les réparations qui seraient reconnues nécessaires lors de la visite passée au moment de la réintégration. Le général commandant le corps d'armée rend compte au Ministre, en même temps, du prêt et de la réintégration des armes et du payement des dégradations.

Lieu de dépôt assigné et destination à donner aux armes délivrées à titre de prêt.

Art. 12. Les armes délivrées à titre de prêt aux sociétés de tir ne doivent, en aucun cas, être employées en dehors de la localité pour laquelle elles ont été demandées. Elles doivent toujours rester en dépôt au lieu indiqué par la société dans sa demande, et ne peuvent servir qu'aux exercices des membres de la société.

Cependant, le général commandant le corps d'armée peut, sur la demande de la municipalité et l'avis favorable du préfet du département, autoriser une société à mettre ses armes à la disposition du corps de sapeurs-pompiers de la localité pour les exercices de tir à la cible. Dans ce cas, le tir a lieu dans le stand de la société.

Les armes des sociétés de tir ne peuvent d'ailleurs, sous aucun prétexte, être prêtées au corps de sapeurs-pompiers pour les prises d'armes de ces corps.

Transport des armes. — Entretien. — Visite.

Art. 13. En principe, le transport des armes de l'établissement livrancier au siège de la société doit être fait par les soins et aux frais de la société. Toutefois, des caisses d'armes à tasseaux peuvent être mises à sa disposition pour ce transport. Dans ce cas, les caisses doivent être réintégrées dans le plus bref délai possible. Elles sont, à leur retour, visitées et réparées, s'il y a lieu, aux frais de la société.

L'entretien des armes doit être assuré par la société.

En ce qui concerne les sociétés de tir de l'armée territoriale et les sociétés de tir mixtes, les chefs de corps de l'armée territoriale présidents sont responsables de la conservation et du bon entretien des armes confiées à ces sociétés.

Il n'est pas passé de visite annuelle régulière de ces armes, mais les chefs de corps présidents sont autorisés à les faire présenter, s'ils le jugent utile, au capitaine inspecteur d'armes de la région, lors du passage de cet officier dans la localité où se trouve le siège de la société ou dans une localité voisine. L'exercice de cette faculté ne doit d'ailleurs entraîner aucuns frais pour l'Etat.

CHAPITRE V.

DÉLIVRANCE DE MUNITIONS.

Délivrance de munitions à titre remboursable. — Prix des munitions. Versements au Trésor.

Art. 14. Les demandes de munitions à titre remboursable sont adressées au général commandant le corps d'armée, qui les examine, donne, s'il y a lieu, les ordres de délivrance et informe la société.

Ces ordres sont adressés à un établissement de l'artillerie situé dans la région (direction ou école) et aussi voisin que possible du siège de la société.

Les demandes formées par les sociétés de l'armée territoriale sont établies sur papier libre, conformément au modèle nº 5 ci-annexé, et adressées directement au général commandant le corps d'armée par les chefs de corps.

Les demandes formées par les sociétés civiles de tir ou de gymnastique sont établies sur papier timbré conformément au modèle nº 6 ci-annexé et adressées à l'officier général précité par l'intermédiaire de l'autorité préfectorale.

Quant aux sociétés mixtes, leurs demandes doivent être distinctes, selon qu'elles s'appliquent aux membres civils des sociétés ou bien aux membres appartenant à l'armée territoriale, ces derniers n'ayant pas à verser au Trésor le bénéfice à réaliser sur le prix de la poudre. Elles doivent être, suivant le cas, établies dans l'une ou l'autre des formes indiquées ci-dessus.

Les munitions sont cédées aux sociétés de tir civiles, territoriales et mixtes, aux prix ci-après :

Cartouches à balle	modèle 1879-83.............	25 fr. le mille.
	modèle 1879.................	12 —
	pour revolvers.............	58 —

Ces cartouches peuvent être cédées aux mêmes prix aux municipalités pour les exercices de tir à la cible des corps de sapeurs-pompiers, lorsque ces exercices ont été autorisés dans les conditions de l'article 12 et que la demande en est faite par le préfet du département.

A ces prix il faut ajouter, pour les sociétés civiles et les membres civils des sociétés mixtes, le bénéfice que, conformément à la loi, le Trésor doit réaliser sur le prix de vente de la poudre contenue dans les cartouches. Ce bénéfice est de :

10 fr. 50 pour mille cartouches pour fusil ou mousqueton ;
1 fr. 30 pour mille cartouches pour revolver.

Les sociétés territoriales, les membres des sociétés mixtes qui appartiennent à l'armée territoriale et les corps de sapeurs-pompiers des communes n'ont pas à effectuer le versement du montant de ce bénéfice.

Conformément à une décision de M. le Ministre des finances, en date du 12 juillet 1889, les deux sommes formant la valeur des cartouches cédées, dans le cas où le Trésor doit réaliser un bénéfice, peuvent être versées, en une seule fois, à la caisse du receveur particulier des finances.

En conséquence, les cartouches ci-dessus indiquées sont délivrées par l'établissement d'artillerie désigné par le général commandant le corps d'armée, contre la remise : 1° d'un récépissé et d'une déclaration de versement au Trésor du prix des cartouches calculé comme il est dit ci-dessus. Le récépissé portera la mention que la somme fait retour au budget de l'artillerie, quel que soit le modèle des cartouches délivrées ; 2° d'une déclaration constatant le versement, au titre de « divers L/C de recettes à classer », de la somme représentant le bénéfice à réaliser par le Trésor (pour les sociétés civiles et les sections civiles des sociétés mixtes).

Le compte rendu de la délivrance est adressé au Ministre, sous le timbre de la 3e direction, par l'établissement livrancier. Ce compte rendu doit être accompagné du récépissé et, s'il y a lieu, de la deuxième déclaration susmentionnée.

Aux termes d'une circulaire adressée, le 10 novembre 1880, par M. le Ministre des finances aux trésoriers-payeurs généraux et receveurs des finances, les versements effectués au Trésor, en remboursement des cessions faites par les magasins de l'Etat, doivent être appuyés d'un ordre de reversement délivré par l'ordonnateur de la dépense.

En conséquence, aucun versement ne doit être fait au Trésor par les sociétés pour la valeur des munitions demandées à titre remboursable, avant qu'elles aient reçu de l'établissement chargé de la délivrance l'ordre de reversement correspondant. Cet ordre est d'ailleurs adressé à la société intéressée par le directeur de l'établissement dès que cet officier supérieur reçoit du général commandant le corps d'armée l'ordre de délivrer les munitions.

Délivrance de munitions à titre gratuit.

Art. 15. § Ier (1). Les sociétés de tir de l'armée territoriale peuvent recevoir chaque année, à titre gratuit, dans la limite des crédits budgétaires affectés à cet usage, un certain nombre de cartouches pour fusil ou revolver. Cette allocation annuelle ne peut dépasser trente cartouches par homme.

Les sociétés mixtes reçoivent la même allocation pour les membres appartenant à l'armée territoriale.

Les demandes de cartouches à titre gratuit doivent être établies par les chefs de corps de l'armée territoriale présidents des sociétés conformément au modèle n° 5 ci-annexé et doivent être distinctes pour chacune des sociétés relevant d'un même régiment territorial. Elles ne doivent pas comprendre les cartouches de revolver qui sont allouées gratuitement aux officiers de réserve ou de l'armée territoriale et qui sont délivrées par un corps de troupe dans les conditions indiquées par le règlement sur le service de l'armement.

---

(1) Sociétés de tir de l'armée territoriale et sections de l'armée territoriale des sociétés de tir mixtes.

Ces demandes, pour l'année qui suit celle en cours, doivent parvenir au général commandant le corps d'armée avant le 31 décembre de l'année courante, terme de rigueur.

Le général commandant le corps d'armée réunit toutes les demandes qui lui sont parvenues à cette date, après les avoir rectifiées, s'il y a lieu, sur un même état qui indique dans ses diverses colonnes, pour chaque société, la désignation et l'emplacement, le régiment territorial duquel elle relève, le nombre des tireurs appartenant à l'armée territoriale et prenant réellement part aux exercices de tir, la quantité de cartouches demandées pour fusil et celle pour revolver (la somme de ces deux quantités doit, au maximum, être égale à trente fois le nombre des tireurs).

Cet état, unique pour le corps d'armée, est totalisé et adressé au Ministre (3e Direction, 2e Bureau) dans le courant du mois de janvier.

Dès que la somme accordée par le Parlement pour les dépenses de cette nature est connue, une répartition, basée sur les indications de ces états, des cartouches pouvant être délivrées aux sociétés territoriales et mixtes (sections territoriales) est faite par les soins du Ministre entre les diverses régions de corps d'armée.

Dans chaque région, le général commandant le corps d'armée reçoit avis de la quantité de cartouches pour fusil et pour revolver qui est allouée à l'ensemble des sociétés territoriales et mixtes (sections territoriales) de cette région, avec indication des établissements d'artillerie dans lesquels les approvisionnements sont constitués.

Il appartient alors au général commandant le corps d'armée de répartir entre les diverses sociétés intéressées, au prorata de leurs demandes, les munitions mises à sa disposition.

Il donne les ordres nécessaires aux directeurs des établissements livranciers; ces officiers supérieurs rendent compte au Ministre des délivrances successives effectuées par leurs soins.

§ II. (1). Chaque année, dans le courant du mois de février, après entente avec l'autorité préfectorale, les généraux commandant les corps d'armée font parvenir au Ministre (3e Direction, 2e Bureau) un état indiquant :

1° Les sociétés civiles et les sociétés mixtes de tir (sections civiles) régulièrement autorisées qui, par leur bon fonctionnement, auront semblé mériter de recevoir des cartouches à titre gratuit (l'état ne devra comprendre que les sociétés ayant à leur disposition des armes modèle 1874 ou modèle 1874-85 et 1885 délivrées, à titre de prêt, par l'administration de la guerre) ;

2° Pour chacune de ces sociétés, le nombre des tireurs prenant réellement part aux exercices de tir et, pour les sociétés mixtes, n'appartenant pas à l'armée territoriale.

Après que ces divers renseignements ont été groupés par les soins de l'administration centrale, le Ministre répartit entre les diverses régions, au prorata du nombre des parties prenantes, les cartouches pour fusil dont il peut disposer. (Il est entendu que ce nombre est de sa nature essentiellement variable et que les allocations faites pour une année ne peuvent à aucun titre être considérées comme créant un

(1) Sociétés de tir civiles et sections civiles des sociétés de tir mixtes.

précédent qui puisse être invoqué par les intéressés pour les années subséquentes).

Dans chaque région, le général commandant le corps d'armée reçoit avis de la quantité de cartouches pour fusil allouées à l'ensemble des sociétés civiles et mixtes (sections civiles) de la région, avec indication des établissements d'artillerie dans lesquels les approvisionnements sont constitués.

Le général commandant le corps d'armée informe chacune des sociétés intéressées de la quantité de cartouches qui lui revient et de l'établissement d'artillerie au directeur duquel elle devra s'adresser pour en obtenir livraison. Il donne les ordres nécessaires aux directeurs des établissements livranciers. Ces officiers supérieurs rendent compte au Ministre des délivrances successives effectuées par leurs soins.

§ III. Les généraux commandant les corps d'armée sont tenus, sous leur propre responsabilité, de se maintenir dans les limites des allocations totales qui leur ont été notifiées, d'une part pour les sociétés de l'armée territoriale et les sociétés mixtes (sections territoriales), d'autre part, pour les sociétés civiles et les sociétés mixtes (sections civiles).

Aucun virement ne peut être fait d'une allocation à l'autre.

La délivrance des cartouches accordées à titre gratuit à une société de tir, à quelque catégorie qu'elle appartienne, doit être demandée avant le 31 décembre de l'année pour laquelle ces cartouches ont été accordées.

Les directeurs des établissements d'artillerie adressent au Ministre, dans le courant du mois de janvier suivant, un état des sociétés qui n'ont pas pris livraison des cartouches mises en réserve pour elles dans leurs magasins.

Il n'est pas délivré de cartouches à titre gratuit, aux municipalités, pour les corps de sapeurs-pompiers autorisés à se servir des armes des sociétés de tir, dans les conditions de l'article 12.

Observations diverses concernant les allocations de cartouches.

Art. 16. § 1er. Les lieutenants-colonels présidents des sociétés de tir de l'armée territoriale et mixtes ne doivent pas perdre de vue que leur responsabilité personnelle se trouve engagée dans l'application des dispositions relatives à la cession des cartouches à ces sociétés et à la répartition de ces cartouches entre les membres civils et les membres faisant partie de l'armée territoriale. Ils doivent vérifier avec le plus grand soin, lors de l'envoi des demandes de cession, soit à titre remboursable, soit à titre gratuit, l'exactitude des renseignements donnés au sujet de l'effectif des membres appartenant à l'armée territoriale, et surveiller avec la plus grande rigueur l'emploi des munitions qui sont accordées aux sociétés placées sous leur direction.

§ 2. Les directeurs des établissements d'artillerie doivent informer directement et immédiatement les directeurs des contributions indirectes de toutes les cessions de munitions chargées faites à titre gratuit ou à titre onéreux aux sociétés civiles, aux membres civils des sociétés mixtes et aux corps de sapeurs-pompiers. Cet avis n'est pas fourni pour les cessions de cartouches aux sociétés de l'armée territoriale et aux membres territoriaux des sociétés mixtes.

Il est fait mention de l'exécution de cette mesure sur le compte rendu de délivrance adressé au Ministre.

Cartouches de tir réduit pour fusil modèle 1874. — Cartouches de tir réduit pour fusil scolaire.

Art. 17. Afin de permettre aux sociétés de tir et de gymnastique de se préparer au tir de la cartouche réglementaire par des exercices de tir réduit, des cartouches spéciales à ce genre de tir, identiques à celles en usage dans l'armée active, leur sont délivrées, sur leur demande, dans les conditions suivantes :

Dans chaque subdivision de région, le général commandant désigne un corps de troupe chargé de fournir ces cartouches aux sociétés qui désirent pratiquer le tir réduit. Le prix de cession de l'étui est fixé à 0 fr. 04 centimes.

Celui du chargement, y compris le nettoyage des étuis et la fourniture des divers éléments qui le composent, à 0 fr. 009 par cartouche.

Après les tirs, les étuis vides susceptibles d'être utilisés sont rapportés au corps livrancier, pour être rechargés par ses soins, ou, s'il est possible, échangés immmédiatement contre un même nombre d'étuis tout chargés. La dépense qui incombe aux sociétés n'est plus alors que de 0 fr. 009 par cartouche.

Il est alloué aux corps par cartouche livrée aux sociétés précitées une somme de 0 fr. 002, dont 0 fr 001 pour frais de combustible, etc., et 0 fr. 001 pour le personnel subalterne qui procède au chargement.

Les demandes de délivrance de cartouches de tir réduit ou de chargement d'étuis, établies en double expédition (modèle n° 7), doivent être adressées par les présidents des sociétés aux généraux commandant les subdivisions de région, qui les transmettent pour exécution aux corps désignés à cet effet. Elles doivent être accompagnées du récépissé et de la déclaration du versement au Trésor de la somme correspondante. Le récépissé doit porter la mention que la somme fait retour au budget de l'artillerie.

L'une des expéditions sera conservée par le corps livrancier, qui la mettra, avec la déclaration de versement, à l'appui du relevé des dépenses annuelles effectuées pour le service de l'armement. Il y joindra un état dressé par ses soins des sommes payées pour frais de combustible et de chargement et émargé par le sous-officier chargé de l'atelier de chargement.

La seconde expédition, accompagnée du récépissé de versement au Trésor, sera envoyée par le corps au Ministre (3e Direction, 2e Bureau, 4e Section).

Les deux expéditions porteront le reçu de la société destinataire. Mention des étuis, amorces, couvre-amorces, balles et poudre, livrés dans ces conditions, devra être faite sur le carnet de munitions du corps.

Les corps demanderont à la direction d'artillerie chargée de les approvisionner les étuis, amorces, etc., dont ils jugeront avoir besoin pour être toujours en mesure de satisfaire à bref délai aux demandes qui leur seront adressées. Ils veilleront à ce que les cartouches destinées aux sociétés de tir ou de gymnastique soient confectionnées avec le même soin que celles qu'ils doivent employer eux-mêmes.

De même que pour les cartouches à balle cédées à titre remboursable, le versement au Trésor de la valeur des cartouches de tir réduit ne devra être effectué par les sociétés intéressées qu'après que celles-c. auront reçu de M. le sous-intendant chargé de la surveillance administrative du corps livrancier l'ordre de reversement au Trésor correspondant. Cet ordre devra être demandé à ce fonctionnaire par la société intéressée soit directement, soit par l'entremise du corps placé sous sa surveillance et qui opérera la délivrance.

Des cartouches de tir réduit pour fusil scolaire, du modèle de celles qui sont employées dans les établissements d'instruction publique, peuvent être délivrées, dans les mêmes conditions que les précédentes, aux sociétés qui en font la demande.

Il n'est pas délivré de cartouches de tir réduit, à titre gratuit, aux sociétés de tir.

Réintégration des étuis métalliques provenant des cartouches de guerre.

Art. 18. Les étuis métalliques provenant des cartouches modèle 1879-83 et modèle 1879 délivrées aux sociétés de tir civiles, territoriales et mixtes, soit à titre gratuit, soit à titre remboursable, ainsi que ceux provenant des cartouches pour revolver délivrées à titre gratuit aux sociétés territoriales et mixtes, doivent être versés intégralement dans les magasins de l'établissement d'artillerie par lequel les munitions ont été délivrées.

Dans le cas d'une cession gratuite, les étuis non représentés (on admettra un déchet de 2 p. 100) donneront lieu à une réduction d'un nombre égal de cartouches sur le montant de la nouvelle délivrance à titre gratuit, et mention de cette réduction sera faite dans le compte rendu d'exécution adressé au Ministre par le directeur d'artillerie.

En cas de cession à titre onéreux de cartouches modèle 1879-83 ou modèle 1879, si le nombre des cartouches cédées ne dépasse pas 4,536 (3 caisses), aucune nouvelle livraison ne sera effectuée qu'après versement intégral des étuis provenant de la précédente cession (sauf le déchet de 2 p. 100). Si le nombre des cartouches cédées dépasse 4,536, la livraison n'en sera effectuée que par lots successifs de 4,536 au maximum, et chaque lot ne sera délivré qu'après versement des deux tiers au moins des étuis provenant des lots précédents. Après la livraison du dernier lot, aucune nouvelle livraison relative à une cession postérieure ne sera effectuée avant le versement de la totalité des étuis (sauf le déchet de 2 p. 100). Il ne sera fait exception à la règle relative au fractionnement par lots successifs de trois caisses au maximum que sur une autorisation ministérielle spéciale.

Les formalités relatives à la cession à titre remboursable d'une nouvelle quantité de cartouches pourront être remplies avant le versement des étuis provenant de la cession précédente.

Les règles ci-dessus ne s'appliquent qu'à la livraison des cartouches cédées.

Les étuis métalliques provenant de cartouches de revolvers cédées à titre onéreux pourront être versés à l'artillerie, mais sans que ce versement puisse donner lieu à remboursement.

Délivrance de poudre.

Art. 19. L'administration de la guerre ne délivre pas de poudre libre aux sociétés de tir. Les demandes de poudre peuvent être adressées à M. le Ministre des finances (Direction générale des Contributions indirectes).

Transport des munitions.

Art. 20. Les munitions délivrées à un titre quelconque aux sociétés de tir ou de gymnastique, à quelque catégorie qu'elles appartiennent, sont tenues à leur disposition dans les magasins de l'établissement de l'artillerie ou du corps de troupe désigné à cet effet.

Toutefois, si la société intéressée en fait la demande au directeur de l'établissement, les munitions, autres que celles de tir réduit, peuvent être expédiées au siège de la société ou à la gare la plus proche, par les transports du commerce, en port dû.

Dans ce cas, les caisses nécessaires au transport sont prêtées par l'établissement et doivent lui être renvoyées aussitôt que possible. Les directeurs des établissements d'artillerie ne doivent délivrer une nouvelle allocation de cartouches qu'après réintégration des deux tiers au moins des caisses ayant servi aux envois précédents, si ces envois ne remontent pas à plus de six mois. Dans le cas contraire, il serait sursis à toute délivrance nouvelle jusqu'à complète réintégration de ces caisses et il serait rendu compte au Ministre.

En vue de diminuer les charges qui incombent aux sociétés de tir, les directeurs des établissements de l'artillerie sont autorisés à faire exécuter, sans ordre ministériel, entre les places de leur direction, les mouvements de cartouches nécessaires pour que les délivrances aux sociétés de tir puissent être effectuées par les places les plus rapprochées. Toutefois, ces mouvements devront être réglés de façon à réduire autant que possible les frais qui en résulteront pour l'Etat.

e CORPS D'ARMÉE.

SUBDIVISION
DE RÉGION
de

MODÈLE N° 3.

Art. 6 de l'instruction
ministérielle
du 29 avril 1892.

e RÉGIMENT TERRITORIAL D'INFANTERIE.

RAPPORT ANNUEL

SUR LES SOCIÉTÉS DE TIR ORGANISÉES AU CORPS.

ANNÉE 189

° *Régiment territorial d'infanterie.*

NOMBRE DE SOCIÉTÉS				MATÉRIEL DE CIBLES dont il est fait usage.	CHAMPS DE TIR, leur étendue. — (Indiquer s'ils sont communs à la garnison ou spéciaux à la société et s'ils sont suffisants).	NOMBRE des SOCIÉTAIRES INSCRITS.				SÉANCES.		ARMES À LA DISPOSITION des sociétés.			LIEU de DÉPÔT
créées dans l'année.	disparues dans l'année.	existant au 1er janvier.	sièges des différentes sociétés (1).			Officiers.	Sous-officiers.	Caporaux et soldats.	Civils.	Nombre.	Chiffre moyen des présents.	Fusils.		Revolvers.	
												Nombre.	Modèles.	Nombre.	

MUNITIONS CONSOMMÉES.			RÉSULTATS.				NOMBRE de SOUS-OFFICIERS adjoints aux officiers de tir et pourvus des effets d'habillement réglementaires.	DATE DE L'AUTORISATION DES STATUTS.		
Cartouches à balle à titre gratuit.	Cartouches à balle à titre remboursable.	Cartouches de tir réduit.	Distances.	Balles tirées.	Balles mises.	Pour cent.		Sociétés territoriales.	Sociétés mixtes.	
								Autorisation du commandant de corps d'armée	Autorisation du Ministre de l'intérieur.	Autorisation du Ministre de la guerre.

(1) Faire précéder d'un T ou d'un M le nom de la localité selon que la société sera purement militaire (territoriale) ou mixte.

OBSERVATIONS.

(Avoir soin de bien faire ressortir la valeur de chaque société.)

1° DU LIEUTENANT-COLONEL, CHEF DE CORPS.
A , le 189 .

2° DU GÉNÉRAL DE BRIGADE.	3° DU GÉNÉRAL DE DIVISION.	4° DU GÉNÉRAL COMMANDANT le ° corps d'armée.

[illegible]	[illegible]	[illegible]	[illegible]	[illegible]

[illegible]	[illegible]

MODÈLE N° 4.

Art. 9 de l'instruction ministérielle du 29 avril 1892.

SOCIÉTÉ DE

AUTORISÉE PAR

Siège de la Société :

Nombre de membres prenant réellement part aux exercices de tir ....

Nombre et modèles des armes que la société a déjà reçues à titre de prêt de l'administration de la guerre ....

DEMANDE DE D'ARMES.

Je soussigné, président de la société ci-dessus désignée, prie M. le Ministre de la guerre de vouloir bien autoriser cette société à

les quantités d'armes dont le détail suit, savoir :

fusils modèle 1874-85 ou 1885 } sans jeux d'accessoires.
fusils modèle 1874 M. 1880 }
fusils de manœuvre.
revolvers modèle 1873.

A , le 189 .

Le

Modèle n° 5.

—

Art. 14 de l'instruction ministérielle du 29 avril 1892.

SOCIÉTÉ

AUTORISÉE PAR

Siège de la Société :

Nombre total des membres prenant réellement part aux exercices de tir..................................
Nombre de membres prenant réellement part aux exercices de tir et appartenant à l'armée territoriale...
Nombre et modèles des armes que la société a déjà reçues à titre de prêt de l'administration de la guerre..............................

DEMANDE DE MUNITIONS A TITRE GRATUIT.

Je soussigné, lieutenant-colonel commandant le ° régiment territorial , prie M. le Ministre de la guerre de vouloir bien faire délivrer à la société ci-dessus désignée, à titre gratuit, à raison de 30 cartouches (pour fusil ou revolver) par membre actif appartenant à l'armée territoriale, les quantités de munitions dont le détail suit, savoir :

cartouches pour fusil.
cartouches pour revolver.

A , le 189 .

Le Lieutenant-Colonel commandant
le ° territorial,

Modèle no 6 (a).

Art. 14 de l'instruction ministérielle du 29 avril 1892.

SOCIÉTÉ

AUTORISÉE PAR

Siège de la société :

Nombre de membres prenant réellement part aux exercices de tir..

Nombre et modèles des armes que la société a déjà reçues à titre de prêt de l'administration de la guerre..............................

DEMANDE DE MUNITIONS A TITRE REMBOURSABLE.

Je soussigné, président de la société ci-dessus désignée, prie M. le Général commandant le e corps d'armée, de vouloir bien faire délivrer à cette société, à titre remboursable, les quantités de munitions dont le détail suit, savoir :

cartouches pour fusil ou mousqueton, à 25 francs le mille.
— — .... à 12 — —
cartouches pour revolver modèle 1873 à 50 — —

(Pour les sociétés civiles et les membres civils des sociétés mixtes seulement.)

Indépendamment du prix de ces cartouches à verser au Trésor, pour faire retour au budget de l'artillerie, je m'engage à verser à la caisse du receveur des contributions indirectes le montant des droits qui reviennent au Trésor sur le prix de vente de la poudre contenue dans ces cartouches, à raison de :

10 fr. 50 par 1,000 cartouches de fusil ou mousqueton ;
et 1 fr. 30 par 1,000 cartouches de revolver modèle 1873.

A , le 189 .

Le Président de la société,

MODÈLE Nº 7 (B).

Art. 17 de l'instruction ministérielle du 29 avril 1892.

SOCIETÉ

AUTORISÉE PAR

Siège de la société :

DEMANDE DE CARTOUCHES DE TIR RÉDUIT.

Je soussigné, président de la société ci-dessus désignée, prie M. le Général commandant la subdivision de région de vouloir bien autoriser cette société à recevoir du corps de troupe désigné à cet effet :

cartouches de tir réduit pour fusil modèle 1874
ou chargements de cartouches de tir réduit pour fusil modèle 1874.

Ci-joint le récépissé et la déclaration du versement au Trésor de la somme correspondante, savoir :

A , le 189 .

Le Président de la société,

VI

Exécution des exercices de tir dans les établissements d'instruction primaire ou secondaire.

(Arrêté du 6 juillet 1882, *J. M.*, p. 6.)

Art. 1er. Les fusils scolaires, destinés aux exercices de tir et mis en service à raison de trois par école, seront, ainsi que les munitions, déposés soit dans les casernes de gendarmerie, soit dans les magasins des corps de troupe, suivant les ordres de l'autorité militaire.

Art. 2. Ces armes ne seront délivrées que les jours d'exercices de tir réduit et, exceptionnellement, les jours des exercices préparatoires ayant pour but de démontrer le maniement du fusil devant la cible, le pointage et les positions du tireur.

Art. 3. Les fusils et les munitions nécessaires pour le tir de la journée seront remis à l'instructeur militaire sur sa demande écrite et motivée.

Art. 4. L'instructeur militaire prendra, de concert avec les chefs des établissements scolaires, les dispositions nécessaires pour faire transporter dans de bonnes conditions les armes et les cartouches sur le terrain de tir, pour les faire rapporter à la caserne et, s'il y a lieu, pour faire transporter les cartouches du centre de fabrication à la caserne de gendarmerie.

Art. 5. Les armes seront nettoyées et réintégrées au lieu de dépôt le jour même de chaque exercice par les soins de l'instructeur militaire; remise sera faite, en même temps, des cartouches non consommées.

Art. 6. Dans chaque subdivision de région, l'autorité militaire désignera les corps de troupe chargés de fournir des cartouches aux groupes scolaires qui désireront pratiquer le tir réduit. Après les tirs, les étuis vides seront rapportés aux corps désignés pour être rechargés par leurs soins, s'il y a lieu.

Art. 7. Le prix de cession de l'étui est fixé à 0 fr. 04. Celui du chargement, y compris le nettoyage des étuis et la fourniture des divers éléments qui le composent, est de 0 fr. 009 par cartouche.

Ces dépenses, ainsi que les frais de transport, seront à la charge des établissements scolaires.

Art. 8. Il sera alloué aux corps, par cartouche livrée aux écoles, une somme de 0 fr. 002, dont 0 fr. 001 pour frais de combustible, etc., et 0 fr. 001 pour le personnel subalterne qui procédera au chargement. Cette allocation sera payée sur les fonds de l'armement et devra être comprise dans le relevé des dépenses annuelles effectuées pour ce service par les corps.

Art. 9. Les demandes de délivrance de cartouches scolaires ou de chargement d'étuis vides, établies en triple expédition et conformes au modèle ci-après, seront adressées par les inspecteurs d'académie aux généraux commandant les subdivisions de région, qui les transmettront, pour exécution, aux corps désignés à cet effet.

L'une de ces expéditions sera conservée au corps, la seconde sera envoyée à l'inspecteur d'académie et la troisième au Ministre de la guerre. Toutes les trois porteront le récépissé de l'instructeur militaire.

Art. 10. Ces demandes seront totalisées par les soins de l'administration de la guerre ; la dépense totale sera indiquée au ministère de l'instruction publique, qui en remboursera le montant annuellement.

Exécution du tir.

Art. 11. Le tir réduit avec le fusil scolaire s'exécute en employant trois lignes de mire, savoir :

De 10 à 20 mètres : employer la ligne de mire qui passe par le sommet du guidon et le cran du talon de la hausse couchée (ce cran porte l'indication 10 à 20).

A 30 mètres : employer la ligne de mire qui passe par le sommet du guidon et le cran inférieur de la planche de la hausse levée (ce cran porte l'indication 30).

A 40 mètres : employer la ligne de mire qui passe par le sommet du guidon et le cran du curseur abaissé, la planche de hausse étant levée (un trait affleurant le bord supérieur du curseur abaissé, et tracé sur le côté droit de la planche, et l'indication 40 est inscrite au-dessus).

Art. 12. La cartouche de tir réduit pour fusil scolaire comprend :

1° Un étui vide de cartouche modèle 1874 raccourci de $0^m,01$;

2° Les divers éléments nécessaires au chargement. { 1 amorce, 1 couvre-amorce, 1 balle sphérique en plomb de 8 gr. 70, 1 charge de poudre de 0 gr. 4.

Cette cartouche est chargée exactement comme la cartouche de tir réduit ordinaire.

Art. 13. Chaque enfant susceptible de prendre part aux exercices de tir réduit, dans les écoles où ces exercices auront été organisés, pourra tirer au maximum 5 séries de 6 balles, soit 30 cartouches par an. Il ne sera jamais tiré dans la même séance plus de 6 cartouches par enfant.

Art. 14. Avant de commencer une série de 6 coups, on aura soin d'huiler fortement l'intérieur du canon, afin de faciliter le gissement de la balle ; cette précaution est indispensable.

L'expérience a montré que le graissage de la balle nuisait à la justesse.

Si, dans le tir, une balle restait dans le canon, on l'enlèverait avec la baguette et on huilerait de nouveau le canon.

L'intérieur du canon, la chambre et la culasse mobile seront soigneusement nettoyés après chaque séance de tir.

Art. 15. Les plus grandes précautions seront recommandées pendant l'exécution des tirs.

Il sera toujours préférable de construire un stand peu coûteux, analogue à ceux qui sont décrits dans l'instruction ministérielle du 27 janvier 1882, sur la confection et le mode d'emploi des cartouches de tir réduit.

L'établissement d'un stand sera obligatoire pour les tirs au delà de 20 mètres, exécutés soit dans des cours, soit près des habitations.

Les généraux commandant les subdivisions de région donneront aux corps de troupe sous leurs ordres des instructions pour qu'ils fournissent aux directeurs des écoles qui le demanderont tous les renseignements nécessaires sur la construction des stands.

Art. 16. Le tir réduit pourra exceptionnellement être exécuté en rase campagne; dans ce cas, la direction du tir ne devra rencontrer, à moins de 450 mètres de la cible, ni route, ni canal, ni voie ferrée, ni habitation. On tirera, s'il est possible, contre une butte en terre naturelle ou artificielle.

Les habitants devront être prévenus avant chaque séance, par les soins de l'autorité municipale, du jour, de l'heure et de l'endroit choisis pour l'exercice.

Art. 17. Les généraux commandant les subdivisions mettront autant que possible les champs de tir à la disposition du bataillon scolaire.

DÉPARTEMENT D

ACADÉMIE D

LYCÉE D

Demande de munitions pour fusils scolaires.

(Exécution du règlomont du 6 juillot 1882, sur los oxorcicos do tir dans los écolos.)

DÉSIGNATION des MUNITIONS.	NOMBRE.	PRIX DE L'UNITÉ.	MONTANT.	OBSERVATIONS.
Etui neuf..		0.04		
Chargement d'étuis..		0.009		
		TOTAL.....		

Transmis pour exécution au e régiment d' à

A , le 189 .

A , le 189 .

Le Général commandant la subdivision,

L'Inspecteur d'académie,

REÇU la quantité de

A , le 189 .

L'instructeur militaire,

VII

Délivrance de fusils modèle 1874 de manœuvre, sans épée-baïonnette, aux Sociétés d'instruction militaire préparatoire.

(Circ. du 12 mai 1895, *B. O.*, p. 506.)

Les circulaires ministérielles des 22 juillet et 9 novembre 1887 ont fait connaître les dispositions arrêtées pour la délivrance de fusils modèle 1866 dits « d'instruction » aux Sociétés d'instruction militaire préparatoire.

Le Ministre a décidé d'étendre ces dispositions à la délivrance, aux Sociétés susmentionnées, de fusils de manœuvre modèle 1874, sans épée-baïonnette (armes mises hors d'état de faire feu).

Le dépôt de garantie à constituer pour la délivrance des fusils de manœuvre modèle 1874 sera de 3 francs par arme, comme il est prescrit par l'instruction du 29 avril 1892 pour la délivrance des fusils de ce modèle aux Sociétés de tir et de gymnastique.

Les fusils d'instruction modèle 1866, actuellement en service, pour lesquels il a été versé un dépôt de garantie de 2 francs par arme, pourront être échangés contre des fusils de manœuvre modèle 1874, sans épée-baïonnette, moyennant le versement d'un dépôt supplémentaire d'un franc par arme.

Les demandes de délivrance et d'échange devront être établies et transmises conformément aux prescriptions de l'instruction du 29 avril 1892 sur les Sociétés de tir et de gymnastique. Elles devront être déterminées de telle sorte que le nombre total des fusils de manœuvre modèles 1866 et 1874, détenus par chaque Société d'instruction militaire, ne soit pas supérieur au nombre des membres prenant part aux exercices.

VIII

Armement des officiers de la réserve et de l'armée territoriale.

(Note du 12 février 1890, *B. O.*, p. 292.)

Les officiers et assimilés de la réserve et de l'armée territoriale qui ne sont pas pourvus, à leurs frais, d'armes réglementaires peuvent, sur leur demande, recevoir, à titre de prêt, des armes des modèles indiqués ci-après, savoir :

Officiers d'infanterie : *sabre modèle* 1845.

Officiers de cavalerie, d'artillerie, de gendarmerie, du train des équipages militaires, fonctionnaires de l'intendance militaire, médecins, pharmaciens, vétérinaires, officiers des douanes et des chasseurs forestiers, interprètes militaires, fonctionnaires des télégraphes : *sabre de cavalerie modèle* 1882.

Officiers du génie, officiers d'administration, gardes d'artillerie, adjoints du génie, contrôleurs d'armes, archivistes d'état-major : *épée de sous-officier modèle* 1884.

Jusqu'à nouvel ordre, il ne sera délivré aucun revolver à titre de prêt.

Les sabres modèle 1882 susceptibles d'être délivrés sont de deux longueurs différentes et sont désignés respectivement par les dénominations suivantes :

Sabre de dragon modèle 1882;
Sabre de cavalerie légère modèle 1882.

Les officiers auxquels est attribué un sabre de ce modèle doivent indiquer, dans leur demande, quel est celui des deux types qui convient à leur taille.

Dans tous les cas, la demande doit être faite par l'intéressé lui-même et contenir l'indication de son nom, de son adresse et de sa profession et, en outre, l'engagement de faire restituer l'arme à l'établissement d'artillerie livrancier, en cas de radiation des contrôles, pour quelque motif que ce soit.

Ainsi établie, la demande est envoyée au Ministre par la voie hiérarchique.

Le directeur de l'établissement chargé de délivrer l'arme adresse en même temps à l'intéressé la facture de livraison, en double expédition. Cette facture lui est renvoyée revêtue du récépissé du destinataire, et l'une des expéditions est adressée au Ministre par le directeur, comme compte rendu d'exécution.

Les frais de transport des armes, lors de la délivrance et du versement, seront supportés par l'Etat.

Enfin, tous les officiers territoriaux qui ont reçu, à titre gratuit, des établissements de l'artillerie ou des corps de troupe, des revolvers modèle 1873 ou des armes blanches d'un modèle autre que ceux qui sont spécifiés dans la présente note ministérielle, pour la catégorie à laquelle ils appartiennent, doivent immédiatement verser ces armes à l'établissement d'artillerie le plus rapproché, en indiquant le corps ou l'établissement d'artillerie qui les leur a délivrées, afin qu'il en soit donné récépissé audit établissement livrancier, ou à celui auquel le corps d'origine les aura facturées.

Ils adresseront ensuite au Ministre une demande pour faire régulariser leur armement, comme il est dit ci-dessus.

Délivrance des cartouches de revolver aux officiers.

Les cartouches à balle de revolver allouées annuellement, à titre gratuit, aux officiers de la réserve et de l'armée territoriale, sont délivrées comme suit :

Pendant les stages ou périodes d'instruction, à tous les officiers présents, pourvus ou non du revolver réglementaire, par le régiment de l'armée active correspondant.

En outre, pour tous les officiers pourvus du revolver, convoqués ou non, appartenant ou non à un corps de troupe, la délivrance de cartouches, soit à titre gratuit, soit à titre remboursable, est faite par un corps de l'armée active désigné par le général commandant le territoire, soit au lieu de résidence des officiers, soit dans une ville de garnison voisine.

Les demandes individuelles doivent être présentées, avec la justification de la possession du revolver, dans le courant du premier mois de chaque trimestre, au corps désigné, et comprendre la totalité des cartouches demandées pour une année.

Outre les cartouches allouées gratuitement, il peut être délivré annuellement à chaque officier 90 cartouches à balle de revolver, contre remboursement de leur valeur calculée d'après les prix de l'inventaire de l'artillerie.

Ces munitions remboursables sont délivrées aux officiers par le corps désigné, contre récépissé constatant le versement au Trésor de la valeur des cartouches; elles sont inscrites à part sur l'état de demande de munitions. (Art. 119 du règl. du 30 août 1884.)

IX

Aiguisage des sabres au moment de la mobilisation.

(Décis. du 14 août 1885, *J. M.*, p. 253, et note du 21 juillet 1893. *B. O.*, p. 11.)

Tout en laissant à la disposition des chefs de corps le choix des procédés qu'ils jugeront les plus convenables pour l'aiguisage des sabres au moment de la mobilisation, il y avait lieu de fournir dès le temps de paix, à tous les corps de cavalerie, l'outillage nécessaire pour effectuer l'aiguisage à la lime.

A cet effet, les escadrons de guerre des régiments de cavalerie et les escadrons des régiments de réserve recevront chacun, à titre de première mise, 20 limes, au moyen desquelles des cavaliers désignés d'avance pourront, en deux ou trois heures au maximum, donner le fil aux sabres de l'escadron. Ces limes seront du modèle dit « plates à main demi-douces de 25 centimètres » ; elles seront livrées à chaque corps par les soins du service de l'artillerie, prises en charge au titre de ce service, et devront être présentées au capitaine inspecteur d'armes lors de la visite de l'armement.

Pour effectuer l'aiguisage à la lime, les cavaliers désignés comme il vient d'être dit, et choisis parmi les plus adroits, recevront du chef armurier une instruction spéciale, conforme aux indications de la présente note, sur la manière d'aiguiser la lame et sur les précautions à prendre pour ne pas l'endommager.

Pendant l'opération, la lame doit être tenue bien à plat sur une table ou sur un banc, soit avec la main gauche, soit à l'aide de crampons ou de tel autre dispositif qui paraîtra le plus commode, soit même par un aide si les ressources en personnel le permettent.

La lime doit être tenue obliquement, de façon que les traits laissés par elle soient eux-mêmes dirigés obliquement au tranchant et s'écartent de lui en allant de la garde à la pointe, et que, dans le coup de sabre, le tranchant agisse lorsque le cavalier ramène le poignet vers le corps.

La fourniture de limes aux corps de cavalerie constitue simplement une mesure de précaution destinée à donner à ces corps les moyens d'aiguiser leurs sabres rapidement et dans toutes les circonstances possibles d'une entrée en campagne et même en route ; mais les chefs de corps peuvent, s'ils en ont les moyens et s'ils disposent d'un temps suffisant, faire exécuter l'aiguisage des sabres par tout autre procédé, à la meule de grès ou d'émeri, par exemple ; ils peuvent même avoir recours à l'industrie locale et adjoindre aux ouvriers du corps des ouvriers civils.

Les chefs de corps peuvent, sous leur responsabilité personnelle, et en sauvegardant absolument la mobilisation de leur régiment, faire aiguiser les sabres en dehors des quartiers, si ce mode d'opérer présente des avantages.

Quel que soit le procédé employé pour l'aiguisage, les sabres des divers modèles en service doivent être aiguisés de manière à pouvoir être employés comme arme de pointe et comme arme de taille. Le fil sera donné sur une largeur de 3 à 4mm : au tranchant, sur la moitié au moins et les deux tiers au plus de la longueur de la lame à partir de la pointe; au dos, sur une longueur de 8 à 10 centimètres.

Les dispositions qui précèdent s'appliquent également aux régiments d'artillerie et aux escadrons du train des équipages militaires dans lesquels chaque batterie à cheval, montée ou de sortie montée, chaque section de munitions ou de parc, et chaque compagnie du train, formée dès le temps de paix, ou provenant du dédoublement d'unités actives, ou fournie par l'armée territoriale, doit être pourvue de l'approvisionnement de dix limes prévu par la note du 14 août 1885 et la dépêche du 4 février 1891.

X

Règlement du 14 janvier 1889 sur l'administration et la comptabilité des corps de troupe.

(*B. O.*, n° 6.)

Mode d'imputation pour pertes et dégradations par la faute des hommes d'effets ou objets de literie, de casernement, etc., dont le corps n'a pas la gestion.

Art. 171. Le montant des pertes et dégradations d'effets ou objets de literie, de casernement, d'hôpital ou d'autre matériel de l'Etat et des dégradations dans les bâtiments militaires ou chez l'habitant, provenant de la faute des hommes de troupe autres que les adjudants, chefs armuriers et maîtres selliers est payé trimestriellement aux ayants droit ou versé au Trésor, selon le cas, à la charge de la masse d'habillement et d'entretien.

Mode d'imputation pour pertes ou mises hors de service par la faute des hommes des effets ou objets dont le corps a la gestion.

Art. 172. Les pertes ou mises hors de service des effets d'habillement constituant l'approvisionnement de l'unité administrative ne donnent lieu à aucune imputation si elles proviennent de la faute des hommes de troupe autres que les adjudants, chefs armuriers et maîtres selliers.

Lorsque des effets ou objets dont le corps a la gestion, à l'exception de ceux mentionnés dans l'alinéa ci-dessus, sont perdus ou mis hors de service par la faute des hommes, le montant de la perte ou de la moins-value est imputé à la masse d'habillement et d'entretien.

Le commandant de l'unité administrative établit un bulletin nominatif d'imputation qui est certifié par lui et par l'officier d'habillement et approuvé par le major. Ce bulletin est décompté conformément aux prescriptions de l'article 175.

Au commencement de chaque trimestre, l'officier d'habillement, au moyen des bulletins d'imputation dont il reste dépositaire, établit par article du budget :

1° Un état à talon, en simple expédition, des imputations applicables au trimestre précédent ;

2° Un état récapitulatif, aussi en simple expédition, des bulletins d'imputation.

Ces états, arrêtés par le conseil d'administration, sont remis au trésorier qui, dans les vingt premiers jours du trimestre, en verse le montant au Trésor, d'après un ordre de reversement établi par le sous-intendant militaire.

Le premier état, séparé du talon, reste entre les mains de l'agent du Trésor. Le talon de cet état et l'état récapitulatif reçoivent tous deux l'inscription faite par cet agent de la déclaration de versement et font retour : le premier, à l'officier d'habillement, comme pièce justificative de la sortie des matières et effets ; le second, au trésorier, avec les bulletins d'imputation pour justifier la dépense en deniers.

Le récépissé délivré au trésorier par l'agent du Trésor est adressé au sous-intendant militaire pour être transmis à l'intendant, qui le fait parvenir au Ministre de la guerre. Une expédition de l'ordre de reversement est jointe au récépissé.

Mode d'imputation pour détérioration par la faute des hommes des effets ou objets dont le corps a la gestion.

Art. 173. Lorsque des effets ou objets dont le corps a la gestion, à l'exception de ceux mentionnés au premier alinéa de l'article 172, sont détériorés par la faute des hommes, la dépense est aussi imputée à la masse d'habillement et d'entretien. Le décompte est constaté comme il est dit à l'article 172. La réparation est faite si le prix n'excède pas la valeur de l'objet (art. 175).

Mode d'imputation à certaines catégories de militaires.

Art. 174. Le montant des imputations à faire, pour pertes ou dégradations provenant de leur fait, à des officiers ou à d'autres détenteurs n'ayant pas droit aux allocations de la masse d'habillement et d'entretien, est remboursé par eux directement entre les mains du trésorier. L'établissement du bulletin et, si la recette n'est pas à faire par une masse, le versement au Trésor ont lieu conformément aux prescriptions de l'article 172.

Décompte des sommes à imputer pour détérioration, mise hors de service ou perte de matériel par la faute des détenteurs.

Art. 175. Les sommes à imputer pour détérioration, mise hors de service ou perte de matériel par la faute des détenteurs (art. 172 à 174) représentent, savoir :

Materiel détérioré, mais réparable.

La valeur de la fourniture et de la main-d'œuvre nécessaires pour mettre le matériel complètement en état de faire le même service qu'avant la dégradation.

Toutefois, si le prix de la réparation d'un objet excède la somme qu'il y aurait à imputer pour la mise hors de service, l'objet n'est pas réparé, mais classé hors de service et l'imputation est décomptée comme il est dit ci-après.

Matériel mis hors de service.

Matériel appartenant à l'Etat.	Le prix de l'effet au classement « *bon pour le service* » diminué de la valeur de l'effet au classement « *hors de service* ».

Matériel perdu.

Matériel appartenant à l'Etat.	Le prix de l'objet d'après son classement « *bon pour le service* » ou « *hors de service* ».

Pertes ou détériorations par cas de force majeure.

Art. 176. Les pertes et détériorations provenant d'événements de force majeure dûment constatés sont supportées par l'Etat.

Les commandants d'unités administratives et les autres officiers détenteurs du matériel signalent immédiatement, sous leur responsabilité, au conseil d'administration ou au commandant du détachement, les pertes et détériorations qui leur paraissent provenir d'événement de force majeure.

Les faits sont constatés d'urgence sur leur rapport revêtu de l'avis du conseil ou du commandant du détachement par le sous-intendant militaire, au moyen d'un procès-verbal établi en simple expédition et décompté suivant les prescriptions de l'article 175.

Le sous-intendant militaire, après enquête, peut décider la mise au compte de l'Etat du montant des pertes, moins-values ou frais de réparations, lorsque la somme ne dépasse pas 100 francs.

La décision appartient à l'intendant militaire, lorsque la dépense, supérieure à 100 francs, ne dépasse pas 200 francs.

Dans tout autre cas, la décision est réservée au Ministre, sauf pour les pertes de chevaux, au sujet desquelles le sous-intendant militaire statue, quel que soit le montant du procès-verbal.

Si les pertes ou détériorations concernent du matériel n'appartenant pas à l'administration de la guerre et entraînent une dépense à la charge de l'Etat, alors qu'aucun règlement ou instruction n'en prescrit l'imputation sur l'un des chapitres du budget afférents aux divers services du matériel, cette dépense est provisoirement imputée aux fonds divers, jusqu'à ce que le Ministre ait prononcé le remboursement.

Les décisions prises par les fonctionnaires de l'intendance sont susceptibles de recours auprès du Ministre.

Le sous-intendant enregistre les procès-verbaux et les conserve dans ses archives.

Le corps établit toutes les copies ou les extraits dont il a besoin pour justifier les dépenses et les sorties, et les fait signer par le sous-intendant militaire.

Recensements de matériel.

Art. 180. Les sous-intendants militaires procèdent inopinément, ainsi qu'aux époques fixées par les règlements, au recensement partiel ou général des matières et objets existant dans les magasins des corps de troupe.

Ils peuvent, en outre, au nom et sur l'ordre du commandement, faire l'inventaire des magasins d'unités administratives.

Ils consignent les résultats sommaires de leurs recensements sur les registres des entrées et sorties du matériel.

Dans le cas d'excédent ou de déficit, ils établissent un procès-verbal de l'opération et y relatent les explications du corps.

Ces différences constatées et reconnues donnent lieu, selon le cas, à une inscription en entrée ou en sortie.

S'il y a contestation, soit sur les conclusions du procès-verbal, soit sur les conséquences au point de vue des imputations, le litige est soumis au Ministre.

Comptes annuels de gestion (1). — Inventaires.

Art. 181. Dans chaque corps, pour tout le matériel appartenant à l'Etat, il est produit des comptes annuels de gestion portant inventaire appuyés des pièces justificatives des entrées et des sorties.

Il est établi un compte distinct par nomenclature de matériel.

Les pièces justificatives à l'appui de chaque compte sont classées distinctement, pour les entrées et les sorties, dans les bordereaux indiquant le numéro de ces pièces.

Il n'est produit qu'un simple inventaire pour le matériel appartenant au corps.

Le 1er mars de chaque année, au plus tard, pour l'année écoulée, ces documents sont remis en simple expédition au sous-intendant militaire. Ce fonctionnaire les vérifie et les adresse, avec les pièces à l'appui, à l'intendant militaire pour être transmis au Ministre.

Division en deux catégories.

Art. 188. Le matériel de l'artillerie et des équipages militaires se divise en deux catégories :

Première catégorie : Matériel du corps;

Deuxième catégorie : Matériel prêté ou en dépôt.

La première catégorie comprend le matériel régulièrement pris en charge par le corps et ne figurant que dans ses comptes.

La deuxième catégorie comprend le matériel mis à la disposition du corps et figurant dans les comptes des établissements de l'artillerie.

Composition du matériel dans les corps de l'artillerie et du train des équipages militaires.

Art. 189. Le matériel que détiennent les corps de troupe de l'artillerie et du train des équipages militaires comprend, savoir :

Dans la première catégorie : l'armement et les munitions pour armes portatives affectés aux corps, le harnachement, le matériel de tir à la cible et de tir réduit, les ustensiles d'écurie, d'infirmerie vétérinaire, de remonte et autres objets payés sur les fonds de la masse du harnachement et ferrage.

Dans la deuxième catégorie : le matériel proprement dit de l'artillerie et des équipages militaires, tels que bouches à feu, munitions pour armes portatives constituant le chargement des voitures, etc.

---

(1) Le compte de gestion est établi d'après le registre des entrées et des sorties de matériel, registre servant de minute, en une seule expédition qui, après vérification du sous-intendant militaire, est adressée à l'intendant directeur. (Dép. du 30 août 1893, nº 5930.)

Composition du matériel dans les corps autres que ceux de l'artillerie et du train des équipages militaires.

Art. 190. Tout le matériel que détiennent les corps autres que ceux de l'artillerie et du train des équipages militaires fait partie de la première catégorie.

Il comprend l'armement et les munitions pour armes portatives, les équipages régimentaires et d'état-major, les caissons à munitions, les forges, le harnachement et les outils et accessoires affectés à ces divers équipages, à l'exception du matériel roulant du service du génie et du harnachement de ce matériel à l'usage des troupes du génie.

Mode d'administration.

Art. 191. Le matériel de la première catégorie est administré d'après les dispositions du présent règlement et les règles spéciales fixées par le Ministre.

Le matériel de la deuxième catégorie étant administré par les établissements de l'artillerie, les corps ne tiennent, pour ce matériel, qu'une comptabilité auxiliaire dont la forme est déterminée par le Ministre.

XI

Règlement du 9 septembre 1888 et instruction du 23 décembre même année sur la comptabilité des matières.

Classement du matériel.

Art. 4. Le classement « bon pour le service » est commun à tout le matériel susceptible d'emploi et maintenu en compte dans les approvisionnements.

Le matériel régulièrement reconnu hors de service est classé à un chapitre ouvert sous ce titre dans chaque nomenclature.

Division du matériel.

Art. 5. Dans chaque service le matériel comprend :

1° La *réserve de guerre*, qui constitue le matériel entretenu d'une manière permanente en vue de la mobilisation de l'armée ;

2° Le *service courant*, qui se compose de tout le matériel en excédent de la réserve.

Fixation des approvisionnements.

Art. 6. Des états dressés à l'effet de déterminer, en exécution de l'article 8 de la loi du 26 juin 1888, la nature et les quantités du matériel à entretenir comme réserve de guerre pour l'ensemble de chaque service, pour chaque place et pour chaque gestion (établissements militaires et corps de troupe), sont arrêtés par le Ministre de la guerre.

Chaque chef de service reçoit expédition de l'état des fixations relatives aux gestions dont la direction ou la surveillance lui est confiée.

De semblables états sont remis aux conseils d'administration des corps de troupe en ce qui concerne l'approvisionnement de réserve dont ils sont détenteurs.

Un état détaillé des fixations de la réserve de guerre est adressé à la direction du contrôle.

Les chefs de service dans chaque place, les conseils d'administration dans chaque corps de troupe, tiennent constamment à jour, d'après les ordres du Ministre, les états de fixation de la réserve.

Il appartient au Ministre seul de statuer, sur la proposition des directions intéressées et après avis de la direction du contrôle, à l'égard des modifications qui peuvent être apportées à ces états. La direction du contrôle est régulièrement avisée de toutes les décisions prises par le Ministre à ce sujet.

Direction et surveillance locale permanente.

Art. 16. Les officiers ou fonctionnaires chargés de la direction des services du matériel et de leur surveillance permanente ont mission, d'assurer l'application des règlements et l'exécution des ordres du Ministre pour la formation des approvisionnements, la conservation et l'emploi du matériel et pour la reddition des comptes.

Ils procèdent à des recensements inopinés du matériel des places, magasins et ateliers.

Ils dressent les procès-verbaux de tous manquants et avaries.

Ils s'assurent de la tenue régulière des écritures. Ils vérifient et arrêtent en fin d'année ou de gestion les comptes rendus par les comptables.

Les recensements successivement opérés doivent avoir pour effet de constater intégralement, chaque année, l'existence du matériel accusé par les écritures.

Perte par force majeure ou cas fortuit.

Art. 29. Aucune perte ou avarie n'est admise à la décharge des comptables qu'autant qu'elle provient d'événements de force majeure ou de cas fortuits dûment constatés, tels que :

Vols à main armée, à force ouverte ou avec effraction ;

Vols par disparition de détenteurs de matériel ;

Prise ou destruction par l'ennemi, destruction ou abandon forcé à son approche ;

Incendie ;

Inondation, submersion ;

Ecroulement de bâtiments ;

Evénements de route par terre et par eau ;

Epizootie constatée.

Justification des cas fortuits ou de force majeure.

Art. 30. Pour être déchargé du montant d'une perte ou d'une avarie survenue dans les cas prévus à l'article précédent, le comptable ou l'agent ayant charge du matériel est tenu de faire constater immédiatement et de prouver que le fait ne peut être imputé à un défaut de soins ou de prévoyance de sa part.

Pertes par suite du mauvais état des bâtiments.

Art. 31. Aucune perte ou avarie qu'aurait occasionnée l'état des bâtiments n'est admise à la décharge du comptable que s'il est établi qu'il a introduit, en temps utile, auprès de l'autorité compétente, les réclamations nécessaires.

Poursuites en cas de crime ou délit.

Art. 32. Si les faits d'où résultent les pertes ou avaries sont de nature à motiver des poursuites criminelles, il est procédé dans les formes prescrites par les articles 85 et suivants du Code de justice militaire.

Transformation du matériel. — Responsabilité.

Art. 33. Dans les gestions collectives, le matériel nécessaire aux consommations et transformations est délivré par le comptable aux officiers, ingénieurs ou agents directeurs des travaux, qui en donnent récépissé et qui en sont responsables jusqu'à justification d'emploi, suivant les prescriptions de l'article 76 du présent décret.

Transport du matériel. — Responsabilité de l'expéditeur et du chargé des transports.

Art. 34. Tout matériel expédié d'un point sur un autre doit être pris en charge par un tiers, qui en devient responsable jusqu'à la réception par le destinataire.

Toutefois, le comptable expéditeur demeure responsable des manquants, pertes ou avaries qui, à la réception, seraient reconnus provenir de son fait. Il se borne à inscrire au registre-journal les quantités expédiées d'après les factures d'expédition ou les connaissements, mais il ne les porte définitivement en sortie dans ses comptes qu'après avoir reçu le récépissé du destinataire.

Le matériel à transporter est pris en charge, savoir :

1° Dans les trains et équipages militaires, par les chefs de détachements ;

2° Dans les équipages auxiliaires, par les agents qui les dirigent ;

3° Pour les transports à l'entreprise, par les entrepreneurs, par les capitaines de navire ou par leurs agents dûment autorisés ;

4° Pour les transports par navires de l'Etat, par l'officier ou l'agent spécialement désigné ;

5° Par l'agent que l'administration aurait chargé d'accompagner le matériel et dont la responsabilité est, dans ce cas, substituée à celle du chargé du transport.

Evénements sur terre et sur mer.

Art. 35. Si des événements de route occasionnent des pertes ou avaries, les constatations prescrites par l'article 30 du présent règlement sont faites, à la diligence de l'agent ayant charge du matériel, par l'autorité administrative militaire ou, à défaut, par l'autorité civile la plus rapprochée du lieu de l'événement.

Les événements de mer sont constatés suivant les lois ou usages du commerce, sauf dans le cas de stipulations spéciales.

Transport du matériel. — Responsabilité du réceptionnaire.

Art. 36. Le comptable réceptionnaire ne donne décharge à ceux qui sont responsables du transport qu'après vérification du nombre, du poids et de l'état des colis.

Il ne délivre récépissé à l'expéditeur qu'après avoir reconnu la quantité, la qualité et l'état du matériet porté sur les factures d'expédition.

Il est responsable des manquants, pertes ou avaries qu'il n'aurait pas fait constater au moment de l'arrivée.

Contestations à l'arrivée. — Récépissé à délivrer par le destinataire.

Art. 37. En cas de contestation, à l'arrivée, au sujet du nombre, du poids et de l'état des colis, il est dressé procès-verbal par le sous-intendant militaire à qui il appartient de statuer après examen du matériel, sauf tel recours que de droit.

Il est dressé procès-verbal et il est statué par l'autorité chargée de la surveillance du service à l'égard de toute difficulté entre le comptable réceptionnaire et le comptable expéditeur relativement à la nature, à la quantité, à la qualité et à l'état du matériel expédié.

Si les pertes ou avaries sont laissées à la charge de ceux qui étaient chargés du transport ou si l'Etat doit réglementairement les supporter, le comptable réceptionnaire prend charge et délivre récépissé de l'intégralité du matériel porté sur la facture d'expédition, et il fait sortie des différences dûment constatées.

Si les pertes ou avaries sont imputées au comptable expéditeur, le comptable réceptionnaire ne délivre récépissé et ne prend charge que des quantités de matériel réellement reçues.

A l'égard de ceux qui ont eu charge du transport, les recours et reprises de l'administration sont exercés à la diligence de l'autorité qui a dressé procès-verbal au point d'arrivée.

A l'égard des comptables expéditeurs, les recours et reprises sont exercés par l'autorité chargée de la surveillance de leur gestion, au vu du procès-verbal dont une expédition doit lui être remise par le comptable réceptionnaire.

Art. 37 de l'instruction. — Toutes les fois que, à l'arrivée d'un matériel à destination, la responsabilité de l'expéditeur se trouve engagée, le sous-intendant militaire (ou le médecin-chef) désigne, pour représenter l'expéditeur, une personne choisie en dehors du personnel placé sous les ordres du destinataire, ou, s'il y a lieu, en provoque la désignation par l'autorité compétente.

Pièces justificatives des opérations d'entrée et de sortie.

Art. 50 de l'instruction. I. — *Ordres d'entrée ou de sortie.* — Quand, pour une cause quelconque, il existe en magasin des matières ou objets qui n'ont pas été pris en charge, ou quand il y a lieu de faire sortie de quantités figurant dans les comptes, le comptable est tenu de soumettre sans délai, au sous-intendant militaire, les pièces nécessaires pour effectuer l'entrée ou la sortie.

II. *Dispositions relatives à l'établissement des pièces.* — Les pièces justificatives destinées à décrire les opérations à charge et à décharge sont établies en simple expédition conformément aux modèles annexés à la présente instruction sur format de 36 centimètres sur 23.

Elles sont de couleur blanche pour les entrées, excepté pour les achats de matériel payés sur les crédits de la 2e section du budget. Pour ces derniers, les récépissés comptables (modèle n° 1), les factures (modèle n° 2) et les bordereaux d'achat (modèle n° 4) sont établis sur papier bleu.

Les pièces de sortie sont de couleur rose. Les états des imputations faites aux détenteurs du matériel sont de couleur chamois.

Les quantités fractionnaires portées sur les pièces justificatives sont exprimées en décimales, qui sont au nombre fixé par les nomenclatures. Les décomptes en argent sont faits en francs et centimes.

D'après l'article 50 du décret, les pièces justificatives des mouvements d'entrée ou de sortie qui donnent lieu à ordonnancement, réimputation ou versement au Trésor, doivent indiquer soit la date et le numéro de l'ordonnance ou du mandat, soit la date et le numéro de l'état de changement d'imputation, soit le lieu de versement au Trésor avec la date et le numéro du récépissé.

La mention de l'ordonnancement est portée sur les pièces par l'ordonnateur; celle du versement est signée par l'agent du Trésor qui l'a reçu.

Si elle a été omise, le comptable est tenu de réclamer au débiteur la preuve du paiement, et la mention est alors signée par le sous-intendant militaire (ou le médecin-chef).

Si l'ordonnancement est fait par le Ministre, s'il y a lieu à changement d'imputation, ou si la mention du versement au Trésor n'a pu être portée sur les pièces avant l'arrêté du compte annuel de gestion, le comptable met à l'appui dudit compte un relevé des pièces incomplètes (modèle n° 16). Le Ministre inscrit sur ces pièces les indications qui y font défaut.

X. *Versement de pièces d'armes par les corps de troupe.* — Quand le Ministre autorise les corps de troupe à verser les pièces d'armes inutiles, l'opération est justifiée par des factures décomptées (modèles n°s 5 et 9), portant décompte de la valeur des pièces d'armes.

Le corps livrancier est remboursé conformément aux prescriptions du règlement du 30 août 1884.

XII. *Réintégration d'un matériel précédemment imputé.* — Quand le Ministre autorise la réintégration en magasin d'un matériel perdu, dont la valeur avait été remboursée par ceux qui en étaient responsables, l'entrée est justifiée par un certificat administratif (modèle n° 6) qui est décompté et sur lequel on mentionne la date et le mode du payement.

Si la réintégration a donné lieu à l'établissement d'un procès-verbal, un extrait en est annexé au certificat administratif.

XVII. *Versements entre les établissements militaires et les corps de troupe.* — Les mouvements entre les établissements et les corps de troupe, en ce qui concerne le matériel d'artillerie proprement dit, s'effectuent conformément aux dispositions de l'instruction du 24 octobre 1890.

On se conforme, pour les réparations à faire à ce matériel, aux règles posées au paragraphe précédent, et il est tenu dans chaque corps un carnet modèle n° 35.

Quant au matériel non visé à l'article 1er de l'instruction du 24 octobre 1890, les entrées et les sorties sont classées parmi les entrées et les sorties réelles et donnent lieu à l'établissement des mêmes pièces que les mouvements entre comptables du même service.

La valeur du matériel non représenté ou mis hors de service est décomptée suivant les règles posées dans l'article 4, § III. Le montant des détériorations est évalué d'après les tarifs ministériels ou à prix débattu.

Les imputations faites sont détaillées dans un état (modèle n° 14) qui est remis au corps livrancier et qui lui sert à effectuer le versement au Trésor du montant de ces imputations. Le talon dudit état donnant la preuve du versement est annexé à la pièce d'entrée.

XVIII. *Prêts de matériel.* — La délivrance du matériel à titre de prêt, dans les conditions déterminées aux articles 14 et 82 du règlement, est une sortie réelle. Elle donne lieu à l'établissement d'une facture (modèle n° 5) qui est remise à la partie prenante et d'une facture (modèle n° 9) qui appuie la sortie dans les écritures du comptable.

Ces deux factures sont décomptées d'après les prix fixés par le Ministre, ou, à défaut, d'après les prix de la nomenclature. La partie prenante y appose son récépissé, auquel elle ajoute la mention suivante : « *Je reconnais en outre que la valeur du matériel dont j'ai pris charge s'élève à la somme de.....* »

Les réintégrations sont justifiées par les talons des récépissés comptables délivrés aux intéressés. Le montant des pertes est décompté d'après les prix indiqués dans la facture de livraison. Le montant des détériorations est évalué d'après les tarifs ministériels, ou, à défaut, à prix débattu.

Si la réintégration n'a pas lieu dans l'établissement livrancier, la partie prenante doit présenter au comptable réceptionnaire la facture de livraison qui lui a été remise. Ce dernier avise immédiatement le comptable qui a fait la délivrance, et cet avis est annexé au registre dont la tenue est prescrite par l'article 14 ci-dessus.

XIX. *Matériaux d'emballage.* — On entend par matériaux d'emballage les caisses pleines ou à claire-voie, la toile, la ficelle, le papier, les clous, l'étoupe, etc., à l'exclusion des caisses d'armes, caisses à poudre ou à biscuits, sacs et autres récipients réglementaires, auxquels toutes les dispositions générales concernant le matériel doivent être appliquées.

Les matériaux d'emballage employés à la confection des colis sont inscrits par l'expéditeur au verso des factures (modèles n°s 5 et 9).

Dispositions spéciales aux corps de troupe. — Dans les corps de troupe, il n'est tenu qu'un seul registre, sur lequel sont inscrits à leur date, et *sans distinction de service*, tous les mouvements des matériaux d'emballage.

En fin de trimestre, les résultats de la balance des entrées et des sorties sont reportés sur des certificats administratifs décomptés (modèle n° 6 pour les entrées ou modèle n° 10 pour les sorties). Les quantités et la valeur que font ressortir ces certificats sont inscrites sur le registre des entrées et des sorties du matériel appartenant au corps, dans le compte ouvert à la deuxième portion de l'approvisionnement de la masse d'habillement et d'entretien.

A moins d'ordres contraires, les caisses qui ont servi à l'expédition des effets par les magasins administratifs aux corps de troupe ou qui ont été mises temporairement à la disposition de ces derniers pour des besoins extraordinaires, sont réintégrées sans délai dans les magasins qui les ont fournies. Il est néanmoins passé écriture au registre (modèle n° 15) des entrées et des sorties de ces caisses.

XX. *Des confections, transformations, démolitions et réparations.* — Toute opération de confection, transformation ou démolition exécutée par les soins des comptables donne lieu à une sortie et à une entrée réelles.

Les sorties sont justifiées par un certificat administratif (modèle n° 10) dans lequel sont portés les matières données et objets employés, et les entrées, par un certificat administratif (modèle n° 6) qui comprend les produits de toute nature, les résidus et les issues provenant du travail exécuté.

Les certificats sont établis, par nature d'opération, en fin de mois ou en fin d'opération.

XXI. *Excédents, bonis, déficits, avaries.* — Les excédents et bonis de toute nature, les issues et résidus recueillis dans l'exécution du service à la suite de la manutention des denrées, les naissances de bestiaux dans les parcs, les naissances de poulains, donnent lieu à des entrées réelles qui sont justifiées par un certificat administratif non décompté (modèle n° 6) mentionnant, le cas échéant, la date du procès-verbal dans lequel ils ont été constatés.

Les pertes, avaries, déficits reconnus soit à l'arrivée à destination, soit en magasin, les déchets de conservation, la destruction du matériel sont constatés par un procès-verbal et donnent lieu à des sorties réelles qui sont justifiées par un extrait de procès-verbal (modèle n° 12).

Ces entrées et ces sorties sont passées en écritures immédiatement après la clôture du procès-verbal sans attendre qu'il ait été statué sur les responsabilités engagées. Quand le chef de service a reçu avis de la décision de l'autorité compétente, il inscrit cette décision sur l'extrait du procès-verbal qui, en cas d'imputation, est complété par la mention du versement au Trésor.

XXII. *Remises au domaine.* — La sortie du matériel qui est remis au domaine comme n'étant pas susceptible d'être utilisé ou réemployé par conversion est une sortie réelle justifiée par un extrait du procès-verbal de vente (modèle n° 12 *bis*). Les extraits sont établis par service et ils sont certifiés par l'agent des domaines qui a procédé à la vente.

XXIII. *Changements dans la classification du matériel. Dislocation d'unités collectives.* — Quand, par suite de mise hors de service ou pour toute autre cause, un matériel doit être classé sous un autre numéro de la nomenclature que celui sous lequel il figure dans les comptes, ce changement de classification donne lieu à l'établissement de certificats administratifs (modèles nos 7 et 11).

Ces deux pièces doivent porter la même date.

On opère de même quand il s'agit de composer ou de disloquer une unité collective.

Recensement du matériel.

Art. 54. Toutes les opérations de comptage, cubage, métrage, etc., auxquelles donnent lieu les recensements sont exécutées par les détenteurs responsables, aidés du personnel sous leurs ordres, sous la direction et la surveillance de l'autorité qui procède au recensement.

Les constatations ainsi effectuées sont définitives.

Différences entre les écritures et les existants.

Art. 55. Si la comparaison entre les résultats de la balance des écritures et ceux du recensement fait ressortir des différences, elles sont constatées dans un procès-verbal rapporté par le chef de service, signé de lui et du comptable.

Les excédents ou les déficits sont immédiatement portés en entrée ou en sortie, sans attendre qu'il ait été statué sur les responsabilités encourues.

Le procès-verbal fait connaître les causes présumées des différences, les explications du comptable et les conclusions du rapporteur ; il est soumis à l'homologation du directeur et adressé en deux expéditions au

Ministre qui statue et renvoie à l'établissement une expédition revêtue de sa décision.

Quand les recensements sont faits par un inspecteur général ou par les directeurs d'artillerie, les procès-verbaux sont rapportés, sur leur invitation, par l'officier chef de service.

Si les procès-verbaux sont établis par les fonctionnaires du corps du contrôle de l'administration de l'armée, il en est adressé une expédition au Ministre; une autre est remise à l'officier chef de service qui en transcrit les résultats sur un procès-verbal ainsi formulé : « Nous....., vu le procès-verbal rapporté le..... par M....., contrôleur..... de l'administration de l'armée, duquel il résulte, etc..... etc..... » Le chef de service se conforme, pour l'établissement de cet acte et pour la suite à y donner, aux prescriptions des premiers alinéas du présent article; il fait porter immédiatement en entrée ou en sortie les différences constatées par le fonctionnaire du contrôle.

Matériel appartenant à l'Etat dans les corps de troupe.

Art. 77 du règlement. — Le compte du matériel appartenant à l'Etat et qui est détenu par les corps de troupe est annuellement établi dans chaque corps. Les résultats en sont récapitulés dans des états dressés par service et par unité sommaire. La Cour des comptes reçoit ces états en même temps que les résumés généraux.

Art. 77 de l'instruction. — Le matériel du service de l'artillerie et du train des équipages militaires qui est pris en charge par les corps de troupe donne lieu, en fin d'année, à la production d'un compte de gestion (modèle n° 22) (1).

On y porte le montant des dépenses faites pour achats dont le corps s'est fait rembourser sur la production des relevés prescrits par le règlement sur l'administration et la comptabilité des corps de troupe.

Ces existants au 31 décembre et les dépenses que fait ressortir le compte de gestion sont reportés, par unité sommaire, dans les états récapitulatifs (modèle n° 23) établis en double expédition par le directeur du service de l'intendance du corps d'armée.

Ces états sont adressés au Ministre avec les comptes de gestion des corps de troupe.

Les résultats en sont totalisés au ministère de la guerre dans un état général qui est adressé à la Cour des comptes avec une expédition des états récapitulatifs.

---

(1) Ces comptes sont adressés au Ministre le 8 avril. (Circ. du 13 janvier 1892, *B. O.*, p. 24.)

NOMENCLATURE

et mode d'établissement des pièces à produire à l'appui des comptes de gestion pour la justification des opérations à charge et à décharge.

DISPOSITIONS GÉNÉRALES.

I. — Les pièces justificatives sont produites en original. Elles sont établies par les comptables.

En cas de perte d'une pièce justificative, il en est produit un duplicata qui est signé par tous les signataires de l'original.

II. — Toutes les pièces justificatives sont vérifiées par l'autorité qui a la surveillance de la gestion et visées par elle.

III. — Les pièces justificatives des entrées et des sorties, qui ne résultent pas de l'exécution d'un règlement, mentionnent l'ordre en vertu duquel a lieu l'entrée ou la sortie, la date de cet ordre.

IV. — Les certificats administratifs destinés à justifier les entrées ou les sorties indiquent :

1° Les quantités du matériel que le comptable certifie devoir être portées en entrée ou en sortie ;

2° L'ordre d'entrée ou de sortie donné par l'autorité compétente ;

3° La prise en charge ou la sortie certifiée par le comptable.

V. — Les pièces justificatives des entrées résultant d'achat ou de cession doivent porter le décompte de la valeur d'achat ou de cession, et être de tous points identiques à celles qui sont mises à l'appui du compte financier.

VI. — En cas de changement de classification ou de dénomination du matériel, la pièce de sortie indique le numéro de la pièce d'entrée correspondante ; elle fait mention, en outre, des numéros de la nomenclature sous lesquels le matériel est porté en entrée.

La pièce d'entrée est la contre-partie de la pièce de sortie. Les deux pièces sont établies sous la même date.

VII. — Les pièces justificatives des fabrications, confections, transformations et démolitions effectuées dans les gestions individuelles sont établies conformément aux prescriptions du paragraphe précédent.

VIII. — Toute pièce d'entrée comporte la prise en charge du comptable.

IX. — Toute pièce de sortie justifiant d'une expédition ou d'une délivrance de matériel n'est admise à la décharge du comptable qu'après avoir été revêtue de la prise en charge du destinataire ou de la partie prenante.

X. — Quand les opérations d'entrée ou de sortie donnent lieu à une imputation ou à un remboursement, les pièces justificatives doivent mentionner l'accomplissement du payement.

XI. — Sur toutes les pièces marquées ci-après P on établit le décompte de la valeur du matériel entré et cette valeur est inscrite au registre-journal et au compte de gestion.

XII. — Sur toutes les pièces marquées ci-après R, on établit le décompte de la valeur du matériel.

OPÉRATIONS A CHARGE.	PIÈCES A PRODUIRE.
Entrées réelles.	
Reprise des existants au 31 décembre de l'année précédente	Compte de gestion de l'année précédente.
Achats par suite de marchés ou sur simple factre Achats donnant lieu à une seule livraison	Talon de la facture d'achat P.
Achat donnant lieu à plusieurs livraisons	Talons des récépissés comptables P et de la facture d'achat P.
Achats donnant lieu à livraison dans plusieurs établissements	Talons des récépissés comptables P et extrait de la factre générale d'achat P.
Cession par d'autres ministères ou d'autres services du département de la guerre	Factures de livraison ou d'expédition P indiquant le mode de réalisation du payement.
Appels ou réquisitions à charge de payement.	Factures de livraison P, d'expédition P, ordres de prise en charge P, indiquant le mode de réalisation de payement.
Produits des polygones, jardins et terrains militaires utilisés dans les services	Certificat administratif P revêtu de la mention de l'ordonnancement au profit du Trésor.
Réintégration du matériel précédemment imputé	Certificat administratif P revêtu de la mention du remboursement.
Versemts à titre gratuit par d'autres services. Versemts par des comptables des armées activ.	Facture de livraison ou d'expédition.
Réintégration du matériel en service dans les corps de troupe	Factures de livraison ou d'expéditions appuyées, s'il y a lieu, du talon des états des sommes imputées (R)
Réintégration du matériel prêté	Talons de récépissés comptables appuyés, s'il y a lieu, des talons des états des sommes imputées (R)
Matières et objets d'emballage provenant des versements du matériel	Certificat administratif.
Excédents, bonis et revenants bons de toute nature	Extrait de procès-verbaux ou certificats administratifs.
Récolte de plantes médicinales. — Réintégration du linge à pansement, fouilles des buttes des polygones	Certificats administratifs.
Produits et résidus des fabrications, confections, transformations et démolitions dans les gestions individuelles	Certificats administratifs.
Produits et résidus des fabrications, confections, transformations et démolitions dans les gestions collectives	Certificats administratifs.
Déclassements et changemts de dénomination.	Certificats administratifs.
Entrées d'ordre.	
Versements provenant d'un magasin géré au titre du même service	Factures d'expédition.
Reprises de magasins par suite de mutation de comptables	Procès-verbaux d'inventaire.

OPÉRATIONS A DÉCHARGE.	PIÈCES A PRODUIRE.
Sorties réelles.	
Existants au 31 décembre, à reporter à l'année suivante	Compte de gestion portant inventaire.
Cession à charge de payement à d'autres ministères ou à d'autres services	Factures de livraison (R) portant la mention du remboursement.
Distributions à charge de remboursement	Factures de livraison (R) avec bordereaux trimestriels appuyés de bons totaux.
Livraisons de vieilles matières à des entrepreneurs titulaires de marchés de conversion.	Factures de livraison (R) portant mention du remboursement.
Versements à titre gratuit à d'autres services	Factures de livraison ou d'expédition.
Versements aux comptables des armées actives	Id.
Délivrance de matériel aux corps de troupe ou aux pharmacies des hôpitaux militaires	Id.
Prêts de matériel	Id.
Distributions aux troupes	Factures de livraison avec bordereaux trimestriels de distribution.
Emploi des matières et objets d'emballage	Certificats administratifs.
Avaries ou déficits imputés	Extraits de procès-verbaux (R) portant mention du remboursement.
Avaries ou déficits non imputés; destruction, incinération, perte par force majeure, déchets de conservation	Extraits de procès-verbaux ou certificats administratifs.
Remises aux domaines	Extraits de procès-verbaux dressés par les agents des domaines.
Remises d'animaux aux vendeurs pour vices rédhibitoires	Extraits des procès-verbaux (R) portant la mention du remboursement.
Emploi de matières et objets dans les gestions individuelles, pour fabrications, confections, transformations, réparations, démolitions	Certificats administratifs.
Versements aux ateliers ou aux chantiers, dans les gestions collectives, pour fabrications, confections, transformations, réparations, démolitions	Factures de livraisons R.
Changements de classification ou changements de dénomination	Certificats administratifs.
Sorties d'ordre.	
Versements sur un magasin géré au titre du même service	Factures d'expédition.
Remises de magasins par suite de mutation de comptable	Procès-verbaux d'inventaire.

XII

Répertoire des décisions traitant de questions relatives à l'armement, mais non insérées dans le règlement.

			N° de la page au *B. O.*
1854	25 février.	Décret portant organisation des armuriers militaires..	32
1857	31 janvier.	Note ministérielle relative à la mise à la retraite des chefs armuriers des corps de troupe...............	26
1874	31 août.	Note ministérielle relative à l'emploi d'une huile minérale pour l'entretien des armes et des machines....	78
1875	12 juin.	Note ministérielle indicative des mesures à fournir à l'entreprise de la manufacture de Châtellerault, par les officiers lorsqu'ils commandent une cuirasse....	906
1876	13 mars.	Note ministérielle relative à l'adoption d'une graisse spéciale, dite *graisse verte,* pour l'entretien des armes placées dans les magasins de réserve des corps de troupe et dans ceux de l'artillerie........	363
1883	6 février.	Note ministérielle prescrivant que le bronzage des fourreaux des sabres-baïonnettes modèle 1866, série Z, devra être exécuté dans les corps de troupe....	105
—	29 août.	Note ministérielle relative à la transformation des sabres de cavalerie légère modèle 1822............	158
—	6 sept.	Note ministérielle prescrivant les règles à suivre dans les corps de troupe pour les réparations au sabre modèle 1854 transformé et modèle 1822 transformé.	229
—	18 oct.	Note ministérielle relative aux sabres-baïonnettes modèle 1866 dont les lames ou les fourreaux sont à remplacer......................................	333
1884	26 mars.	Note ministérielle relative aux cartouches destinées aux exercices de tir des bataillons scolaires et des établissements d'instruction......................	325
—	3 juillet.	Note ministérielle relative à l'imputation des dépenses pour l'emballage des armes et des munitions destinées aux gendarmes réservistes ou territoriaux..	18
—	12 nov.	Lettre collective. — Les cartouches de mobilisation des douaniers et chasseurs forestiers, doivent être prises en charge par les corps qui les ont en dépôt.......	640
1886	6 janvier.	Note ministérielle relative à l'emploi d'une graisse et d'une huile minérales, dites *graisse et huile Marbeck,* pour l'entretien des armes en service et en magasin dans les corps de troupe..........................	23
—	13 février.	Note ministérielle. — Les cartouches de sac et de sûreté vernies pour arme modèle 1874 seront versées à l'artillerie, qui délivrera en échange les cartouches à balles non vernies..............................	111
—	8 mars.	Note ministérielle relative à l'emploi d'une graisse minérale, fabriquée par la Compagnie des corps gras industriels à Amiens, pour l'entretien des culasses et autres parties du matériel en acier..............	206
—	19 mars.	Note ministérielle relative à la mise en service dans les corps d'infanterie, à raison d'un par compagnie, d'un appareil destiné à contrôler le pointage........	538
—	12 avril.	Note ministérielle au sujet du dégât des munitions mises à la disposition des hommes................	487
—	—	Note ministérielle relative à la délivrance aux corps de troupe d'un jeu de cylindres pour vérifier le diamètre des canons des armes modèle 1874..........	409
—	—	Note. — Suppression du bouchon de fusil dans les corps de troupe pourvus d'armes modèle 1874............	490

1886	3 mai.	Note ministerielle relative au tubage des armes modèle 1874	550
—	12 juin.	Note ministérielle. — Les dépenses résultant du premier établissement et du remplacement des garnitures de porte-canons des râteliers d'armes doivent être payées sur les fonds du service du génie	714
—	4 oct.	Note ministérielle. — Mise à la disposition des corps d'armes et de pièces d'armes hors modèle pour servir à l'ornementation des salles d'honneur	526
—	8 oct.	Note. — Nouvelle composition des collections de vérificateurs pour armes modèle 1874 et modèle 1866-1874 à l'usage des chefs armuriers	941
1887	24 janvier.	Note ministérielle. — Comptabilité à tenir pour les épées de sous-officier délivrées aux ouvriers d'état du génie et aux portiers-consignes par le service de l'artillerie	125
—	31 janvier.	Note ministérielle relative au remplacement des sabres de cavalerie légère modèle 1882 par des sabres de cavalerie légère modèle 1822 dans l'armement des corps de troupe de cavalerie légère	172
—	21 février.	Note ministérielle relative à une dégradation constatée sur les armes en service	392
—	16 avril.	Note ministérielle complétant l'instruction du 30 août 1884 au sujet de l'entretien des revolvers en magasin.	731
—	2 sept.	Note ministérielle prescrivant la suppression du bracelet inférieur des sabres modèle 1822 en service dans les régiments de spahis	218
—	24 sept.	Modification à la description de l'épée de sous-officier modèle 1887	270
—	5 oct.	Note ministérielle prescrivant aux corps d'infanterie de faire réparer certaines défectuosités observées sur les fausses cartouches en bois	285
—	12 oct.	Note ministérielle relative à la constitution, dans chaque régiment de cavalerie, d'un lot de sabres, spécialement destinés à l'exercice du mannequin	303
—	23 oct.	Décision ministérielle restituant le mousqueton aux servants des batteries montées qui ont reçu le revolver	318
—	7 déc.	Note ministérielle relative à la distribution aux corps de troupe des épées modèle 1887 nécessaires à la tenue de ville des sous-officiers rengagés ou commissionnés	989
—	28 déc.	Modifications au texte de l'instruction du 30 août 1884.	1130
1888	2 février.	Note ministérielle prescrivant la suppression du bracelet inférieur des sabres modèle 1822 affectés aux troupes de l'artillerie et du train des équipages militaires	71
—	15 mars.	Note ministérielle relative à la délivrance des revolvers aux sapeurs de la cavalerie	205
—	17 mars.	Décision ministérielle. — Le port du sabre à la selle est rendu réglementaire dans tous les services à cheval pour les sapeurs-conducteurs du génie (officiers et troupes)	208
—	19 mars.	Note ministérielle relative à l'armement des escadrons du train des équipages militaires	213
—	10 avril.	Note ministérielle relative aux cartouches à allouer aux sapeurs de la cavalerie pour les exercices de tir.	314
—	16 avril.	Note ministérielle prescrivant la suppression du bracelet inférieur des sabres modèle 1822 et affectés aux sapeurs-conducteurs du génie	423
—	22 juillet.	Feuille additionnelle n° 1 au tarif provisoire du prix	

		des réparations aux armes portatives, approuvé le 6 septembre 1887 (P. S.)	44
1888	21 août.	Note ministérielle indiquant le prix des instruments vérificateurs et outils spéciaux pour fusil modèle 1886.	115
—	21 nov.	Note ministérielle relative à une modification du chien de fusil modèle 1886	889
—	—	Feuille additionnelle et rectificative nº 2 du tarif des réparations aux armes portatives, approuvée le 6 septembre 1887 (P. S.)	192
—	22 nov.	Note ministérielle relative au versement à l'artillerie des lavoirs en laiton par les corps armés du fusil modèle 1886	890
—	5 déc.	Note ministérielle. — Adoption d'un porte-mousqueton pour suspendre le sabre au ceinturon (officiers d'artillerie et train des équipages)	933
—	30 déc.	Note ministérielle relative à l'allocation annuelle de cartouches à balle pour revolver modèle 1873 aux sous-officiers des établissements pénitentiaires militaires.	1387
1889	16 juin.	Note ministérielle relative à la substitution du sabre modèle 1822 transformé et du sabre modèle 1882 au sabre modèle 1822 dans les armements de l'artillerie territoriale	1217
—	3 sept.	Solution à certaines questions relatives à l'application de la décision ministérielle du 17 mars 1889. (*Erratum* 2e sem. 1893, p. 193.)	523
—	11 déc.	Note ministérielle indiquant les manufactures d'armes auxquelles les corps de troupe d'Algérie et de Tunisie doivent verser certaines collections de vérificateurs et d'outils spéciaux de chefs armuriers	1517
—	18 déc.	Note ministérielle relative à la délivrance de cartouches à balle pour revolver modèle 1873, pour les exercices de tir des agents et sous-agents de la télégraphie militaire	1632
1890	4 février.	Note relative à diverses réparations de l'épée-baïonnette modèle 1886	323
—	9 février.	Note relative à la distribution et à la réintégration des collections et compléments de collections d'instruments vérificateurs et d'outils spéciaux pour les armes portatives	286
—	19 mars.	Note relative au numérotage des fûts et des corps de mécanisme des fusils modèle 1886	532
—	17 mai.	Note. — Modification du vérificateur du magasin du fusil modèle 1886	898
—	16 juillet.	Note. — Echange des guidons mobiles pour fusil modèle 1886 fournis par les manufactures d'armes de Saint-Etienne et de Châtellerault, et à la trempe des guidons de fusils modèle 1886 reçus de la manufacture de Tulle	61
—	21 août.	Instruction provisoire sur le fusil modèle 1886, approuvée le 7 septembre 1887. (Note complémentaire et rectificative nº 5.)	738
—	10 déc.	Feuille additionnelle nº 4 au tarif provisoire des réparations aux armes portatives (P. S. 1er 91)	23
—	31 déc.	Note. — L'outillage des chefs armuriers comprendra un cylindre extracteur destiné à enlever les fragments d'étui ou d'enveloppe de balle restés dans le canon des armes de 8 millimètres (1er 91)	44
1891	23 janvier.	Note. — Modification des fusils modèle 1874 destinés à l'exécution du tir réduit dans les corps de troupe de l'infanterie	101
—	7 février.	Note. — Les agents supérieurs des sections de che-	

		mins de fer de campagne peuvent recevoir, à titre de prêt, une épée de sous-officier modèle 1884.........	117
1891	3 avril.	Note. — Imputation à la masse du casernement des frais de remplacement des garnitures en drap des porte-canons des râteliers d'armes................	523
—	15 avril.	Feuille additionnelle nº 5 au tarif provisoire des réparations aux armes portatives (P. S.)...............	373
—	15 mai.	Note. — Modification des cuirasses de cuirassier modèle 1855..	661
—	26 juin.	Note. — Nouvelle collection d'instruments vérificateurs et outils spéciaux pour armes portatives.....	743
—	30 août.	Note. — Entretien des armes modèle 1874 dans les corps de troupe dont la dotation normale se compose d'armes de 8 millimètres	126
—	26 nov.	Feuille rectificative au tarif provisoire des prix de réparation aux armes, approuvée le 6 septembre 1887, en ce qui concerne le fusil modèle 1886 (P. S.).....	361
1892	1er juin.	Note. — Modifications des instruments vérificateurs de la position de l'embouchoir du fusil modèle 1886....	667
—	24 juillet.	Note. — Prix des instruments vérificateurs et outils spéciaux composant le complément pour carabines de gendarmerie modèle 1890......................	25
—	14 août.	Note. — Modification à apporter à la hausse de la carabine de cavalerie et de cuirassier modèle 1890...	28
—	26 déc.	Note. — Approvisionnements de pièces d'armes de rechange pour hausse du fusil modèle 1886........	240
1893	8 janvier.	Note. — Pièces de rechange à employer pour les réparations de l'appareil de pointage des fusils modèle 1874 affectés à l'exécution du tir réduit........	5
—	1er mars.	Note. — Marquage des têtes mobiles des armes portatives..	110
—	28 mars.	Note. — Mandrin destiné à relever les enfoncements du fourreau d'épée de sous-officier, modèle 1887...	185
—	4 avril.	Note. — Suppression de l'étouteau-arrêtoir de manchon dans les carabines de cavalerie et de cuirassier, modèle 1890..	208
—	12 août.	Note. — Suppression de l'étouteau du fusil modèle 1886.	106
—	2 déc.	Note. — Modification à apporter aux garnitures de la caisse d'outils et de pièces d'armes modèle 1878 pour chefs armuriers d'infanterie......................	211
—	23 déc.	Note. — Versement des jeux de cylindres pour vérifier le diamètre des canons des armes modèle 1874.	227
—	30 déc.	Note. — Fourniture des pièces et accessoires d'armes par la manufacture d'armes de Saint-Etienne......	230
1894	24 janvier.	Note. — Fourniture de pièces et accessoires d'armes à livrer aux corps de troupe par la manufacture d'armes de Châtellerault................................	39
—	30 janvier.	Note. — Chargement des caisses pour chef armurier et pièces d'armes pour fusil modèle 1886, M. 93.....	4
—	21 mars.	Note. — Envoi et mode d'emploi des boîtes d'épreuve pour sabre affectées aux régiments de cavalerie...	293
—	19 avril.	Circulaire. — Fermeture des coffres à munitions	352
—	3 août.	Circulaire. — Cartouches modèle 1886 de sûreté pour les troupes d'artillerie..................................	75
—	4 août.	Décision. — Adoption d'un nouveau modèle de réflecteur à miroir, destiné à passer rapidement l'inspection des canons de fusil...........................	299
—	6 sept.	Note. — Réparations à exécuter sur les armes de 8mm, dégradées à la bouche ou à l'entrée de la chambre par les frottements de la ficelle de nettoyage......	304

1894	21 nov.	Note. — Fourniture des pièces et accessoires d'armes par les manufactures d'armes....................	497
1895	25 mars.	Note. — Dénomination des carabines de cavalerie modèle 1890....................................	283
—	11 avril.	Feuille rectificative au tarif provisoire des réparations aux armes portatives, en date du 6 septembre 1887.	407
—	12 mai.	Circulaire. — Délivrance de fusils modèle 1874 de manœuvre sans épée-baïonnette, aux sociétés d'instruction militaire préparatoire........................	506
—	12 juillet.	Note. — Mise en service du nécessaire d'escouade pour fusil modèle 1886..........................	22
—	13 juillet.	Note. — Fourniture des pièces et accessoires d'armes aux corps de troupe par la manufacture d'armes de Châtellerault............................	25
—	12 déc.	Note. — Envoi de la collection VI *bis* d'instruments vérificateurs et outils spéciaux pour revolvers modèle 1892, aux corps de troupe, chargés d'exécuter les réparations aux armes de la gendarmerie (p. s.).	273
—	13 déc.	Distribution du nécessaire d'escouade à la garde républicaine et aux troupes du génie..................	354
—	26 déc.	Note. — Chargement des caisses d'outils et pièces d'armes pour chef armurier, en pièces de revolver modèle 1892 et de carabine de cavalerie modèle 1890 2e type (p. s.)................................	282

TABLE DES MATIÈRES

PREMIÈRE PARTIE.

TEMPS DE PAIX.

TITRE PREMIER.

ATTRIBUTIONS DES OFFICIERS. — PERSONNEL EMPLOYÉ A L'ARMEMENT.

CHAPITRE PREMIER.

ATTRIBUTIONS GÉNÉRALES DES OFFICIERS DANS LES CORPS.

Articles. Pages.

1. Colonel ou chef de corps 7
2. Désignation du lieutenant d'armement 7
3. Fractionnement du corps 8
4. Lieutenant-colonel 8
5. Chefs de bataillon ou d'escadron 8
6. Major 8
7. Capitaines commandants, lieutenants ou sous-lieutenants 9
8. Capitaines d'habillement 9
9. Lieutenant d'armement 9
10. Capitaine de tir dans l'infanterie 10

CHAPITRE II.

CHEFS ARMURIERS.

11. Chefs armuriers commissionnés par le Ministre 10
12. Remise du service de l'armement 11
13. Répartition des chefs armuriers en deux classes 11
14. Conditions d'âge 11
15. Conditions d'aptitude 12
16. Rang de préséance 13
17. Peines disciplinaires 14
18. Rétrogradation et révocation 14
19. Droit aux décorations 14
20. Solde. — Prestations 14
21. Nomination aux emplois de contrôleur d'armes de direction 14
22. Propositions pour l'avancement. — Nominations aux emplois vacants 15
23. Retraite 15
24. Place du chef armurier, en cas de fractionnement du corps 16
25. Visites du chef armurier au dépôt et dans les détachements. — Indemnités 16
26. Autorisation d'aller en manufacture étudier la fabrication 17

Articles. Pages.
27. Ateliers. — Ustensiles fournis par l'Etat.... 17
28. Outils. — Instruments. — Matières premières.... 17
29. Avances faites aux chefs armuriers par les corps.... 18
30. Pièces d'armes. — Interdiction de les acheter dans le commerce ou de les fabriquer.... 18
31. Eperonneries. — Casques.... 18
32. Réparations des armes d'un autre corps ou des administrations civiles.... 19

CHAPITRE III.

OUVRIERS ARMURIERS.

33. Ouvriers armuriers pris dans les corps.... 19
34. Caporal ou brigadier armurier.... 19
35. Cas où la portion principale du corps est séparée du dépôt.... 20
36. Tarif des journées.... 20
37. Brigadiers armuriers dans les escadrons du train des équipages militaires.... 20
38. Caporaux, brigadiers ou ouvriers armuriers commissionnés.... 21
39. Envoi des ouvriers dans les manufactures.... 21
40. Mise en subsistance des candidats.... 22
41. Instruction dans les manufactures. — Frais d'apprentissage. — Renvoi dans les corps.... 22
42. Chefs-d'œuvre. — Certificat de capacité.... 22
43. Propositions pour le grade de chef armurier de 2e classe.... 23

TITRE II.

ARMEMENT DES CORPS. — RECETTES ET VERSEMENTS D'ARMES.

CHAPITRE PREMIER.

ARMEMENT DES CORPS. — SITUATION DE L'ARMEMENT.

44. Dotation des corps en armes des divers modèles.... 24
45. Accessoires d'armes.... 25
46. Caisses d'armes allouées à titre permanent.... 25
47. Répartition de l'armement entre le service courant et le service de réserve.... 25
48. Armement des corps de l'armée territoriale.... 26
49. Comptabilité-matières relative à l'armement.... 26
50. Situation de l'armement à adresser au Ministre.... 27

CHAPITRE II.

MISE EN SERVICE TEMPORAIRE D'ARMES DE RÉSERVE. — MOUVEMENT D'ARMES APPARTENANT A LA DOTATION D'UN CORPS DE TROUPES.

51. Mise en service temporaire d'armes de réserve d'un corps de troupe.... 28
25 Cas de fractionnement du corps.... 29
35 Réintégration des armes de réserve mises en service temporairement.... 29
54. Roulement à établir entre les armes de réserve délivrées aux réservistes.... 29

Articles. Pages

55. Mise en service temporaire et réintégration au magasin des armes affectées à un corps de l'armée territoriale...................... 29
56. Mouvements d'armes appartenant à la dotation des corps......... 30
57. Substitution d'armes de réserve à des armes du service courant... 31

CHAPITRE III.

RÈGLES GÉNÉRALES A SUIVRE POUR PRENDRE DES ARMES OU DES CAISSES DANS LES MAGASINS DE L'ARTILLERIE.

58. Autorisation nécessaire et formalités à observer pour les délivrances d'armes.. 31
59. Liste des numéros des armes délivrées par l'artillerie............. 32
60. Obligation de recevoir les armes délivrées par l'artillerie.......... 32
61. Interdiction d'éprouver les armes dans les corps.................. 33
62. Délivrance des caisses d'armes................................. 33
63. Transport des armes et des caisses d'armes...................... 33

CHAPITRE IV.

RÈGLES GÉNÉRALES A SUIVRE POUR VERSER DES ARMES OU DES CAISSES D'ARMES A L'ARTILLERIE OU A UN AUTRE CORPS.

Versements à l'artillerie.

64. Autorisation nécessaire et formalités à observer pour les versements d'armes.. 34
65. Armes versées sans être réparées................................ 34
66. Etat des sommes imputées aux corps livranciers.................. 34
67. Constatation des réparations à faire aux armes versées à l'artillerie. 35
68. Règles à suivre pour cette constatation........................... 35
69. Imputations faites au corps.. 35
70. Imputations au chef de corps ou au conseil d'administration...... 36
71. Versement des armes hors d'état d'être réparées.................. 36
72. Versement des armes de réserve délivrées aux réservistes et aux hommes de l'armée territoriale.................................. 36
73. Versement de caisses d'armes vides............................... 37
74. Transport des armes et des caisses d'armes versées.............. 37
75. Versements ou réintégrations à l'artillerie par des corps ou établissements ne dépendant pas du ministère de la guerre............ 37

Versements à un autre corps.

76. Versement d'armes d'un corps à un autre.......................... 37
77. Visite des armes versées à un autre corps........................ 38
78. Imputation au corps livrancier..................................... 38
79. Exécution des réparations par les corps auxquels les armes sont versées.. 39
80. Versement de caisses d'armes à un autre corps.................. 39

TITRE III.

CONSERVATION DES ARMES DANS LES CORPS.

CHAPITRE PREMIER.

MARQUES ET NUMÉROS DES ARMES. — CONTRÔLE GÉNÉRAL.

Articles. Pages.
81. Marques et numéros apposés sur les armes en manufacture....... 39
82. Dispositions transitoires pour le numérotage des épées et des sabres de certains modèles.. 40
83. Numérotage des nécessaires d'armes, des nécessaires d'escouade.. 41
84. Marque des corps sur la plaque de couche........................ 41
85. Anciens numéros ou anciennes marques à effacer................. 41
86. Exécution du numérotage, du marquage des armes et de l'effacement des anciens numéros ou anciennes marques. — Dépenses y relatives.. 41
87. Interdiction d'apposer sur les armes des numéros ou marques autres que ceux qui sont prescrits............................. 42
88. Numéros et marques des armes d'un corps de l'armée territoriale.. 42
89. Contrôle général des armes....................................... 42

CHAPITRE II.

MUTATIONS ET DÉTACHEMENTS.

Armes perdues ou mises hors d'état d'êtr réparées.

90. Mutations dans le corps.. 43
91. Mutations d'un corps à un autre................................. 43
92. Hommes détachés dans les écoles, les établissements militaires. — Soldats-ordonnances.. 43
93. Militaires en témoignage, chargés de la conduite des recrues, etc. 44
94. Hommes aux hôpitaux, en permission, en congé.................... 44
95. Armes des hommes absents.. 44
96. Armes des déserteurs, des hommes isolés......................... 44
97. Perte d'armes par cas de force majeure........................... 45
98. Armes perdues par la faute des hommes, emportées par les déserteurs. 45
99. Arme perdue et retrouvée... 46
100. Armes mises hors d'état d'être réparées......................... 46
101. Cas dans lesquels les armes doivent être considérées comme hors d'état d'être réparées.. 46
102. Remplacement des armes perdues ou hors d'état d'être réparées... 47

CHAPITRE III.

ENTRETIEN DES ARMES ENTRE LES MAINS DES TROUPES ET EN MAGASIN.

103. Instruction exigée des officiers................................ 47
104. Instruction exigée des sous-officiers........................... 47
105. Instruction exigée des caporaux ou brigadiers................... 47
106. Instruction donnée aux candidats................................ 47
107. Instruction donnée aux soldats.................................. 47
108. Par qui l'instruction est donnée................................ 48
109. Tableaux affichés dans les chambres............................. 48

Articles. Pages.

110. Armes de théorie 48
111. Armes spécialement délivrées pour l'instruction 48
112. Surveillance des officiers et des sous-officiers 49
113. Revue de l'armement par les officiers de compagnie 49
114. Visites semestrielles par le chef armurier 49
115. Visite par le chef armurier des armes des fractions détachées 50
116. Armes des hommes qui quittent le corps ou qui entrent en position d'absence 50
117. Cas où l'on peut surseoir à la réparation des armes des hommes entrant en position d'absence 50
118. Poinçon P. — Son usage 51
119. Entretien des armes en magasin 51
120. Visite des armes en magasin par le lieutenant d'armement 52
121. Registre des décisions ministérielles relatives à l'armement 52

CHAPITRE IV.

RÉPARATIONS.

122. Exécution des réparations. — Limite de prix 52
123. Bulletins de réparations 52
124. Cas de contestations 53
125. Imputations faites par l'administration intérieure des corps 53
126. Imputations faites par le Ministre 53
127. Réparations au compte de l'Etat. — Défaut de fabrication. — Cas de force majeure 53
128. Tarif des réparations. — Réparations interdites 54
129. Réparations qui ne doivent être exécutées qu'en manufacture 54
130. Procédés à suivre par le chef armurier. — Poinçon du chef armurier 54
131. Visite des armes réparées par le lieutenant d'armement 55
132. Visa du bulletin de réparations par le lieutenant d'armement 55
133. Inscription des réparations sur le livret des hommes 55
134. Carnet d'enregistrement des bulletins de réparations 55
135. Registre des relevés des réparations 56
136. Réparations aux armes des détachements à l'intérieur 56
137. Réparations des armes des détachements en Algérie et hors du territoire 57
138. Cas où le détachement est de la force d'un bataillon 56
139. Réparations des armes des corps qui n'ont pas d'armurier titulaire. 57
140. Réparations des armes des corps, administrations ou établissements qui ne dépendent pas du département de la guerre 58

CHAPITRE V.

RECETTES ET CONSOMMATIONS DES PIÈCES D'ARMES.

141. Pièces d'armes et d'accessoires d'armes seules employées 58
142. Manufactures désignées pour fournir les pièces d'armes aux corps stationnés à l'intérieur 58
143. Etablissements désignés pour fournir les pièces d'armes aux corps stationnés en Algérie 59
144. Demandes de pièces d'armes aux manufactures 59
145. Mode de payement des pièces d'armes fournies 59
146. Taux du prix des pièces d'armes 59
147. Expédition et emballage des pièces d'armes 59

Articles. Pages.
148. Frais de caisse et d'emballage 59
149. Frais de timbre, de quittance, etc 59
150. Examen des pièces d'armes. — Epreuves interdites 60
151. Pièces d'armes jugées défectueuses 60
152. Cas de contre-visites 60
153. Remise des pièces d'armes au chef armurier 60
154. Entretien des pièces d'armes 60
155. Inscription des pièces d'armes sur le registre des entrées et des sorties du matériel 61
156. Pièces d'armes fournies au corps à l'intérieur par les directions d'artillerie 61
157. Modifications apportées au tarif des pièces d'armes 61
158. Pièces d'armes neuves versées à l'artillerie 61
159. (Abrogé) 62
160. Pièces d'armes hors de service provenant des réparations. — Conservation. — Destination 62

CHAPITRE VI.

RÉGIMES POUR L'ENTRETIEN DES ARMES.

161. Différents régimes 62

Régime de l'abonnement.

162. Abonnement 63
163. Armes et accessoires d'armes soumis à l'abonnement 63
164. Taux de l'abonnement 63
165. Abonnement d'un corps formé d'un seul bataillon ou d'un seul escadron 63
166. Dépenses accessoires 64
167. Imputation des réparations 64
168. Imputation des réparations pour les armes des réservistes ou des hommes de l'armée territoriale 65
169. Armes non comprises dans l'abonnement 65
170. Fractionnement du corps à l'intérieur 65
171. Cas où les corps quittent le territoire 66
172. Procès-verbal à établir lors du passage du régime de l'abonnement à celui de clerc à maître 66
173. Cas de décès de l'armurier 66

Régime de clerc à maître.

174. Imputations sous le régime de clerc à maître. — Constatation des dépenses au compte de l'Etat 67
175. Prime accordée aux armuriers 67
176. Manière de calculer la prime 68
177. Prime pour les réparations faites aux armes d'un autre corps 68
178. Marché avec un armurier civil 68
179. Réparations comptées au prix du tarif 68
180. Réparations des armes des corps ou administrations ne dépendant pas du ministère de la guerre 68
181. Corps ou fraction de corps rentrant sur le territoire 69
182. Reprise du régime de l'abonnement 69
183. Cas où l'on doit surseoir à l'exécution des réparations 70
184. Armes renvoyées en France 70

CHAPITRE VII.

RELEVÉ ANNUEL DES DÉPENSES DE L'ARMEMENT.

Dispositions diverses de comptabilité.

Articles.		Pages.
185.	Comment il est pourvu aux dépenses de l'armement.	70
186.	De l'exercice et de sa durée	71
187.	Relevé annuel des dépenses de l'armement	71
188.	Relevés particuliers établis par les détachements	72
189.	Classement des dépenses dans le relevé annuel général	72
190.	Classement des pièces de dépenses	72
191.	Nature des pièces mises à l'appui des relevés	73
192.	Timbre des pièces. — Quittance ou acquit présenté sous forme de quittance.	73
193.	Format des relevés et des pièces	74
194.	Vérification et envoi des relevés annuels par les intendants militaires	74
195.	Rejets opérés sur les dépenses de l'armement.	74
196.	Réclamations	74
197.	Dépense sur exercice clos ou périmé. — Relevé supplémentaire...	75
198.	Destination à donner aux récépissés délivrés par les agents du Trésor	75
199.	Somme versée pour double emploi	75
200.	Responsabilité des conseils d'administration.	76
201.	Versement dans une caisse publique des fonds non employés	76

TITRE IV.

MUNITIONS.

CHAPITRE PREMIER.

MUNITIONS ALLOUÉES AUX CORPS. — SITUATION DES NITIONS.

202.	Munitions allouées aux corps	76
203.	Cartouches d'instruction	76
204.	Cartouches pour le chargement du sac et des cartouchières, ou pour le service de sûreté	77
205.	Munitions pour certains cas spéciaux	77
206.	Approvisionnement de cartouches pour le cas de mobilisation.	77
207.	Approvisionnement de mobilisation pour les corps de l'armée territoriale	78
208.	Répartition des munitions et objets divers y relatifs entre le service courant et le service de réserve	78
209.	Comptabilité relative aux munitions. — Carnet auxiliaire de munitions	79
210.	Situation des munitions à adresser au Ministre.	79
211.	Détachements hors du territoire	80

CHAPITRE II.

RÈGLES GÉNÉRALES A SUIVRE POUR PRENDRE DES MUNITIONS DANS LES MAGASINS DE L'ARTILLERIE.

212.	Etat de demande de munitions	80
213.	Bon provisoire	81
214.	Devoirs des directeurs. — Inscription des délivrances sur le carnet des munitions	81

Articles. Pages.
215. Epoque des délivrances des munitions d'exercice sur le carnet des munitions 82
216. Munitions non délivrées 82
217. Excédent de munitions 82
218. Matières pour la confection des cartouches pour le tir réduit avec les armes modèle 1874 82
219. Délivrance de cartouches de revolver aux officiers 83
220. Délivrance de munitions aux sociétés de tir et aux établissements d'instruction 84
221. Munitions de sûreté pour la gendarmerie 84
222. Remplacement des munitions versées par un corps dans son ancienne garnison 84
223. Munitions délivrées aux douaniers et aux forestiers 84
224. Transport des munitions 85

CHAPITRE III.

RÈGLES GÉNÉRALES A SUIVRE POUR VERSER DES MUNITIONS A L'ARTILLERIE OU A D'AUTRES CORPS.

Versements à l'artillerie.

225. Autorisation nécessaire pour verser des munitions à l'artillerie 86
226. Visite des munitions versées. — Imputation aux corps 86
227. Versement des cartouches à balle et sans balle 86
228. Cartouches pour le tir réduit avec les armes modèle 1874 86
229. Versement des étuis provenant du tir des cartouches métalliques consommées en garnison 87
230. Versement des étuis de cartouches consommées pendant les grandes manœuvres 88
231. Versements divers dans les magasins de l'artillerie 89
232. Versements en cas de changement de garnison 89
233. Versements réclamés par les directeurs de l'artillerie 89
234. Transport 89

Versements à un autre corps.

235. Versements de munitions d'un corps à l'autre. — Echange de munitions 90
236. Visite des munitions versées à un autre corps 90
237. Versement à un autre corps de cartouches de mobilisation 90

CHAPITRE IV.

CONSERVATION DES MUNITIONS DANS LES CORPS DE TROUPES.

Munitions en magasin et dans les caissons de bataillon.

238. Dépôts de munitions 91
239. Places ne possédant pas de magasins à munitions 91
240. Mobilier du magasin 91
241. Séparation, dans les magasins, des cartouches d'exercice et des cartouches de mobilisation 92
242. Cartouches de mobilisation affectées à un corps de l'armée territoriale 92
243. Interdiction de déposer dans le magasin des objets autres que les munitions et les articles du mobilier 92

Articles. Pages.
244. Etuis vides, plomb, barils et caisses vides, etc 92
245. Surveillance des magasins à munitions 92
246. Soldats employés aux travaux de manutention des munitions 93
247. Emmagasinement des munitions 93
248. Distribution des munitions 93
249. Précautions à observer à l'intérieur du magasin 93
250. Réintégration des munitions en magasin 94
251. Cartouches avariées ou ayant raté 94
252. Tableaux affichés dans les magasins et dans la salle des rapports.. 94
253. Conservation des munitions contenues dans les caissons de bataillon 94
254. Renouvellement de l'approvisionnement de mobilisation 94
255. Transport des munitions d'un corps qui change de garnison 94

Munitions entre les mains des hommes.

256. Cartouches entre les mains des hommes. — Interdiction d'ouvrir les paquets 95
257. Entretien, visite et renouvellement des cartouches de sac ou de sûreté 96
258. Hommes entrant en position d'absence ou quittant le corps. 96

CHAPITRE V.

CONSOMMATIONS DE MUNITIONS.

259. Consommation des munitions allouées pour les exercices 96
260. Etuis métalliques, cartouches ayant raté, rendus par les hommes après le tir 96
261. Accidents de tir imputables aux cartouches. — Carnet à tenir 96
262. Plomb ramassé après le tir 97
263. Etat trimestriel à adresser au Ministre 97
264. Munitions consommées sans autorisation ou perdues 98
265. Prise en recette des étuis métalliques provenant du tir 98
266. Conservation des étuis des cartouches métalliques ayant été tirées. 98
267. Corps qui n'ont pas d'armurier titulaire 99
268. Allocation pour le triage, le désamorçage et le nettoyage des étuis. 99
269. Outillage et matières premières nécessaires pour le désamorçage et le nettoyage des étuis 99
270. Confection dans les corps des cartouches pour le tir réduit avec les armes modèle 1874 99

TITRE V.

VISITE ANNUELLE DES ARMES ET DES MUNITIONS.

CHAPITRE PREMIER.

PRESCRIPTIONS GÉNÉRALES A OBSERVER.

271. Capitaines d'artillerie inspecteurs d'armes permanents 100
272. Visite des armes et des munitions 101
273. Contrôleurs d'armes adjoints aux capitaines inspecteurs d'armes.. 101
274. Collections d'instruments vérificateurs 101
275. Circonscription de l'inspection d'armes 102
276. Commencement, durée et fin des opérations. — Demandes de délai.. 102
277. Instructions à donner par le général commandant le corps d'armée. 102

Articles, Pages.
278. Corps changeant de garnison........ 102
279. Renseignements à fournir au général commandant le corps d'armée. 103
280. Visite aux autorités militaires........ 103
281. Tenue du matin autorisée pendant la visite........ 103
282. Officiers du corps présents à la visite........ 103
283. Obligations du lieutenant d'armement........ 103
284. Obligations du chef armurier........ 104
285. Secrétaire du capitaine inspecteur d'armes........ 104
286. Lieux où sont visitées les armes........ 104
287. Dispositions particulières pour la gendarmerie, les douaniers et les 104
forestiers........ 104
288. Envoi au Ministre des rapports et états relatifs à la visite d'un corps de troupes........ 105
289. Travail d'ensemble........ 106
290. Note sur le contrôleur........ 106
291. Inspecteurs généraux........ 106

CHAPITRE II.

DÉTAIL DES OPÉRATIONS RELATIVES A LA VISITE DE L'ARMEMENT D'UN CORPS DE TROUPE.

Visite des armes.

292. Visite des armes en service dans les compagnies, escadrons ou batteries........ 107
293. Instruments vérificateurs et outils pour la visite. — Fonctions du chef armurier........ 108
294. Contrôle nominatif des hommes pour la visite des armes d'une compagnie, d'un escadron ou d'une batterie........ 109
295. Registres communiqués au capitaine inspecteur d'armes........ 109
296. Devoirs du capitaine inspecteur d'armes pendant la visite des armes d'une compagnie, d'un escadron ou d'une batterie........ 109
297. Inscription des réparations sur la feuille de la compagnie........ 110
298. Devoirs du contrôleur pendant la visite........ 110
299. Avis du contrôleur........ 110
300. Poinçons du contrôleur........ 111
301. Visite détaillée des armes d'une compagnie. — Manière dont les différentes espèces d'armes sont présentées au contrôleur........ 111
302. Montures faites dans l'année par le chef armurier........ 113
303. Visites spéciales. — Manière dont les armes doivent être présentées au contrôleur........ 113
304. Soins à prendre pour éviter les pertes de temps........ 113
305. Pièces réformées pendant la visite........ 113
306. Réparations qui ne doivent être faites qu'en manufacture........ 114
307. Armes qui ne doivent pas être réparées........ 114
308. Pièces d'armes réformées pour défauts de fabrication........ 114
309. Canons gonflés ou éclatés dans le tir........ 115
310. Arrêté de la feuille de compagnie par le capitaine inspecteur d'armes. 115
311. Visite des armes du service courant en magasin........ 115
312. Visite des armes de réserve dont le corps est détenteur........ 115
313. Armement de réserve déposé dans les magasins de l'artillerie........ 116
314. Magasins d'armes des corps........ 116
315. Visite des pièces d'armes remplacées dans l'année........ 117
316. Visite des pièces de rechange. — Pièces de rechange défectueuses. 117
317. Examen des registres d'armement et des bulletins de réparations. 118
318. Atelier du chef armurier. — Outillage........ 118
319. Ouvriers armuriers. — Examen des ouvriers qui désirent aller en manufacture........ 119

Articles. Pages.
320. Propositions pour l'avancement en faveur des armuriers 119
321. Indemnité à accorder aux armuriers............................. 119
322. Procès-verbal de visite de l'armement 120

Visite des munitions.

323. Devoirs du capitaine inspecteur d'armes.......................... 121
324. Visite des cartouches entre les mains des hommes 121
325. Visite des cartouches en magasin.................................. 121
326. Magasins à munitions 121
327. Examen des étuis ou des cartouches qui ont donné lieu à des accidents de tir 122
328. Réintégration dans les magasins de l'artillerie des étuis tirés, des débris de munitions, etc.. 122
329. Rapport spécial aux munitions 122

Travail d'inspection des armes et des munitions d'un corps de troupe.

330. Pièces adressées au Ministre et à l'inspecteur général............ 123
331. Registre des procès-verbaux... 123
332. Travail d'inspection des armes des douaniers ou des forestiers.... 123

DEUXIÈME PARTIE.

TEMPS DE GUERRE.

TITRE VI.

333. Prescriptions générales.. 125

CHAPITRE PREMIER.

ATTRIBUTIONS DES OFFICIERS. — PERSONNEL EMPLOYÉ A L'ARMEMENT.

Officiers.

334. Attributions des officiers dans le corps 125

Chef armurier.

335. Position en cas de mobilisation 126
336. Outils, matières et pièces d'armes...................................... 126
337. Emplois devenus vacants dans le cours d'une campagne........... 127
338. Propositions pour l'avancement... 128
339. Retraite 128
340. Visite dans les détachements 128
341. Réparations des armes d'un autre corps 128

Ouvriers armuriers.

342. Caporaux ou brigadiers armuriers...................................... 128
343. Ouvriers armuriers 129
344. Ouvriers envoyés en manufacture...................................... 129

CHAPITRE II.

ARMEMENT DES CORPS. — RECETTES ET VERSEMENTS D'ARMES

Articles. Pages.

345. Mise en service de l'armement de réserve en cas de mobilisation.. 129
346. Cas où l'armement total du corps est insuffisant.................. 129
347. Demandes d'armes dans le cours d'une campagne................ 130
348. Versements à l'artillerie au moment du départ.................. 130
349. Versements d'armes, en campagne, à l'artillerie ou à un autre corps. 130
350. Remise du corps sur le pied de paix.............................. 130

CHAPITRE III.

CONSERVATION DES ARMES DANS LES CORPS.

351. Mutations. — Détachements. — Hommes entrant aux ambulances . 131
352. Armes perdues ou hors d'état d'être réparées.................. 132
353. Instructions sur les armes et les munitions.................... 132
354. Entretien des armes par les hommes.............................. 132
355. Revues de l'armement par les officiers et par le chef armurier.... 132
356. Réparations.. 133
357. Imputation des réparations. — Bulletins de réparations......... 133
358. Caisses d'outils et de pièces d'armes.......................... 133
359. Réparations des armes du dépôt et des détachements à l'intérieur ou aux armées... 134
360. Réapprovisionnement des corps en pièces d'armes............... 134
361. Réparations des armes des corps qui n'ont point d'armurier. — Fournitures des pièces d'armes............................... 135
362. Pièces d'armes remplacées, hors de service..................... 135
363. Régime de clerc à maître applicable à tous les corps mobilisés... 135
364. Reprise du régime de l'abonnement............................. 136
365. Corps qui conservent le régime de clerc à maître en temps de paix. 136
366. Exécution des réparations portées au procès-verbal M^le XVIII.... 137

CHAPITRE IV.

MUNITIONS.

367. Délivrance de l'approvisionnement de mobilisation.............. 137
368. Versement à l'artillerie avant le départ......................... 137
369. Situation de munitions à établir aux armées..................... 138
370. Versements des étuis vides, débris de cuivre, etc............... 138
371. Cartouches consommées pour l'instruction....................... 138
372. Visite des munitions entre les mains des hommes............... 138
373. Réapprovisionnement des corps en munitions.................... 138
374. Remise du corps sur le pied de paix............................. 139
375. Etat récapitulatif des consommations de munitions.............. 139

CHAPITRE V.

VISITE DES ARMES ET DES MUNITIONS PAR DES OFFICIERS D'ARTILLERIE.

376. Prescriptions y relatives... 139

TITRE VII.

CHAPITRE UNIQUE.

377. Instruction technique sur l'entretien et les réparations des armes . 140
378. Abrogation des dispositions contraires au règlement.............. 140

MODÈLES.

Modèles. Pages.

I. Inspection générale de 18 . — Proposition en faveur d'un ouvrier armurier qui demande à être envoyé dans une manufacture d'armes pour compléter son instruction et pour obtenir un certificat d'aptitude à l'emploi de chef armurier. — Certificat d'aptitude 143
II. Certificat de capacité à l'emploi de chef armurier 144
III. Etat de situation de l'armement du e régiment d à l'époque du 31 décembre 189 , indiquant les entrées et les sorties qui ont eu lieu pendant ladite année 145
IV. Etat de situation de l'armement indiquant le nombre et l'espèce des armes et des accessoires que le corps demande à (prélever temporairement sur son armement de réserve, ou à prendre dans les magasins de l'artillerie, ou à verser dans les magasins de l'artillerie, etc.), par suite de (indiquer le motif de la demande) 149
VI. Procès-verbal constatant les réparations à exécuter aux armes versées par un corps à un autre corps 151
VII. Contrôle général des armes 153
VIII. Procès-verbal. — Détérioration par cas de force majeure 155
IX. Bulletin d'imputation, sur la masse individuelle, de la valeur du matériel perdu ou mis hors d'état d'être réparé par la faute des hommes 157
X. Bulletin des réparations à exécuter aux armes par le chef armurier 158
XI. Carnet pour servir à l'enregistrement des bulletins de réparations des armes 159
XII. Registre pour servir aux relevés numériques des réparations exécutées sur les armes en service 161
XIII. Etat des pièces d'armes de rechange demandées à la manufacture d'armes de 163
XIV. (Abrogé).
XV. Mémoire du chef armurier (dépenses accessoires) 164
XVI. Procès-verbal. — Passage du régime de l'abonnement au régime de clerc à maître 165
XVII. Mémoire trimestriel du chef armurier (régime de clerc à maître) 167
XVIII. Procès-verbal. — Passage du régime de clerc à maître au régime de l'abonnement 169
XIX. Relevé des dépenses faites par le corps pour l'entretien de l'armement pendant l'année 18 171
XX. Nomenclature des pièces à produire à l'appui du relevé annuel des dépenses de l'armement 173
XXI. Carnet auxiliaire de munitions 175
XXII. Etat de situation au 31 décembre 18 des munitions et objets divers y relatifs pris en charge par le corps 181
XXIII. Etat de demande de munitions d'exercice 185
XXIV. (Abrogé).
XXV. Carnet pour servir à l'enregistrement des accidents de tir, imputables aux cartouches, survenus pendant les exercices du corps 189
XXVI. Tir des cartouches pour armes modèle 1874. — Quantité de plomb recueilli 191

Modèles. Pages.

XXVII. Contrôle nominatif pour servir à la visite des armes de ladite compagnie (escadron ou batterie). 193
XXVIII. Procès-verbal de la visite des armes du e régiment d à la visite de M. le général , inspecteur général de 195
XXIX. Etat des armes à envoyer en manufacture, les réparations n'étant pas de nature à pouvoir être exécutées par le chef armurier du corps 199
XXX. Etat des armes jugées hors d'état d'être réparées, à verser à l'artillerie 200
XXXI. Etat des pièces d'armes réformées pour défaut de fabrication, dont le remplacement est à la charge de l'Etat 201
XXXII. Etat des pièces d'armes défectueuses envoyées au corps 202
XXXIII. Etat des pièces d'armes remplacées par suite des réparations faites au corps et qui doivent être versées à la direction de l'artillerie d 203
XXXIV. Rapport sur la visite des munitions. — Relevé des principaux accidents de tir imputables aux cartouches, qui se sont produits depuis la visite de l'année précédente 205
XXXV. Etat de situation des munitions 207
XXXVI. Etat de liquidation des dépenses d'armement faites par les corps de troupe 208

ANNEXES.

I. Instruction du 6 septembre 1887 pour l'application du tarif des prix de réparations 211
II. Bases de l'armement 217
a. Des officiers généraux, des officiers sans troupe et des employés militaires 218
b. Des corps 224
III. Extrait de l'instruction du 30 août 1884 229
a. Numérotage des armes et des accessoires d'armes 229
b. Encaissement des armes portatives 231
c. Entretien des armes en magasin 232
d. Graisses et huiles employées pour l'entretien des armes 235
e. Marques apposées sur les cartouches et sur les paquets de cartouches 236
f. Encaissement des munitions 239
Ficelle nécessaire au nettoyage des canons de fusil modèle 1886 et de carabine modèle 1890 241
IV. Tarif fixant le maximum du poids et du cube à allouer aux corps de troupe pour le transport des armes 243
V. Sociétés de tir et de gymnastique 244
VI. Exécution des exercices de tir dans les établissements d'instruction primaire ou secondaire 263
VII. Délivrance de fusils modèle 1874 de manœuvre, sans épée-baïonnette, aux sociétés d'instruction militaire préparatoire 267
VIII. Armement des officiers de la réserve et de l'armée territoriale 268
IX. Aiguisage des sabres au moment de la mobilisation 270
X. Extrait du règlement du 14 janvier 1889 sur l'administration et la comptabilité des corps 272
XI. Extrait du règlement du 9 septembre 1888 et de l'instruction du 23 décembre même année sur la comptabilité des matières 277
XII. Répertoire des décisions traitant de questions relatives à l'armement, mais non insérées dans le règlement 288

Paris et Limoges. — Imprimerie militaire Henri Charles-Lavauzelle.

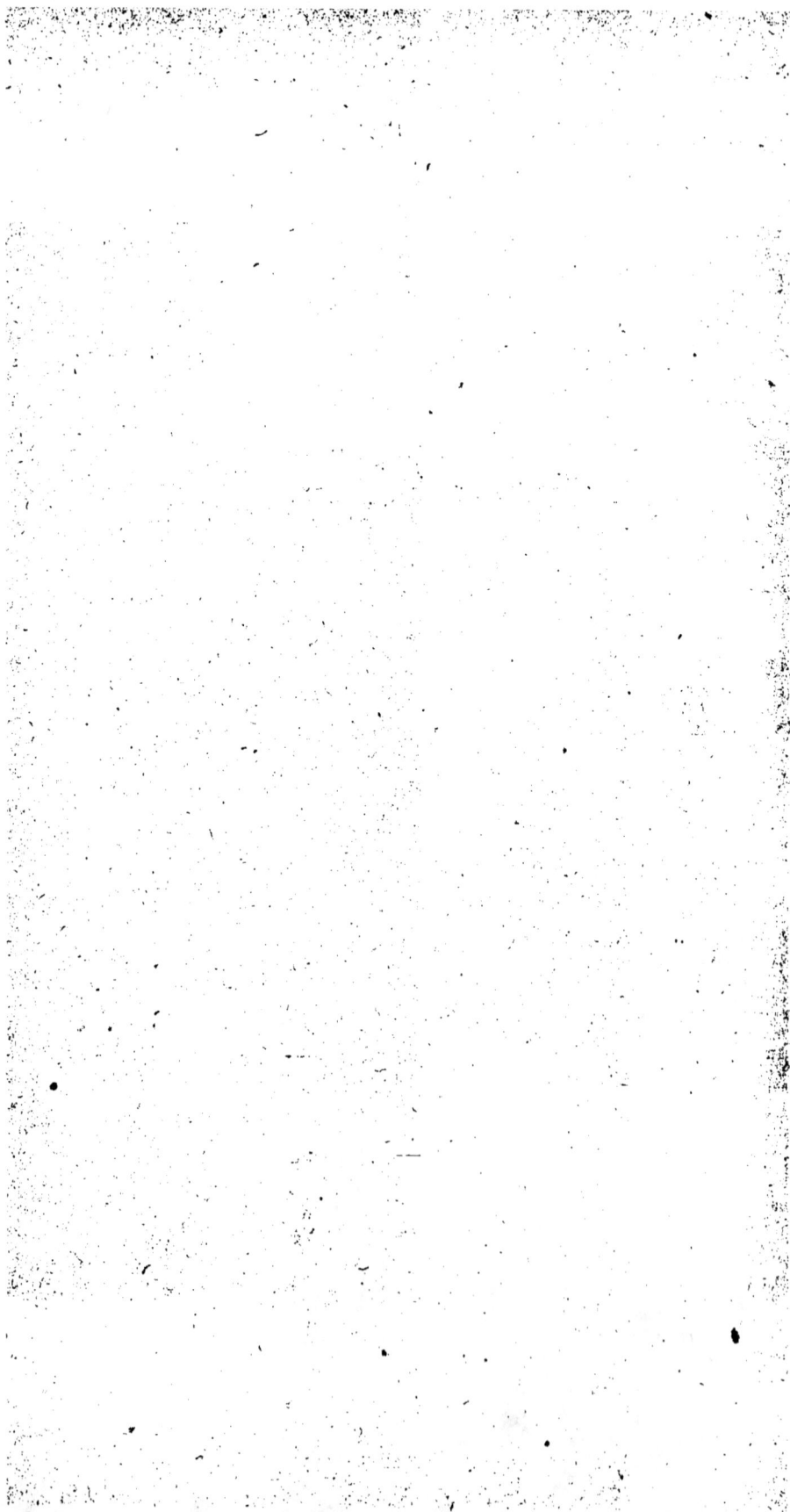

www.ingramcontent.com/pod-product-compliance
Lightning Source LLC
Chambersburg PA
CBHW070735270326
41927CB00010B/2002
* 9 7 8 2 0 1 4 4 9 5 9 2 8 *